本书承浙江省哲学社会科学规划项目（09CGZX004YBX）资助

南宋
"甬上四先生"研究

范立舟　於剑山　著

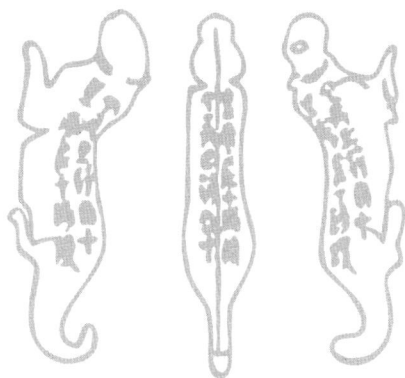

人民出版社

目　录

绪　　论

　　陆王心学是宋明以后重要的儒学学术派别，而陆九渊对这一学派的开创性贡献，已受到了研究者普遍的重视，然而，相对而言，研究者对南宋陆九渊学派的认识，却大多局限于陆九渊本人，对其他人则很少涉及。

　　"甬上四先生"是南宋时期四位明州（后改为庆元府，今浙江省宁波市）学者的合称，他们是陆九渊最重要的弟子，也是陆学的重要代表人物。明州地处四明山麓，甬江在境内流过，故而又被称作四明，简称"甬"，四先生分别是舒璘、沈焕、杨简和袁燮，又被称为"四明四先生"、"明州四先生"。四位学者既是同乡又是同门，在南宋学术界占有重要的地位。

　　陆九渊的弟子众多，以江南西路的"槐堂诸儒"及两浙东路"甬上四先生"为代表，但是"槐堂诸儒"仅仅是在维护师门及为陆学争取正统地位上而努力，对于陆学的进一步发展并无太大贡献。陆九渊的学术思想主要靠四先生加以阐发。

　　作为南宋陆学的主要人物，"甬上四先生"门人众多，学术寖盛，但程朱理学后来逐渐上升为官方意识形态正统，陆学则相对衰落，四先生的作品大量散佚，因此，今天我们已很难认识其思想的全貌了。也正因如此,今人对四先生的研究并不充分,仅杨简一人因存世作品较多而受到重视,大多数专著和论文对其余三人仅仅是提及而没有详细的论述,这与他们的学术地位是不相称的。专注于"甬上四先生"的研究,既可以加深对这四位学者的认识,也有助于对南宋陆九渊心学学派的全面理解,而不是将其仅仅理解为陆九渊本人的学说。

关于"甬上四先生"的研究专著,崔大华的《南宋陆学》(中国社会科学出版社,1984 年)一书"把陆象山及其弟子作为一个完整的学派来研究,详细论述了陆氏思想发展过程及陆氏弟子的思想面貌"。该书对于"甬上四先生"有一定的论述,其中对杨简的叙述较为详细。认为杨简把陆九渊的主观唯心主义哲学思想又向前推进了一步,成为"唯我主义",是儒家主观唯心主义新的、更彻底的形态。对另外三先生,也力求揭示他们思想发展的不同特色。书中提出,袁燮代表了陆派心学向社会政治伦理方向的发展,并与程朱理学相接近;舒璘的特色是平实、折中;沈焕则是先立根本,平实折衷。另外,《宋明理学史》一书的第十九章和第二十章亦为崔大华执笔,与上述内容也基本相同。就新时期而言,崔氏此书当为发覆之作。日本学者岛田虔次所著《中国思想史研究》(邓红译,上海古籍出版社,2009 年)中专论杨简思想,认为杨简学说将陆九渊的主观论极端化的认识是准确的,杨简的"不起意"说防止了"心"的分裂,是为保持泛自我感、万物一体感而建立的。

陈忻的《南宋心学学派的文学研究》(中国社会科学出版社,2006 年)主要从文学角度来研究陆学,但由于陆学中人的文学成就并不突出,本书也用了很大的篇幅对陆学中人的心学思想加以分析,其中关于"甬上四先生"的论述也较多,当然分析他们的文学思想和作品仍是本书主要内容,这也为我们从不同角度来研究历史人物提供了很好的思路。董平《浙江思想学术史》(中国社会科学出版社,2005年)独辟一节专论"甬上四先生"与浙东象山之学,认为"甬上四先生"之学,虽皆主象山心学,但学术风貌及为学方式均各有差异,其理论内涵也显得有一定的差异。就学术思想之表达而言,唯杨简最得陆氏之旨,袁燮、舒璘、沈焕三人,则与吕祖谦思想较为接近。夏健文的博士论文《甬上四先生经世思想之探析》(2009,彰化师范大学,指导教授:李威熊、彭维杰)主要研究四先生的经世思想,于经世思想的三大意涵,即淑世精神,治道与治体,治法与治术开掘较深,但对四先生的全面阐述稍嫌不足。

　　由于杨简在四先生中的著述最多,享年最久,思想创发最深,对后世的影响也最大,因此,对杨简的研究比较受到重视,许多学者对他的评价颇高。刘宗贤的在《陆王心学研究》(山东人民出版社,1997年)一书的第五章《杨简对心学的理论发展》中认为,从心学发展过程上来看,杨简发挥了陆学的核心部分,从而使陆学能够在哲学理论上独立于朱熹哲学,明代王阳明学说是对此的进一步完善。关于杨简全面和系统的研究应属郑晓江和李承贵合著的《杨简》(三民书局,1996年)一书。此书回避了中国大陆习惯上哲学史的"四大块"式的书写模式,即宇宙论、矛盾论、认识论、社会历史观,以中国传统哲学思维方法来探讨;认为心学不是理学的一个分支,也不能视杨简的"心"学为禅学;提升了杨简的心学价值和学问方法的价值,解决了心性本体具体化、感性化、世俗化的问题,为完成以性善本体为核心的道德系统作出了积极的贡献;构建了一种大宇宙的关怀意识。另外,浙江大学隋金波的博士论文《云间月澄:杨慈湖哲学思想研究》(2011年,学号:10804001,指导教授:董平)认为杨简的哲学中存在着一个由其思想之主要哲学概念构成的"一",一"心",一"觉"的动态结构,杨简思想中诸如"不起意"、"心之精神是谓圣"等理论问题,都可以由这个动态结构得到说明。杨简对"心"之本质状态与其发用功能的阐释也远胜过其师陆象山。经过分析,隋金波认为以"心学"范畴来解读杨简的思想并不能够完整而清晰地说明杨简思想的整体面貌。在杨简的话语系统中,几乎不在单一的意义上论述"心"概念。而是将之与"一"和"觉"等概念一起使用来阐明其思考。山东大学曾凡朝的博士学位论文《杨简易学思想研究》(2006 年,学号:200320004,指导教授:林忠军),认为《周易》思想是杨简心学的思想渊源之一,杨简以心解《易》,以此为其心学理论体系的建立和展开寻找到经典根据。其心学的本体论、工夫论与其对《周易》的解释关系密切。"国立"中央大学张念诚的博士论文《杨简心、经学问题的义理考察》(2002 年,指导教授:王邦雄),指出杨简虽系象山高弟,然其心学特征、学思历程却与象山心学异趣,论文通过对杨简心学系统性析论,关于儒佛之辨以及生命之学和儒学经典解读诸环节,对杨简心学、经学问题作出全盘性的义理研究。

还有数篇硕士学位论文,主要是集中于杨简研究领域,唯有宁波大学谢艳飞的硕士论文《袁燮思想研究》(2010 年,学号:G08B06010501,指导教授:张伟),以"甬上四先生"之一的袁燮为题,较为全面地讨论了袁燮的生平与思想,但仍有较大的提升空间。张元的《心与历史:试述袁燮的经史教学》(载何忠礼主编:《南宋史及南宋都城临安研究》,人民出版社,2009 年),讨论了袁燮的经史见解和思辨过程。专题论文的情形大体相似,简直有以杨简一人代替全部象山后学的倾向。在专题论文方面,陈寒玉、刘晓梅、王心竹、郑晓江、傅荣贤、郝桂敏和蔡方鹿的论文都有一定的见地,都推进了陆学学派的研究。

"甬上四先生"研究存在的最大问题自然是仅关注了杨简一人,对其他三人的重视程度不够,这无疑主要是因为材料所限。仅就现有的研究状况而言,还存在一些有待加强之处。首先,研究的方向单一。现有研究多从思想层面,特别是哲学史的角度对"甬上四先生"作研究,四先生在南宋的政治舞台上也占有一席之地,并留下了一些相关文字。我们从他们的一些主张和政治实践中,既可以更加深刻地认识他们的思想,也有助于了解南宋社会的现实状况,以及思想家们是如何处理理想与现实的问题的。其次,四先生的教育思想和实践值得注意,四人均曾长期担任教职,教育思想是四先生思想中一个特别重要的方面,这一点不应被忽视,已有研究者注意到四先生对南宋书院教育的贡献,但这还仅仅是四先生教育思想及实践的一个方面。另外,"甬上四先生"并称,他们既是同学,又是同乡,他们的思想和活动均应有较多的联系,但现有的研究常常只对他们进行个别探讨,对四先生的思想和活动之间的互动鲜有提及,多未能从一个整体来考察四先生的思想。如《南宋陆学》一书能从整体上把握南宋陆九渊心学流派,但由于其重点是陆九渊本人,对四先生仍是分而述之,并无整体分析。其他专著或论文对此亦多语焉不详。

本书着重加以关注的问题是,第一,"甬上四先生"中舒璘、沈焕、袁燮三先生的生平及思想特色。由于杨简已有较多的研究者涉及,而其他三位学者则很少受到关注,因此,这是本书需要重点解决的一个问题。第二,四先生之间的互动关系。作为一个学术群体,同门兼同乡,四先生之间的互动是不言而喻的,但这种互动及他们之间的相互影响的程度,则需要通过仔细的分析才能明晰。第三,四先生对陆学的继承及其思想中的其他成分,如朱学、吕学等。不可否认,尽管陆学在南宋十分繁荣,但无论是陆九渊本人与朱熹相比,还是陆学后人与朱熹后学相比,影响仍有不及。所以,了解陆学后人对待朱学及其他相关学术思想的态度,以及他们在多大程度上受到后者的影响,包括四先生与各派学者之间的交往情况等,都是十分有意义的。

第 一 章

"甬上四先生"的生平和思想轨迹

第一节　舒璘的生平和思想轨迹

一、家世与生平

舒璘,字元质,旧字元宾,学者称广平先生,生于南宋高宗绍兴六年(1136)九月二十八日,宋两浙东路明州奉化县(今浙江省宁波市奉化县级市)人。祖父舒卞,文才武略,名冠一时,建炎中御金有功,曾在岳飞幕下任职。父舒嶽,字德观,一字德济,绍兴二十九年(1159)进士,终官通直郎。[1] 他与同乡童大定讲学相睦,童大定遂成为舒璘的第一任岳父。后童氏早亡,舒璘继娶汪汝贤之次女,汪为奉化富户,仗义疏财,因捐钱佐军而得官。舒璘兄弟七人,他本人排行第六,其五兄舒琥(字西美)及弟舒琪(字符英)曾与他共同求学于陆九渊。

约绍兴二十五年(1155),舒璘20岁左右[2],入太学。[3] 在太学期间,舒璘先后向张栻、陆九渊、吕祖谦等人问学,并与沈焕、杨简、袁燮等相互交流。孝宗乾道八年（1172），舒璘 37 岁，中进士。淳熙六年，舒璘 44 岁，擢信州（今江西省上饶市）州学教授，随即丁父忧，未能上任[4]。后又授衡州（今湖南省衡阳市）州学教授[5]，仍未上任。淳熙八年（1181），史浩荐舒璘"性资诚悫，好学不倦，而练达世故，材实有用"。[6] 但因为舒璘此时丁忧在身，无法授官。淳熙九年（1182），舒璘 47 岁，服阙，特差充江南西路转运司干办公事，有人忌其所学，望风讽议，及与之相处，了无疑间。[7] 淳熙十四年（1187），太常博士叶适荐陈傅良等 34 人于丞相，舒璘等四先生皆在其中。[8] 光宗绍熙元年（1190），舒璘 55 岁，迁徽州（今安徽省黄山市）州学教授[9]，徽州古为新安郡，宋人在习惯上仍称其为新安[10]。在徽州期间，舒璘延请宿儒，提倡尊师重教，编著《诗说》《礼说》，筑风雩亭，推动了地方学子的好学之风。开始时，"谓新安多士，当有群居共学之益，不料养士无赀，口给仅四十余辈，而岁终复以匮告"。[11] 在较为艰难的境况下，舒璘还是"勉焉孜孜，不敢自怠"[12]，有始有终地做好当地的人才培养工作。"徽（州）习顿异，《诗》、《礼》久不预贡士，学几无传，璘作《诗礼讲解》，家传人习，自是其学寖盛。"丞相留正称璘为"当今第一教官"。[13]

　　舒璘还十分关心南宋的现实政治治理状况，虽身处闲散的教官之职，却十分留心朝中治乱，忧国之心不减，与朝中友人保持书信往来，了解政局并敦促他们为国出力。他还与上司、同僚讨论常平，盐政，救灾，保长等一系列关系着当时国计民生的事，提出了许多切实可行的看法和措施。宁宗庆元二年（1196），舒璘 61 岁，擢知平阳县（今浙江省平阳县），当时郡政颇苛，舒璘"以民病相告，词严义正，（郡）守为改容"。[14] 在任平阳县令期间，舒璘听断讼狱，公平公正，为众人所服。庆元五年（1199），迁宜州（今广西壮族自治区宜州市）通判，未上任，九月二十九日逝世，年六十四[15]。理宗淳祐八年(1248),特谥文靖。

　　舒璘是一位出色的教育家,史称其"乐于教人,尝曰:'师道尊严,璘不如叔晦(沈焕),若启迪后进,则璘不敢多逊。'"[16]盖舒璘为人,平和感人,楼钥谓"璘之于人,如熙然之阳春"。[17]

　　舒璘的著作有《诗礼讲解》[18]、《诗学发微》[19]等,均已亡佚。另有《广平类稿》存世。文集蒐集为《舒文靖集》2 卷,通行者有《文渊阁四库全书》本。《四明丛书》本收有《舒文靖公类稿》4 卷附录3 卷,清人徐时栋辑校附录。

二、思想轨迹

1. 思想渊源

　　舒璘的思想渊源的复杂在四先生中是比较突出的,全祖望就说过:"舒文靖公之学,得于其妇翁童持之,故杨文靖公(杨时)高弟也。文靖未成进士,又受业于张公南轩,因遍求益于晦翁、东莱,而卒业于存斋(陆九渊)。四先生之中,莫若文靖(舒璘)之渊源为最博,其行亦最尊。"[20]他的家族并非世代书香,祖父舒卞武职出身,到了父亲舒黻,才开始以学术立身,陆九龄称赞他:"舒君温恭足以儆傲惰之习,粹和足以消鄙吝之心。"[21]

　　舒黻与童大定讲学相睦,童大定,字持之,奉化人,曾从杨时游。因此,舒璘从小便得以接触伊洛之说。与多数杰出人士不同,舒璘从小并不特别出众,没有出众的相貌:"状貌不逾中人,"[22]也没有出众的智慧:"生而敦朴,得子渊之愚。"[23]先天条件的不足并没有阻碍舒璘璘努力求学的决心,他以加倍的努力来弥补自己的不足,而这也成就了他平实的思想风貌。杨简的终评是:"寥寥乎千载之下,知曾子者有几? 知自信者有几? 吾元质亦庶乎自知、自信矣,而知元质者有几？元质岂有以异乎人哉？亦不过不失孔子所谓忠信之主本而已矣。"[24]"知元质者为谁？吾乡万口一辞,曰:'吾元质忠信士也。'"[25]

舒璘自称他的学问为"南轩开端,象山洗涤,老杨先生琢磨"。[26]老杨先生即杨简之父杨庭显,有相当的学术造诣。杨庭显与陆九渊相善,也信奉陆氏心学[27],因此,舒璘尽管思想渊源复杂,最终仍属陆学中人,相信与老杨先生的教导是分不开的。全祖望就指出:"慈湖之父通奉公以处士为后进师,广平尝自叙其学曰:'南轩开端,象山洗涤,老杨先生琢磨。'老杨先生即通奉也。广平尝切磋于晦翁,讲贯文献于东莱,而自叙不及焉,直以通奉鼎足张、陆,则其学可知矣。"[28]

舒璘20岁之后入太学,先后结识了沈焕、杨简、袁燮等人,同时,也得以向许多优秀的思想家请教,使他的学识大为提高。

舒璘对南宋乾淳之际的许多杰出理学家,都有从学或问学的经历。其学术开端者张栻为湖湘学派的重要人物,是胡宏的学生,又是名臣张浚之子,仅比舒璘年长3岁,但其学术却相当的早熟。绍兴三十二年(1162)至隆兴二年(1164)间,张栻时因其父张浚获得大用而崭露头角,舒璘在太学得知其大名,便往从学[29]。陈谷嘉、朱汉民认为,从舒璘的学术活动地域、学者交往关系上来看,属于陆学,而就舒璘的学术思想、治学风格而言,更倾向于南轩一派。特别是舒璘所表现出的对现实政治和实际事务的关心,更与张栻接近。[30]事实上,南宋思想家关心现实政治,重视实际工作是普遍的现象,因为修身、齐家、治国、平天下乃是他们这一群体的共同理想,而由于舒璘个人的经历和他平实的风格,这方面比常人表现得更为突出。事实上,张栻出山时年仅30左右,他本人的思想还未完全成熟,他对舒璘的影响不能过高估计。此后,舒璘又与兄舒琥、弟舒琪共同求学于陆九渊,琥、琪皆称顿有省悟,同门袁燮曾亲自听到舒璘如此说:"吾非能一蹴而入其域也,吾惟朝夕于斯,刻苦磨砺,改过迁善,日有新功,亦可以弗畔云尔。"[31]文天祥后来这样总结舒璘的学术:

> 广平之学,春风和平,南轩发源,象山始亨,金华武夷,夜窗几评。[32]

2. 实践磨砺

乾道八年(1172),舒璘中进士时已 37 岁,经过多年的求学和师友间的磨砺,他的思想已相当成熟,而之后长期的基层官员尤其是徽州教官的生涯,使得他平实的风格表现得更为突出。后人曾说:"(舒)璘栖迟州县,终身未一挂朝籍,故集中无章奏之文,其经略遂不可考见,本传亦但称其教授新安,作《诗礼讲解》,家传人习,自是其学浸盛。然观集中与陈仓札子,论常平、义仓、茶盐、保长之法,深切时弊,皆其教授新安时所作,则璘亦非短于经世者也。"[33]徽州在宋代虽号称文化较为发达,但由于受自然条件和地理位置的限制,经济发展并不理想,与舒璘的家乡浙东一带相比有很大的差距,经济的落后也影响到了文化和教育事业,舒璘来到徽州之后,先从基础设施着手,为州学争取充足的学粮,使诸生不致有后顾之忧,又多方延请硕儒,以充实教学人员。在讲学中"愈自磨砺,其于晦翁、东莱、南轩及我象山之学一以贯之。新安之士执经而问难者,堂溢阶充两端,不竭不息"。[34]由于他不倦的教导,使得徽州学风为之一振,后人追思他的功绩,在他逝世之后还于州学中设祠纪念他。

舒璘还筑风雩亭,与诸生会集其上,"日有讲求涵泳之功,质或不美,毋庸忿疾,端吾矩矱,需其自新,久乃有勇进不可遏者"。[35]

由于舒璘本人的学术思想的复杂性,他在教学之中并没有特别地表现出以何派为主的倾向,但从这件事还是让我们看出他明显的陆学特色。"风雩"二字出自《论语·先进》:

> 子曰:"何伤乎?亦各言其志也。"曰:"暮春者,春服既成。冠者五六人,童子六七人,浴乎沂,风乎舞雩,咏而归。"夫子喟然叹曰:"吾与点也!"

陆学中人十分欣赏曾点的这种悠然的情怀,陆九渊也有过类似的议论。杨简评价舒璘"其万物同春气象,或狂点不得争殿最也"[36]。同时,在徽州的基层经历使舒璘清醒地意识到南宋社会的各种弊病,对国家的前途和命运产生深深地忧虑,因此,他积极向各级官员反映民病,并对实际事务中的种种问题思考提出对策。

由于舒璘的成绩,从同僚到上级纷纷举荐他,对此,他多次表示自己没有荣进之想,直至庆元二年(1196)才升任平阳县令。舒璘担任平阳县令期间的具体情况没有留下太多的文字,但他在一年之后给友人所写的书信中:"某宰邑逾年,幸不至劳勚丧本,蒙杂而著,圣言岂欺我哉!"[37]可见平阳令的经历使他的思想又有一定的提高。

袁燮、杨简、楼钥3位学者对舒璘的评价可以说从不同的侧面概括了舒璘的思想和为人:

> 袁燮谓璘笃实不欺,无毫发矫伪。杨简谓璘孝友忠实,道心融明。楼钥谓璘之于人,如熙然之阳春。[38]

第二节 沈焕的生平和思想轨迹

一、家世和生平

沈焕,字叔晦,学者称定川先生。生于宋高宗绍兴九年(1139),世居定海(今浙江省舟山市定海区),后徙鄞县(今浙江省宁波市鄞州区)。其祖父沈子霖登绍兴十五年(1145)进士,父亲沈铢于乾道二年(1166)登进士。[39]《宝庆四明志》的记载是:"焕之祖子霖,字泽夫,贡辟雍,调惠州博罗县主簿,无仕进意,号逍遥翁。父铢,任承务郎、签书镇东军节度判官厅公事,俱以明经为乡里师表。铢尝问道于焦先生,义方之训尤严,故诸子皆修饬有闻。"[40]沈焕还有一个弟弟沈炳,"年未四十弃去场屋"[41],专心于学术研究。

出生于这样一个书香世家,耳濡目染,沈焕自然从小就对读书为学产生了浓厚的兴趣,立下很高的志向。

> 自君之祖主簿公经行修明,恬于仕进,乡里高其节,考签判府君尝闻道于焦先生,授指伊洛,忠信孝友,克绍先德,后进皆师尊之,而沈氏之门益大隆于教子,诸子皆修饬有闻,而君尤伟,特有大志,自始知学,潜心经籍,精神静专,未尝骛于末习,既冠成人,尤奋励自强,慨然有追踪古人、主盟当世之心。顾而美髯,伟仪观,尊瞻视,音吐鸿畅,群居乡校,以严见惮,属辞有典则,清远雄丽,务以义理自胜,不类举子语。[42]

但是,尽管他的家中几人得中进士,其经济状况并不乐观,这种状况也一直伴随他的一生。后人曾说:"父子自为师友,讲道论义,闺门肃睦,于荣利澹然,家故清贫,而口不言贫,轻财重义,士信而归之。"[43]袁燮之子袁甫后来在赠沈焕第三子沈省曾(字智甫)的序中说:

> 先正献公尝言:"先生少年在乡校,刻志问学,斋前有竹甚茂,每于竹丛中读书,音韵洪畅,听者悚然。祁寒袜无絮,则小篮贮故纸用以温足。"前辈所谓"士大夫必先咬得菜根,乃可有为者",其先生之谓欤![44]

绍兴三十二年(1162),沈焕24岁,他在乡举中获得第二,第二年即宋孝宗隆兴元年(1163),补国子监,为第一名。在进入太学之后,沈焕遇到陆九龄及舒璘、杨简、袁燮等人。

在太学的几年中,沈焕进一步表现出他那种好学的态度,他主动以师礼对待与自己年龄相近的陆九龄便是一例。[45]陆九龄对沈焕也是另眼相看,"陆公极称君志气挺然,有任道之质,君益自信,昼夜鞭,有进无退,求友如不及,潜观密察,至有颓然众中,不自矜衒,人莫之识,而推之为不可及者"。[46]因此,他十分珍视师友切磋的机会,而对于自己的贫穷处境,毫不在意,"家素贫,囊无余赀,冬或不絮,姑苏一巨室延请以诲其子,同舍以君贫甚,皆劝其往,君曰:'吾方求益师友,奈何舍去?'卒拒不许。其忍穷励志如此。"[47]他诚恳地说:"吾曹生长偏方,见闻固陋,不以此时资明师畏友,廓然开之,何由自知不足? 前无坚敌,短兵便为长技,大可惧也。"[48]由此,"五六年间,朋从日盛,相与讲明立身之要,务本趋实,为不朽计,皆自君唱之"。[49]

乾道五年(1169),沈焕31岁,中进士,名列第二,授迪功郎[50],绍兴府上虞县(今浙江省上虞市)尉[51]。在未正式上任的这段时间,沈焕回到家中,其父沈铢此时也待次里中,父子互为师友,讲学不倦。此时已有弟子远道而来,向他求学问道。

　　乾道六年(1170),沈焕32岁,正式就任上虞尉。尽管官职卑
微,他仍十分尽心尽力。他对下属的管理极为严格,没有大事,绝
不允许胥吏前往乡井,防止他们扰民。与当时大多数学者一样,沈
焕也特别重视教育,"尉曹三年,不卑其官,端居终日。虽隆冬酷
暑不少懈。砥砺名节,无秋毫私"。[52]增葺学舍,并亲自对诸生加以
训导。一届官满,已然"吏奸莫措,邑人赖之,声望蔼然,举荐相
属"。[53]淳熙四年(1177),沈焕39岁,调扬州(今江苏省扬州市)州
学教授,未赴任。游明招山(今浙江省金华市武义县境内),与吕
祖谦、吕祖俭兄弟辩论古今。吕祖谦对沈焕有很好的印象:"沈叔
晦直谅确实,士人中极不易得。"[54]后来全祖望总结道:"方端宪(沈
焕)游明招山中,忠公(吕祖俭)之兄成公(吕祖谦)尚无恙,相与极
辩古今,以求周览博考之益。凡世变之推移,治道之体统,圣君贤
相之经纶事业,孜孜讲论,日益深广,期开物成务而后已。"[55]淳熙
八年(1181)春,沈焕43岁,除太学录,与太学生讲求学问,不分早
晚,而本人更是常正衣冠,表现出一种严谨的作风。"自成均造
士,寝失古意,官其间者,率皆安静养名,少所设施,宾接有时,物情
颇隔。君始至,则延诸生,日与周旋,见者不以蚤暮,遂欲整齐宿
弊,稍修教养法,士争归之,而长官始不乐矣"。[56]一直以来,太学生
的行艺优劣都是仅凭考试来决定的,沈焕认为应以誉望作为参考,
司业认为已有定法,难以实行,沈焕不改初衷,于是被认为是"与
长官争议,非安静者"[57]。虽然沈焕还有机会"充殿试考官,唱名
日,序立庭下,帝伟其仪观,遣内侍问姓名"。[58]但"众滋忌之"[59]。
有所谓的"好心人等"就奉劝沈焕"姑营职,道未可行也,焕曰:'道
与职有二乎?'适私试发策,引《孟子》:'立乎人之本朝而道不行,
耻也。'言路以为讪己"。[60]在所谓公论之下,孝宗乃不得不下旨让

他外补高邮军教授,此时他在太学录的职位上才仅仅八十余日。

淳熙十年(1183),沈焕45岁。曾任丞相的史浩致仕,孝宗皇帝御赐竹洲岛一处(在今浙江省宁波市内月湖中),史浩素与沈焕相善,便将部分地方让给沈焕,于是沈焕与其弟沈炳讲学于此。此时,吕祖俭正好官明州仓监[61],于是3人便在竹洲相聚,合称为"竹洲三先生"。全祖望追记的往事非常地感人:

> 其时忠公(吕祖俭)方为吾乡监仓,昕夕与端宪兄弟晤。顾公治在城东,还往为劳。有船场官王季和者,忠公友也,曰:"是易耳。"乃以场木为制船,每忠公兴至,辄泛棹直抵湖上,端宪(沈焕)从水阁望见之,辄呼微君曰:"大愚(吕祖俭)来矣。"相与出竢於岸上,或竟入讲堂,讨论终日,或同泛湖上。忠公为诗以纪之,曰:"湖光拍天浮竹洲,隐然一面城之幽。中有高士披素裘,我欲从之恐淹留。探囊百金办扁舟,又烦我友着意修。微风一动生波头,飞棹来往倦则休。"[62]

吕祖俭克绍吕氏"中原文献之学",并与当世名儒朱熹、陆九渊、陈傅良往复论辩,使得金华吕学在吕祖谦去世后依然挺立不坠,能够与朱、陆相始终,成为影响南宋后期社会思潮的重要学术流派之一。全祖望评说:"明招学者,自成公(吕祖谦)下世,忠公(吕祖俭)继之。由是递传不替。其与岳麓之泽,并称克世。长沙之陷,岳麓诸生荷戈登陴,死者十九,惜乎姓名多无考。而明招诸生历元至明未绝,四百年文献之所寄也。"[63]在与吕祖俭往来论学的过程中,沈焕从为学进路和精神气质上都较以往发生了很大的变易,"与东莱吕公伯仲极辩古今,始知周览博考之益。凡世变之推移,治道之体统,圣君贤相之经纶事业,孜孜讲求,日益广深,有足以开物成务者"。[64]所以全祖望评价说"端宪尤睦于成公,及其家居。忠公又宦于鄞,切磋倍笃。故沈氏之学,实兼得明招(吕氏)一派"。[65]在与沈焕反复讨论的过程中,吕祖俭的思想也不知不觉地发生了迁移,这一期间,他在给朱熹的信里讲道:

> 诲谕谓只于静坐处寻讨,却恐不免助长之病;或又失之,则一蹶而堕于释氏之见。某自顾涣散之久,近稍收拾,粗有静养工夫。然工夫浅薄,客虑犹多,虽未至便有此病,然亦岂敢不常自警醒也。兼亦自觉未堕释氏之见者,盖释氏是从空处求,吾儒是自实处见,喜怒哀乐之未发,初非空无,寂然不动,本皆完具。释氏于此看得偏阙,所以随在生病。又元者,善之长底意思,释氏既不识元,绝类离群,以寂灭为乐,反指天地之心为幻妄,将四端苗裔遏绝,闭塞不容其流行。若儒者,则要于此发处认取也。[66]

吕祖俭的本意是以"静坐"的工夫体验"喜怒哀乐之未发",这便与象山心学之工夫论搅作一团,所以朱熹恼怒地说:"此正如明道所说扶醉人语,不溺于虚无空寂,即沦于纷扰支离矣。"[67]杨简对吕祖俭也有着高度的认同,认为其道与象山一脉并不遥远:

> 天地之间,声同者相应,气同者相求,心同者相知。……哀哀子约,我心则同。问学虽略异,大致则同,所同谓何? 其好善同,见义忘利同,学不以口而以心同。[68]

从地域上看,"甬上四先生"和"婺学"同属两浙东路,有着相对接近的精神面相,这也是可以理解的,因为学术总是在不间断地论辩和交流的过程中逐渐地形成和完善的,何炳松就说过:"永嘉一支中兴之后产出一个伟大的陈傅良,他那雍容大雅的气度几乎和金华的吕祖谦相仿佛;金华一支三家崛起之后产出一个吕祖俭,他把金华的史学第一次传到四明去,这都是我们研究浙东学术时必须

注意的史迹。"[69]而今之论者也已经发现:

> "甬上四先生"之学,虽皆主象山心学,然其学术风貌及接引门人之方式均各有差异,其理论内涵亦未能全然无异。就学术思想之表达而言,实唯杨简为最能得陆氏之旨,袁、舒、沈三氏,实则皆以心学融于史学,而此种学风,又均与吕祖谦有事实上的明确关联。详其事迹,盖可考见吕氏之学交融于浙东心学而获得其发展的基本情形,而明其思想学术之渊源流变。[70]

淳熙十三(1186)年,沈焕48岁,出任两浙东路安抚司干办公事。始以年劳进秩,升从政郎[71]。

> 上距解褐十有八年。帅属少事同列颇以闲冷自逸,君曰:"设官分职,安有闲冷者?"翼赞其长,心所未安,恳恳忠告,省阅案牍,如处要职,下至场务宿弊,悉革去之。[72]

充分表明了沈焕低调务实的处事风格。修高宗永思陵,"百司次舍供帐酒食之需,供给不暇,焕亟言于安抚使郑汝谐曰:'国有大戚,而臣子安乐自如,安乎?'汝谐属焕条奏"。[73]这又体现出沈焕知行合一的精神风貌。两浙东路安抚使郑汝谐推荐他为修奉官。后郑去职,沈焕也随即辞职。张杓继任,又委任沈焕作安抚司属官,"治并缘为奸者、追赏率者,支顿减。岁旱,常平使者分择官属拯恤,君得上虞、余姚二县,无复流殍。诸司交荐"。[74]由于政绩突出,受到许多臣僚的举荐,据说"寿皇(孝宗)犹忆其风度,曰:'是向为学官人物,甚伟者乎?'将召用之"。[75]却由于小人的陷害而未能得到提升。

淳熙十五(1188)年,沈焕50岁。秩满,改宣教郎[76],知徽州婺源县(今江西省婺源县)。宰相合前后荐举的数奏上陈,命改通判舒州（今安徽省安庆市）。这也是"君有高名，台阁羽仪之选，善类素推之，而自学省下迁，及是累岁，颇滞于铨调，视往时同列邈不可跋，公论以为屈"的结果。

绍熙元年（1190），沈焕 52 岁。孝宗上仙，光宗登极，恩转奉议郎[77]，赐绯衣银鱼[78]。绍熙二年（1191）四月初一，卒，年仅 53 岁。嘉定十六年，宁宗官其子省曾。理宗宝庆二年（1226），追赠朝议大夫[79]，直华文阁，赐谥端宪。[80]

沈焕可谓是终身谋道不谋食的正人君子，有着一以贯之的精神追求和舍生取义的理想主义气质，"家故清贫，敝庐数间，隘不可居，随所寓止。性轻财，常诵李赵公之言曰：'钱尽再来，几事一失，不可复得。'室无私蓄，辞受取舍，虽小必谨"。[81]"门人弟子决疑请益者，自远而至，启告简严。昏者明，柔者立，鄙吝者意消，中心悦服"。[82]正因为如此，他逝世后，"朋友亲故哭之皆恸，四方贤士大夫识与不识，咸为世惜之。"[83]

据《宝庆四明志》所载，沈焕有文集 5 卷，今已不存。所存留的文字被挚友袁燮编为《沈叔晦言行编》，列入《袁正献公遗文钞》卷下，有四明丛书本。近人张寿镛蒐集沈焕遗文，辑为《定川遗书》2 卷，列入四明丛书。

二、思想轨迹

1. 书香门第

沈焕的祖父沈子霖，字泽夫，号逍遥翁，官惠州博罗县（今广东省博罗县）主簿。父亲沈铢，叔父沈锴、沈铭，均曾求学于焦瑷。焦瑷，字公路，曾游程颐之门，后迁居鄞县，并在此地传播程氏之学[84]。后来沈铢也继承了焦瑷的事业，在家乡教授生徒，并受到十分的尊重。沈铢对子女的教育特别严格，甚至当沈焕中进士后，仍如以前一样要求：

> 签判公每对宾客,君常拱立其旁,侍酒则竟席不敢去。小
> 不合意,严诲饬之,不以年长故假借。[85]

沈铢的严格教育使诸子皆"修饬有闻"[86]。除沈焕外,其弟沈炳也
有相当的学术造诣。沈氏一门几代学者,形成了很好的学术氛围。
在家庭的影响下,沈焕从小便潜心经籍,精神静专,打下很好的学
术基础。

沈焕本人的先天条件也特别优越。他"颀而美髯,伟仪观、尊
瞻视、音吐鸿畅"[87],外貌出众,他为太学录时,孝宗只见到他一面,
便留下了深刻的印象,乃至数年后还念念不忘。沈焕的智力也超
出常人,加之个人的努力,他在乡试、监补、殿试中都名列前茅：

> 年二十四乡举第二,明年监补第一,又四年,遂以行艺优
> 诸生。
> 乾道五年,试艺南宫,主文自汪公应辰以下,皆一时巨儒,
> 奏君名第二。[88]

优异的先天条件使沈焕一切都显得那么与众不同,而远大的志向
更使他对一切低俗的现象不屑一顾,而这也使得他看上去令人不
易接近,所以用"秋霜肃凝"来概括他的特点的确是再恰当不过。
而沈焕的这种先天的优越特质也使他比一般人更易接受心学
思想。

2. 师友切磨

孝宗隆兴元年(1163),沈焕以监补第一的成绩进入太学,此
时,舒璘已在太学,杨简、袁燮二先生也先后入太学。沈焕在太学
学习期间,认识到师友之间互相切磨对提高学识的重要性,而当时
的实际情况却是师友道丧,学子因循度日,不求上进。于是沈焕首

倡师友讲学,他对杨简说:

> 此天子学校,四方英俊所萃,正当择贤而亲,不可固闭。[89]

他本人先与陆九龄为友,后来为他的学识的精微所折服,以师礼事之,自此,沈焕迈入了心学的历程。至于后来沈焕有没有从学于陆九渊,杨简在给舒璘的墓志铭中称"一时师同门志同业者则某与沈叔晦、袁和叔也"。[90]《宋史》也称"门人杨简、袁燮、舒璘、沈焕能传其学云"。[91] 全祖望则认为:"四先生中,沈先生师复斋(陆九龄),《宋史》混而列之。"[92] 又说:"甬上四先生之传陆学,杨、袁、舒皆自文安(陆九渊),而沈自文达(陆九龄),《宋史》混而列之,非也。四先生之遗文,亦惟《沈集》绝不可见,惜夫!"[93] 不过,沈焕有没有以陆九渊为师,并不妨碍他对其学术思想的继承。

乾道五年(1169),沈焕以第二名的成绩中进士,开始了他为官和讲学的生涯。在等待上任的这段时间里,沈焕居住在家中,与父、叔、弟等人互为师友,讲学不倦,这时,他已经声名远播,不断有学子前来问学。他严肃端庄,初见好像不可亲近,但不久便令昏者明,柔者立,鄙者意销,中心悦服,师道益尊。而他对待自己的要求更严,由于性格刚劲,沈焕担心自己的性格太过刚强,难尽孝道,便在卧室壁上写下"深爱、和气、愉色、婉容"数语,以勉励自己[94]。这几个词出于《礼记·祭义》:

> 孝子之有深爱者、必有和气,有和气者、必有愉色,有愉色者、必有婉容。

淳熙四年(1177),调扬州州学教授,未上。游明招山与吕祖谦、祖俭兄弟辩论古今。这对他的思想的进一步成熟起到了较大的作用。全祖望曾说:"故沈氏之学,实兼得明招一派,而世罕知之者。"[95] 如对于读书的问题,沈焕曾长期不够重视,这也是陆学中人

的通病,他在太学期间十分欣赏陶渊明不求甚解、悠然自得的读书方法,曾以诗箴其友:

> 为学未能识肩背,读书万卷终亡羊。[96]

优游读书固然可以大有所得,但这是在有了比较渊博的知识之后的事,博览群书是成为一名杰出学者的必由之路,沈焕在经过与吕氏兄弟的讨论之后,才真正明白这一点。因此,沈焕的学术受到吕氏兄弟的影响,是没有问题的。袁燮在给沈焕所作的行状中也称:

> 每称陶靖节读书不求甚解,会意欣然忘食,此真善读书。史籍传记,采取至约。后与东莱吕公伯仲,极辩古今,始知周览博考之益。凡世变之推移,治道之体统,圣君贤相之经纶事业,孜孜讲求,日益广深。[97]

后来到了淳熙十年(1183),沈焕与弟沈炳讲学竹洲,吕祖俭官明州仓监,曾再次与沈焕相聚。此外,沈焕与朱熹也有书信往还,而沈焕对朱熹也尤为尊重,下文论及沈焕的交游情况时将会具体论述。

3. 仕途坎坷

出众的外貌,超人的智慧,加之不懈的努力,使得沈焕在许多地方都鹤立鸡群,也因此常常招致嫉妒和压制,所以沈焕的仕宦道路就是一个不断斗争的过程。为上虞尉时防吏为奸;为太学录时发出改革取士方法的不同见解,为司业不满;孝宗伟其仪,忌者滋多;为修奉官针对永思陵百司酒肉如常的情况,移书御使,要求治理丧纪;救灾有功受举荐,又为小人所沮。其实,沈焕本人对这种情况也十分清楚,但是,他正直的品质和刚劲的性格使得他决不与世俗妥协,为太学录时,当有人劝他姑安其职,不必行道时,他说:"道与职岂有二哉?"[98]当被迫离职时,他说:

吾岂不知诡随苟容，自取光宠哉！吾朝夕兢兢，沦胥是忧，故不为也。不愧友朋，去无所恨。[99]

所以，袁燮这样评价他：

考其平生大节，宁终身固穷独善，而不肯苟同于众，宁龃龉与时不合，而不肯少更其守。凛然清风，震耸颓俗，使时见用，必能振朝廷之纲，折奸回之萌，屹立中流，为世砥柱，亦可谓难矣。[100]

终身沉于下位而声名流于四方，抑之愈高，困之愈坚，死且不陨。[101]

但是，沈焕沉沦下僚，传道未竟的事业遗憾，同时代的人是完全感受到的，薛季宣感慨地说：

公之问学者，验于开物成务，已而知其不可为而返学问闾里，日寝光明，谓不得于彼而可得于斯，岂意亦不得于此耶？道学未立，于至圣之域，朋友未得其传授之全，公志愿未竟，而终天乎命也夫。[102]

第三节　杨简的生平和思想轨迹

一、家世与生平

四库馆臣指出杨简的为学特质及其在象山学派中的显著地位：

宋儒之学，至陆九渊始以超悟为宗，诸弟子中，最号得传者，莫如杨简。然推阐九渊之说，变本加厉，遂至全入于禅，所

著《慈湖遗书》,以"心之精神是谓圣"一语,为道之主宰,而以
不起一意,使此心虚明洞照,为学之功夫。其极至于斥《大
学》非圣言,而谓子思、孟子同一病源,开后来心学之宗,至于
窅?恍惚,以为独得真传,其弊实成于简。[103]

这不但说破了杨简心学的说新特征,而且也还揭示了慈湖一脉在
象山后心学思潮传衍过程中所居之地位及对后世之启迪。另外像
慈湖心学"引易以归心学,引心学以归禅学,务屏弃象数,离绝事
物,遁于恍惚窅,以为不传之秘也"[104]之类的评价,也可谓一脉相
承。所以,就学术思想之实质表达而言,唯有杨简为最能得陆氏之
宗旨。

杨简,字敬仲,学者称慈湖先生,生于宋高宗绍兴十一年
(1141),宋两浙东路明州慈溪县(今浙江省慈溪市)人。"家世天
台,十世祖自宁海徙明之奉化,后又徙鄞。绍兴末,敌突淮右,考避
地慈溪,因占籍焉"。[105]也就是说,直至杨简父亲时,他的家庭才在
慈溪安居下来。其祖先皆不仕。高祖杨伦居奉化县忠义乡半亭。
曾祖杨宗辅,徙居鄞县。祖父杨演。父杨庭显,字时发,生于北宋
徽宗大观元年(1107),卒于南宋孝宗淳熙十五年(1188),不仕,后
以杨简的缘故,官赠承务郎[106],又转承奉郎[107]。

杨庭显有6子,杨简是第三子,据说在他出生之时,有祥光出
现,周围的人以为是发生火灾了。凡是杰出人物的诞生人们往往
要附会一些奇异之事,杨简诞生时的不寻常的现象也大概不过是
一种特殊的自然现象。杨简从小不爱玩耍,表现出异常早熟的特
点,喜欢对自然与社会的各种现象以及其本原作自己的思考,"入
小学便俨立若成人,书堂去巷陌隔牖间一纸,凡邀戏事,呼噪过门,
听若无有。朔望例得假,群儿数日以俟,走散相征逐,先生凝静几

门,如常日课,未尝投足户外"。[108]绍兴三十年(1160),杨简刚满20岁,古代称为弱冠之年,是步入成人的标志,杨简依旧终日侍其父母之旁,任出入家用之事。每天等父母休息以后,他都拿灯默坐,然后开始读书,直到凌晨时分,"或漏尽五鼓。为文清润峻整,务明圣经,不肯规时好作俗下语,逾弱冠,入上庠,每试辄魁"。[109]杨简是绍兴三十一年(1161),21岁时入太学求学的,在那里,他有幸遇见舒璘、沈焕、袁燮及陆九龄等同道,学业精进。每遇考试,"入院时,但面壁坐。日将西,众哄哄兢寸晷,乃方舒徐展卷,写笔若波注,无一字误,写竟复袖卷,舒徐俟众出,不以己长先人"。[110]

乾道五年(1169),杨简29岁。举进士,授迪功郎,为富阳(今浙江省富阳市)主簿。在宋代,主簿是地方县级政府中的主要属官,既典领档案文书,也主持办理各项事务,尤其是经济事务。[111]杨简在本职工作上,"诚以接物,众畏信之,相戒奉约束惟谨,走吏持片纸入市,可质数千"。[112]在当地确立了良好的政府信誉。在本职工作外,杨简发现富阳人多从商而不知学,于是大肆兴学养士,方使文风大振。乾道八年(1172),杨简32岁,陆九渊中进士后过富阳,举日间杨简断卖扇者案子,启发其本心。这件事情还需要从杨简在太学读书时讲起,据杨简的学生钱时说,"先生在循理斋,尝入夜,灯未上,忆通奉公(杨简父)训,默自反观,已觉天地万物通为一体,非吾心外事"。[113]也就是说,在遇见陆九渊之前,杨简已经初步意识到,这个大道理很可能不能外求诸天地之间,而要默心澄意,反求之本人的内心深处。因而,当见到陆九渊的启发后,他的自我意识就更加自觉地凸显出来了:

> 文安公新第归来富阳。长先生二岁,素相呼以字,为交友,留半月。将别去,则念天地间无疑者,平时愿一见莫可得,遽语:"离乎?"复留之。夜集双明阁上,数提"本心"二字,因

从容问曰："何谓'本心'?'"适平旦尝听扇讼,公即扬声答曰:
"且彼讼扇者,必有一是,有一非,若见得孰是孰非,即决定谓
某甲是,某乙非矣,非本心而何?"先生闻之,忽觉此心澄然清
明,亟问曰:"止如斯邪?"公悚然端厉,复扬声曰:"更何
有也?"[114]

犹如禅宗中许多忽然开启的事例,"扇讼"之事给予杨简思想的启
发也是革命性的,由此,杨简"忽省此心之清明,忽省此心之无始
末,忽省此心之无所不通"。[115]他自己曾坚定地说过:"因承象山陆
先生扇讼是非之答,而又觉简澄然清明,安得有过动乎?"[116]

淳熙元年(1174),杨简34岁。春母丧,去官,居丧室,哀毁尽
礼。在这当间,杨简还努力为学,工夫益进。"后营圹车厩,更觉
日用酬应未能无碍,沈思屡日,偶一事相提触,亟起旋草庐中,始大
悟变化云为之旨,纵横交错,万变虚明,不动如鉴中象矣"。[117]可以
说,这是"扇讼"之后杨简思想的又一个飞跃。淳熙三年(1176),
杨简36岁。服除,为方便赡养老父,受绍兴府司理参军,掌管讼
狱,审理案件。在为政生涯中,杨简是一位有操守的官员,他说:
"白事上官,必从陈述,有不合即退思,思之而审,坚守无所挠,或
大碍不见听,则决去而已。"[118]他是这么说的,也曾经这么地做过。
淳熙八年(1181),丞相史浩将薛叔似等15人上荐朝廷,预备大
用,杨简居于第二。"绍兴府司理参军杨简,性学通明,辞华条达,
孝友之行,阃内化之,施于有政,其民必敬而爱之"。[119]时任提举浙
东常平茶盐公事的朱熹也荐其"学能治己,材可及人"。[120]朱熹还
在给友人的私人信件中赞许过杨简,"大抵守官且以廉勤爱民为
先,其它事难预论。幸四明多贤士,可以从游,不惟可以咨决所疑,
至于为学修身,亦皆可以取益。熹所识者杨敬仲(简)吕子约(祖

俭),所闻者沈国正(焕)袁和叔(燮)到彼,皆可从游也"。[121]而出于种种事端,杨简终究未被重用。淳熙十一年(1184),杨简44岁。为浙西安抚司属官,两浙转运副使张构十分信任他,"幕中本无事,及是多所委赖,吏牍日相衔在庭,天府濒穑,类多戾契聱牙,不易可办,先生雍容立决,的中腠会,莫不服为神明"。[122]后又委以军队管理事务,杨简以诸葛武侯正兵之法训练兵将,获得很好的效果。

淳熙十五年(1188),杨简48岁。改宣教郎,知绍兴府嵊县(今浙江省嵊州市),因父亲庭显逝世未上任。服丧的这段时间里,杨简便在家乡史氏碧沚讲学,当时从学于杨简的史氏子弟众多,后来成为权相的史弥远也在其中。

光宗绍熙三年(1192),杨简52岁。转奉议郎[123],知饶州乐平县(今江西省乐平市),入县之初,便马上重修县学,并亲自登上讲堂为当地人讲学,有的士人听了甚至为之落泪,"诲之谆谆不倦,铲除气习,脱落意蔽,本心本自无恙。其言坦易明白,听之者人人可晓"。[124]当地有杨、石两个恶少,杨简将二人拘捕入狱,并晓以祸福,讲明道理,二人都愿改邪归正,自此当地人都以争讼为耻,乐平的社会治安和文教事业得到极大改善。"夜无盗警,路不拾遗"。[125]绍熙四年(1193),陆九渊逝世,杨简撰《祖象山先生辞》。在文章中,杨简依旧提到"壬辰之岁,富春之簿廨双明阁之下,某本心问,先生举凌晨之扇讼是非之答,实触某机。此四方之所知,至于即扇讼之是非,乃有澄然之清,莹然之明,匪思匪为,某实有之,无今昔之间,无须之离,简易和平,变化云为,不疾而速,不行而至,莫知其乡,莫穷其涯。此岂惟某独有之,举天下之人皆有之。"[126]此诚可见"扇讼"机缘给杨简触发之深。第二年,也就是绍熙五年(1194),杨简撰《象山行状》。宁宗即位,诏为国子博士。

任命的敕书出自当时知名学者陈傅良的手笔,代表着当时士大夫阶层对杨简的认同和高度评价:"简夙有贤誉,不求闻达,徒劳县章,益务持养,是以不俟满岁,俾长胄子,岂惟诸生,又以为善类劝也。"[127]名臣楼钥也不吝惜赞誉的笔墨:"杨简学问深淳,操行介洁,议论坚正,皆有本原,爱民之政,着于剧邑。是臣乡人,素为畏友,非敢私荐,公论所推。……实可应通亮公清、不植党与之选。"[128]

宁宗庆元元年(1195),杨简55岁。丞相赵汝愚被罢,杨简上书论汝愚之忠,遭劾免。接着庆元党禁兴,杨简被列为伪学逆党,自此14年家居未得任用[129]。嘉泰三年(1202),年逾花甲的杨简筑室德润湖上,更名慈湖,馆四方学者于熙光咏春之间而启迪之。从此以后,"宗其学者,不称其官,皆称曰慈湖先生"。[130]"咸淳(1265—1274)间,制置使刘黻即其居作慈湖书院"[131],此乃后话。

嘉泰四年(1204),杨简获得了一次出山的机会,赐绯衣银鱼、朝散郎[132],权发遣全州(今广西壮族自治区桂林市全州县),将陛辞,以二札上,论治国应以道及上当天心,罢,主管仙都观[133]。

嘉定元年(1208),杨简68岁。宁宗改元,号为更化,授杨简秘书省著作郎兼权兵部郎官。转对,言时弊,谈治国之要以及消弭灾祸之道,对民间疾苦加以深刻揭示,也对想要进入南宋境内而受到百般阻挠和迫害的北方流民给予深切同情,其言广为传诵,金国百姓也为之泪下,称杨简为"江南杨夫子"。[134]第二年,宁宗诏以旱蝗求直言,杨简上书称旱蝗根本,近在人心:

> 旱者灾厉之气,三才一气,如人一身,腹脏作楚,则四体头目亦为之不安,人事乖厉,则天地之气亦感应而为乖厉。孔子曰:"圣人有国,日月不食,星辰不悖,海不溢,河不满溢,川泽

不竭。"[135]

他毫不讳言地质问宁宗皇帝:

> 陛下已自信有大道乎? 舜曰:"道心明,心即道。"孔子曰:"心之精神是为圣。"孟子曰:"仁,人心也。此心虚明无体,广大无际,日用云为,无非变化。"故易曰:"变化云为,虚明泛应,如日月之光,无思无为而万物毕照。"[136]

"入对答问,往复漏过八刻,上目送久之。"[137]显然,杨简并不认为最高统治者能够做到他所设定的政治道德上最低标准,而这类的政治标准被杨简用来作为推行良政的尺度。这一年,杨简兼考功郎官,又兼礼部郎官,授著作郎、将作少监。[138]嘉定三年(1210),古稀之年的杨简兼国史院编修官兼实录院检讨官。因所陈未能得到实行,求外补,获得知温州(今浙江省温州市)的差遣。他上任的第一件事便是罢妓籍,让官妓从良。与此同时,尊敬贤士,并采士民善行,编为《乡记》,镂版于学以劝民。嘉定四年(1211),有私盐贩500人集群过境,两浙东路安抚司官员檄永嘉(今浙江省永嘉县)尉及水砦兵捕之,而巡尉未告知温州行政长官就草率发兵,杨简认为这是严重违纪的行为,于是采取严明军纪之举。同时,他还大量印发《陈规守城录》,并亲自为之作序,以取其法。杨简还不畏权势,维护百姓利益。有官员买民田却不付钱,他设法为其讨要;有势家宅第建于官河之旁,杨简马上拆除,城中欢腾,将此河称为杨公河。[139]

嘉定五年(1212),杨简72岁。会子贬值严重,杨简采取宽松的措施,使百姓不致受害过重。他本人也带头实行节俭,减轻百姓负担,温州百姓多画像祀之。朝廷派使者察访江浙各地,杨简以尊王大义,向世人展示了早已少见的仪典。以示尊王之举,符合先儒旧规。"《春秋》，王人虽微，例书大国之上，尊天子也。况今天使乎？持之益坚"。[140]杨简在温州：

> 廉俭自将，奉养菲薄，常曰："吾敢以赤子膏血自肥乎？"间巷雍睦无忿争声，民爱之如父母，咸画像事之。迁驾部员外郎，老稚扶拥缘道，倾城哭送。入对，言："尽扫喜顺恶逆之私情，善政尽举，弊政尽除，民怨自销，祸乱不作。"改工部员外郎，转对。又以择贤久任为言。迁军器监兼工部郎官，转朝奉大夫，又迁将作监兼国史院编修官兼实录院检讨官，转朝散大夫。[141]

嘉定初期，权相史弥远当国，为表现出不同于韩侂胄的一面，史弥远摆出了许多虚己纳谏，延揽英才的政治举措，吴潜说："窃见嘉定五六年间，丞相收用老成，如汪逵、黄度、刘钥、蔡幼学、陈武、杨简、袁燮、柴中行、赵方、储用、陈刚、廖德明、钱文子、杨方、杨楫诸君子，布满中外，一时气象人以为小庆历、元祐，此更化之盛际也。"[142]客观上也起到了一定程度的政治治理的效用。嘉定七年（1214），金国遭受蒙古进攻，又发生饥荒，北方人民想要进入南宋境内的每天成千上万，却受到南宋边将的阻止，甚至下令射杀，杨简为此进言：

> 得土地易，得人心难。薄海内外，皆吾赤子，中土故民，出涂炭，投慈父母，顾靳斗升粟而迎杀之，蕲脱死乃速得死，岂相上帝绥四方之道哉？即日上奏，哀痛言之。"[143]

未受采纳，又因生病，坚决请去，乃以直宝谟阁主管玉局观。之后的很长一段岁月里，杨简就以只担任宫观祠禄官，尽管在寄禄官阶及职级上有所提升，但再也没有出任过差遣。直到嘉定十七年（1224），宁宗崩，理宗即位，进宝谟阁直学士，赐金带。下一年又转朝议大夫、慈溪县男,寻授华文阁直学士、提举佑神观,奉朝请。[144]

宝庆二年(1226),杨简 86 岁。授敷文阁直学士,累加中大夫,仍提举鸿庆宫,寻以宝谟阁学士、太中大夫致仕,卒,赠正奉大夫,谥文元。[145]

据《宋史·杨简传》所载,杨简的论著有《甲稿》、《乙稿》、《冠记》、《昏记》、《丧礼家记》、《家祭记》、《释菜礼记》、《石鱼家记》,又有《己易》、《启蔽》等凡十种。[146]《宋史·艺文志》著录了杨简的著作 3 种,分别是《己易》1 卷,《孔子闲居讲义》1 卷,《春秋解》10卷。[147]近人张寿镛撰《慈湖著述考》,对杨简的著作详加考证,钩沉启覆,共得 30 种[148]。现存杨简著作最能体现其学术理念与思想内涵者,是《杨氏易传》20 卷,《五诰解》4 卷,《慈湖诗传》20 卷,《慈湖遗书》18 卷、续集 2 卷、补编 1 卷。均有四库全书本与《四明丛书》本。《杨氏易传》是杨简依傍《周易》阐发象山学派及本人思想的代表性著作,"(杨)简则为象山弟子之冠,如朱门之有黄榦,又历官中外,政绩卓有可观,在南宋为名臣,尤足以笼罩一世,故至于明季,其说大行"。[149]《慈湖遗书》是后学汇集的杨简文集,"金溪之学,以简为大宗,所为文章大抵敷畅其师说,其讲学纯入于禅,先儒论之详矣"。[150]岂定论也哉?

二、思想轨迹

杨简的心学思想究竟如何评价,古今学者间的看法大不相同。如全祖望在肯定了杨简的道德修养之后,又称对于象山学派来说"坏其教者实慈湖"。又说:"慈湖之言不可尽从,而行则可师。"又引黄震之言曰:"《杨敬仲集》皆德人之言也,而未闻道。"[151]为什么黄震会认为杨简"未闻道"?为什么全祖望居然还认同黄震的这个看法？而今人则一致认为，杨简真正使陆学得到了继承和拓展，如李才栋曾提到：

> 先师邱大年（椿）先生尝称杨简是卓越的哲学家、政治家、教育家，而且是杰出的书画家。在"陆王学派"中其成就极高。其思想的系统性、治学的广博性、哲理的玄奥性、立论的一贯性、考证训诂的精确性，胜过其师陆九渊和而后三百余年的王守仁。[152]

1. 天生异禀，家学渊源

据载杨简生来便有异禀，他出生时的异象似乎也暗示了这一点。他庄重、凝静，性格内向、早熟：

> 入小学，便俨立若成人。书堂去巷陌隔牖间一纸，凡遨戏事呼噪过门，听若无有。朔望例得假，群儿数日以俟，走散相徵逐，先生凝静，几门如常日课，未尝投足户外。[153]

杨简之父杨庭显，与陆九渊为忘年之交，也服膺陆氏心学，其为学有相当之成就，陆九渊称："年在耄耋，而其学日进者，当今所识，四明杨公一人而已。公长不满五尺，蔼然癯儒，而徇道之勇不可回夺。血气益衰，而此志益厉，贲、育不足言也。"[154]而舒璘也自称自己的学问是"老杨先生琢磨"。[155]杨庭显为人十分自信，视天下事无不可为者。他勇于改过，对自己有很高的要求。《杨承奉墓碣》记载他得闻陆学之后曾"尽焚所藏异教之书"[156]，不过"异教"思想显然早已对他产生了影响。

> 公尝行步小跌，拱手自若，徐起翕然，殊不少害，从行异之。公曰："蹉跌未必遽伤，此心不存，或自惊扰，则致伤耳。"[157]

这里既有禅宗的影子,有具备着传播的种子。杨庭显很注重子女的教育,钱时称他"绳己甚度,饬弟子齐家有纪律,书训累牍,字字可佩然,与物极平恕,一言之善,樵牧吾师。自少志学,弗得弗措,省过严密,毫发不少宥,至泣下、至自拳"。[158]杨简也曾一次又一次地回忆父亲给他的教导,他曾说:"某自总角承先大夫训迪,已知天下无他事,惟有道而已矣。"[159]父亲的教育和优越的先天条件使杨简很早就迈向了杰出思想家的道路。

2. 师友切磨,有所感悟

绍兴三十一年(1161),杨简入太学,他遇见了舒璘、沈焕、袁燮及陆九龄等人,相互间的探讨,使他的思想获得很大的发展。杨简后来回忆说:

> 某未离膝下,知有先训而已。出门逐逐,不闻正言,窃意世间不复有朋友之义。及入太学,首见吾叔晦,始闻正论。且辱告曰:"此天子学校,四方英俊所萃,正当择贤而亲,不可固闭。"某遂从求其人,遂得从其贤游,相与切磨讲肆,相救以言,相观而善,皆吾叔晦之赐。[160]

思想的成熟,学识的增长,很大程度上在于师友之间的交流,太学期间,是杨简人生的一次重大转折,在他眼前呈现了一个更加广阔的世界,使他有可能超越其父的思想高度。而且,也正是在太学,杨简对于心学思想有了第一次神奇的体验。

乾道四年(1168),28岁的杨简居太学循理斋,一日入夜灯未上,忆起父亲之训,忽觉天地万物通为一体,非吾心外事:

> 某之行年二十有八也,居太学之循理斋,时首秋入夜,斋仆以灯至。某坐于床,思先大夫尝有训曰:"时复反观"。某方反观,忽觉空洞,无内外、无际畔,三才万物、万化万事、幽明

有无,通为一体,略无缝罅。[161]

自此,杨简步入了心学之路,而一次又一次的觉悟使他的心学思想日臻成熟。

乾道八年(1169),杨简32岁,[162]任富阳主簿,摄事临安府中,第一次见到了陆九渊,但这次见面似乎并没有给杨简有什么启发。是年,陆九渊中进士后返乡路过富阳,受到杨简挽留,其间,陆九渊举"扇讼"启发杨简本心:

> 三月二十一日,先生过之,问:"如何是本心?"先生曰:"恻隐,仁之端也,羞恶,义之端也,辞让,礼之端也,是非,智之端也。此即是本心。"对曰:"简儿时已晓得,毕竟如何是本心?"凡数问,先生终不易其说,敬仲亦未省。偶有鬻扇者讼于庭,敬仲断其曲直讫,又问如初。先生曰:"闻适来断扇讼,是者知其为是,非者知其为非,此即是敬仲本心。"敬仲忽大觉,始北面纳弟子礼。故敬仲每云:"简发本心之问,先生举是日扇讼是非答,简忽省此心之无始末,忽省此心之无所不通。"先生尝语人曰:"敬仲可谓一日千里。"[163]

杨简自述这一次悟得本心的经历道:

> 壬辰之岁,富春之簿廨,双明阁之下,某问本心,先生举凌晨之扇讼是非之答,实触某机,此四方之所知。至于即扇讼之是非,乃有澄然之清,莹然之明,匪思匪为,某实有之。无今昔之间,无须臾之离,简易和平,变化云为,不疾而速,不行而至,莫知其乡,莫穷其涯,此岂惟某独有之,举天下之人皆有之。[164]

> 某积疑二十年,先生一语触其机,某始自信其心之即道,而非有二物。始信天下之人心皆与尧、舜、禹、汤、文、武、周

公、孔子同,皆与天地、日月、四时、鬼神同。[165]

淳熙元年(1174),杨简 34 岁。春,母丧,去官,居丧室,哀毁尽礼。觉日用酬应未能无疑,沉思多日,偶然一事相触,始大悟变化云为之旨,纵横交错,万变虚明不动,如鉴中象矣。这一次的觉悟使杨简将本心理解为明鉴,而将一切事物看作鉴中之象,其心学的思想渐趋成熟。

3. 慈湖讲学:"心之精神是谓圣"

乾道八年的那一次觉悟表明杨简在心学之路上已小有所成,所以陆九渊也说"敬仲可谓一日千里"。但对于杨简本人来说,他仍然感到觉悟有所不足:

> 学者初觉纵心所之,无不元妙,往往遂足,不知进学,而旧习难遽消,未能念念不动。但谓此道无所复用,其思为虽自觉有过,而不用其力,虚度岁月,终未造精一之地。日用云为,自谓变化,虽动而非动,正犹流水,日夜不息,不值石险,流形不露,如澄泚不动,而实流行。予自三十有二微觉已后,正堕斯病。[166]

宁宗庆元元年(1195),丞相赵汝愚被罢,杨简上书论汝愚之忠,遭劾免。接着庆元党禁兴,杨简被列为伪学逆党,自此十四年家居未得任用,在这段时间里,杨简筑室于德润湖上,德润湖附近有孝子董黯之祠,而慈溪地名便得自董孝子,杨简将此湖更名为慈湖,杨简此后便自称慈湖杨某。杨简真正地体会本心之妙,并完全形成自己所心学思想便发生在这些年。杨简本人的叙述这样描述了自己的心路历程:

> 后十余年,念年迈而德不加进,殊为大害。偶得古圣遗训,谓:"学道之初,系心一致,久而精纯,思为自泯。"予始敢

观省,果觉微进。后又于梦中获古圣面训,谓某未离意象。觉
而益通,纵所思为,全体全妙,其改过也,不动而自泯,泯然无
际,不可以动静言。[167]

《四朝闻见录》的记述使我们得以从侧面了解杨简此时彻悟的
情况:

> 慈湖杨公简,参象山学犹未大悟,忽读《孔丛子》,至"心
> 之精神是谓圣"一句,豁然顿解。自此酬酢门人、叙述碑记、
> 讲说经义,未尝舍心以立说。[168]

从此,杨简的学术造诣更加精深,他著书立说,讲学不倦,在当时的
学术界产生了极大的影响,学者称他为慈湖先生。其弟子钱时所
撰行状称:

> 其领玉局而归也,门人益亲。退方僻峤、妇人孺子,亦知
> 有所谓慈湖先生,岿然天地间,为斯文宗主,泰山乔岳,秋月独
> 明也。[169]

在学理上理解,杨简所解读的象山之心学本体中的"心",已经不
像乃师所建构,它是不带有任何观念意味的虚明实存,它的存在,
是一种无差别的境界,但在这个境界中,个体又能够体验到作为伦
理本能的存在和活动,这就是"本心",或者也可以称为"圣人之
心"。慈湖心学,最初是由禅宗"明心见性"说切入的,在他看来禅
宗的"自性"即是儒家"本心"并不存在实质性的差别。所以,到最
后陆九渊还是忍不住地说:"杨敬仲不可说他有禅,只是尚有习气
未尽。"[170]而事实上,南宋当时及以后的学人都曾经发现并指出慈
湖心学的这股禅宗气息。如南宋时叶绍翁所论:

> 考亭先生解《大学·诚意章》曰:"意者,心之所发也。实

其心之所发，欲一于善而无自欺也。一有私欲实乎其中，而为善去恶或有未实，则心为所累，虽欲勉强以正之，亦不可得。故正心者必诚其意。"慈湖杨氏读《论语》有毋意之说，以为夫子本欲毋意，而《大学》乃欲诚意，深疑《大学》出于子思子之自为，非夫子之本旨。此朱、陆之学所以分也。然夫子之传，子思之论，考亭先生之解，是已于意上添一诚字，是正虑意之为心累也。杨氏应接门人，著撰碑志，俱欲去意，其虑意之为心累者，无异于夫子、子思、考亭先生，而欲尽去意则不可。心不可无，则意不容去。故考亭先生谓："意者，心之所发。实其心之所发，欲一于善而已。"既曰诚意矣，则与《论语》之毋意者相为发明，又何疑于《大学》之书也？故考亭先生以陆学都是禅，头领既差，而陆氏则谓考亭先生失之支离。[171]

明人崔铣就愤然地说过：

> 夫诚意而后正心，毕万而后协一，有序矣。自是溢于陆氏，滥于杨简，认心之觉，为性肆厥，诇语略此阶序，轻六经曰注脚；斥《论语》支离，黜《大学》非经，谓圣人有不胜诛之罪。[172]

> 其言似该而偏，其工似密而疎，溢于陆氏，滥于杨简、徐霖，认心之灵觉为性，汪洋凌躐，肆厥诇语，轻六经曰注脚，斥《论语》支离，黜《大学》非经，谓圣贤有不胜诛之罪，达摩贤于孔颜矣。[173]

> 大慧授之张子韶，其徒得光又授之陆子静。杨简者，子静之徒也。衍说诇章，益无忌惮，苟不当意，虽圣亦斥。[174]

清四库馆臣也是这么认为的：

> 宋儒之学，至陆九渊始以超悟为宗，诸弟子中，最号得传

者,莫如杨简。然推衍九渊之说,变本加厉,遂至全入于禅,所著《慈湖遗书》,以心之精神是谓圣一语,为道之主宰,而以不起一意,使此心虚明洞照,为学之功夫。其极至于斥《大学》,非圣言,而谓子思、孟子同一病源,开后来心学之宗。[175]

陆学惟陆能为之,杨简以下一传而为禅矣。朱学数传尚有典型,则虚悟实修之别也。[176]

这里其实都是讲杨简受禅宗影响深,儒家的理论修养不够纯粹,而以禅宗的直觉作为认知和存养工夫,这也正是杨简的心学主张比象山更为彻悟的特征与原因之所在。但杨简终归没有脱离儒家伦理学说的轨道。例如,他始终认为他"道"等于"道心",是作为人所共有的道德灵明存在于人心的,它不是佛家的"空",也不是道家的"无"。人性也是一种特定的道德观念,它与无方无体、神灵妙用的心,是同一个实存。与《易传》所论"寂然不动,感而遂通"之"道"是深层契合的。只要坚守这些认识,就理所应当地将杨简收纳到儒学阵营中来。

第四节　袁燮的生平和思想轨迹

一、家世和生平

袁燮,字和叔,学者称絜斋先生,生于高宗绍兴十四年(1144),宋明州鄞县(今浙江省宁波市鄞州区)人。袁氏在宋朝为四明大族,袁燮的高祖袁毂为北宋仁宗嘉祐六年(1061)进士,博览群书,善为诗词,曾通判杭州,与时任知州的苏轼有酬唱之篇。曾祖袁灼,哲宗元祐六年(1091)进士,徽宗朝时曾因法办蔡京党羽而被贬,祖父袁垌[177]、父袁文官位皆不高,但都以"笃厚醇实称于乡"[178]。母戴氏,娘家为鄞县富户,善于理家,自身也受过很好的教育,"戴淑人亦博览图史,如古烈女"。[179]从打理袁氏一家到教育子女都起到了很大的作用,也给袁燮以很大的影响。

袁燮是家中次子,十分早慧,"生而端粹专静,乳媪置盘水其前,玩视终日,夜卧常醒"。[180]五六岁时读书数遍便可成诵。到了十五六岁时,他读到《后汉书·党锢传》,拊卷叹息,便立志以名节作为自己人生的重要目标。[181]

孝宗乾道二年(1166),袁燮年23岁。入太学,"陆九龄为学录,同里沈焕、杨简、舒璘亦皆在学,以道义相切磨"[182],对于师长之辈的陆九龄,袁燮是非常尊重的,"望其德容晬盎,肃然起敬,亟亲炙之。而同里之贤如沈公焕、杨公简、舒公璘亦皆聚于学,朝夕以道义相切磨,器业日益充大。平居庄敬自持,为同舍所严惮"。[183]就在这一时期,袁燮开始对道学产生浓厚的兴趣,并逐步地培养出强烈的信仰。他后来曾讲起过沈焕对自己的思想影响,"始予与君还往时,方务记览,耻一不知,日夜劳苦,君为予言:'吾儒之学,在植根本,无妄敝其精神。'予恍然异之。听君议论,宏大平直,坦乎如九轨通衢,而反视予所习者,萦纡缭绕,直荒蹊曲径而已。乃尽弃其旧业,精思一意,求所为根本者,君又为予引之诸师友间,以恢广其所未至。君之成就友朋,而大有功于吾道者若此。"[184]《宋史·袁燮传》所讲的"后见九龄之弟九渊发明本心之指,乃师事焉"[185]也发生在袁燮太学求学时期。淳熙八年(1181),袁燮38岁时才中进士,授江阴县尉。淳熙年间是南宋最为繁荣和稳定的时期,宋孝宗经过前期力图恢复的失败,加之高宗的掣肘,已经没有了乾道年间的那种雄心和锐气,治国求稳。因此,当袁燮即将对策之时,便有人指点他在对策中应该说什么"大体已正,当坚忍以俟其成"。[186]袁燮对此不屑一顾,仍然按照自己的意见书写政见,"公不谓然,直以意对,具言大体未正,与所当更张者,以是仅得丙科。而言坚忍者,竟为举首。公以合选当得教官,丞相史忠定公(浩)勉以姑为一尉,遂注江阴"。[187]同一年,史浩以薛叔似等十五人荐,袁燮也在其中,史浩在荐章里称道袁燮"江阴军江阴县尉袁燮,学问醇明,性资端厚,守正而无矫激,久在庠序,士子推服"。[188]有旨加以考察,但袁燮却认为自己刚刚入仕,放弃了这一机会。在江阴期间,袁燮表现出与一般读书人所不同的政治与军事组织才能,他补足当地弓兵数目,亲自加以训练,设立保伍法,维护地方治安。淳熙十四年(1187),浙西发生饥荒,常平使罗点任命袁燮管理江阴救灾事宜。"燮命每保画一图,田畴、山水、道路悉载之,而以居民分布其间,凡名数、治业悉书之,合保为都,合都为乡,合乡为县,征发、争讼、追胥,披图可立决,以此为荒政首"。[189]事毕,罗点荐于朝,有旨升擢,又循两资入都。接着,袁燮拒绝了丞相周必大让他稍等一段时间,以等待进入班列的机会,并以养亲为由,为沿海制置使属官。又"连遭内外艰,未及用"。[190]

绍熙五年(1194),袁燮51岁,宁宗嗣位,以太学正召。不久就有所谓"庆元党禁"。理学的兴起,直接关系到当时士大夫阶层的权力再分配,拥护理学者将其推崇为圣贤之学,反对者称其矫揉造作,沽名钓誉,纯属"伪学"。士林中主理学与反理学两种势力在宁宗时的争斗已臻于白热化的程度,韩侂胄利用取得的政治权力为消除理学在朝野的政治地位和社会影响,积极支持自己的亲信及对理学不满的臣僚对理学家大加政治报复,酿成两宋历史上第二次政治文化大清剿。其原因不外二端,一是理学的那种绝对不宽容性,容易遭受对手的打压;二是最高统治者对统治思想的抉择是相当慎重的,他们对思想领域中的新东西,往往有一种不信任感和恐惧感。因此在发生以争权夺利为实质的人事纠纷时,就自然出现统治者和在野思想家之间的对立。赵汝愚罢相,朱熹、杨简等人相继论罢,太学生多上书论及时事,而袁燮支持了太学生的上书,也因此论罢,弹劾袁燮的是党附韩侂胄的姚愈,"谏大夫姚愈劾(王)介与袁燮皆伪学之党,且附会前相(赵)汝愚"[191],还有时任监察御史的刘德秀,"德秀又劾国子博士孙元卿,太学博士袁燮,国子正陈武,皆罢去"。[192]于是袁燮后也被列入伪学名单。"赵丞相罢,公知必不为时所容,然犹晨入学,延见生徒,商榷理道。或谓诸生多上书议斥时事,不当诱进。公不为变,迄以此论罢。自是,伪学之禁兴而正人无容足地矣。公贫甚,退处泰然"。[193]真可谓是"岁寒,然后知松柏之后凋也"。

直到嘉泰二年(1202),党禁渐弛,已经将近耳顺之年的袁燮在度过一段贫穷而艰难的日子之后,担任了两浙东路安抚司和福建路提举常平司的属官等职务。开禧二年(1205),袁燮改秩通判赣州(今江西省赣州市),还未来得及赴任,韩侂胄已经发动了对金战争,两淮地区震扰,袁燮认为,海道通山东,应该加强警备,对于内地的盗贼尤不可不防。赵善坚及其继任傅伯成任沿海安抚使,均请袁燮摄参议官,在加强守备,团结乡兵等事宜上,出力良多。

嘉定元年(1208),袁燮被召为宗正簿、枢密院编修官、权考功郎,太常少卿。[194]第二年,袁燮曾数次面对皇帝进言,宁宗均"嘉纳之"[195],但其言并未见用,于是他力请外任,遂知江州(今江西省九江市)。在江州期间,袁燮采取措施平抑粮食价格,薄征商税以吸引商旅,厉行节约以减轻百姓负担,修筑城防以加强防卫。此时,南宋朝廷为解决自身经济的危机,多次发行会子,屡改楮法,还想用铁钱代替铜钱,袁燮清楚地认识到这些做法的失误。[196]同时,他十分重视地方上武装的训练,赏罚分明,以提高战斗力。"公每谓牧守兼兵民之寄,训习师旅,所不可后,种世衡教射法可行"。[197]

嘉定四年(1211),袁燮被任命为提举江南西路常平、权隆兴府(今江西省南昌市)事,朝廷新易楮币,贬值严重,遣官察访江浙各州,袁燮上书,深为国忧。"闻官吏竞为发摘,黥流之罪日报,公叹曰:'吾可不为明主一言乎?'即上章具论官吏,以刻核之心,行苛暴之政,刑罚不中,民无所措手足,邦本朘削,深为国家忧。愿诏监司、郡守,奉行宽大"。[198]这种事情,显然也没有结果。两年以后,已经古稀之年的袁燮被朝廷以都官郎官召回[199]。时虽号称"更化"已有6年,南宋的经济、政治各方面并未有实际的起色。袁燮对宁宗言为君之道,宁宗皇帝虽首肯再三,但他本人缺乏一个明主应有的智慧和能力,当袁燮迁为司封郎官时,再次进言对宁宗这种"端拱渊默尚如曩时"的行为提出质疑时[200],仍未有下文。袁燮对朝廷不能选贤用能最为失望:

> 陛下即位之初,委任贤相,正士鳞集,而窃威权者,从旁睨之,彭龟年逆知其必乱天下,显言其奸,龟年以罪而去,权臣遂根据,几危社稷。陛下追思龟年,盖尝临朝太息曰:"斯人犹在,必大用之。"固已深知龟年之忠矣。今正人端士不乏,愿陛下常存此心,急闻剀切,崇奖朴直,一龟年虽没,众龟年继进,天下何忧不治?[201]

不过,袁燮本人的职务又有提升,兼国史编修、实录检讨官。[202]

嘉定七年(1214),袁燮迁秘书少监兼司业,及秋,进国子祭酒。冬,除秘书监仍兼祭酒,延见诸生,必启以反躬切己之学。皇宫中银器失窃,宁宗不忍追究,命以锡易之,袁燮以此为契机,再次进言谈为君之道。[203]其时蒙古攻金,南宋派往金的使者皆不至而还,袁燮借此论加强守备。[204]两年后,73 岁的袁燮兼崇政殿说书,条陈四事。十一月,权礼部侍郎,升同修国史,实录院修撰;进侍讲,犹兼祭酒。袁燮称人臣以经义辅导人主,非徒诵说而已。此后,袁燮多次进言,针对一些异常的天气现象及南宋的内忧外患,发表自己的意见。[205]

嘉定十一年(1217),袁燮 75 岁,真除礼部侍郎兼侍读。三学诸生伏阙上书斥主和者,未果,袁燮亦因与主和派发生矛盾而被罢。这件事情,被后人记在私人笔记中:

> 嘉定间,外患交攻,廷臣有以和战守三为言者,谓战为上,守为中,和为下。是时胡榘侍郎专主和议,会入朝时,四明袁燮侍郎与胡公廷争,专主战守议,仍以笏击胡公额,遂下侍从、台谏集议。后袁君以此辞归,太学诸生三百五十四人作诗以送袁君曰:
>
> > 天眷频年惜挂冠,谁令今日远长安。
> > 举幡莫遂诸生愿,祖帐应多行路难。
> > 去草岂知因害稼,弹乌何事却惊鸾。
> > 韩非老子还同传,凭仗时人品藻看。[206]

当然,力主和议的胡榘也被免官,"谏大夫始率其属论榘及礼部侍郎袁燮,俱罢。燮老儒,好持论,尝与榘争国事,欲振笏击之,为众所夺,朝廷欲示公行,故并及之。"[207]归里之时,数百名太学生设筵送行。"且赋诗以别,公曰:'乾道变化,各正性命。雷雨作解,草木甲拆,此吾志也。以直得名,岂其心哉?'"[208]正直的秉性仍如初仕。嘉定十三年(1219),除宝谟阁待制,[209]提举鸿庆宫。

嘉定十六年(1223),袁燮 80 岁,起知温州,旋以年事高辞,升直学士,奉祠如初。直到嘉定十七年(1224)八月二十八日逝世。

"公官自改秩十二迁为太中大夫,爵自鄞县男再进为伯,食邑自三百户至九百户。"[210]这一年的九月十七日,理宗即位,"升显谟阁学士,加秩二等致仕,遗奏闻,赠龙图阁学士、光禄大夫,官其后"。[211]宝庆三年(1227),赠金紫光禄大夫。[212]绍定三年(1230),赠开府仪同三司。[213]绍定六年(1233)谥正献。

袁燮的著作有《絜斋家塾书抄》12卷,《絜斋毛诗经筵讲义》4卷,文集编为《絜斋集》24卷,清人袁士杰辑有《袁正献公遗文钞》2卷附录3卷。除最后一种存于四明丛书本外,其余各书均有文渊阁四库全书本和四明丛书本。

二、思想轨迹

1. 袁氏世家,慈母贤妻

无论是学术地位,还是政治地位,四明袁氏都可称为世家。自其高祖袁毅,曾祖袁灼,至其子袁肃、袁甫,到宋末的袁桷,如薪火相传,绵延不绝。祖先的事迹对袁燮的思想有明显的影响。由于其高祖袁毅曾与苏轼相善,袁燮对苏轼表现出特别的好感。《絜斋集》中仅专门有关苏轼的作品就有《跋东坡词》、《题杨省元泌所藏东坡帖》、《跋林叔全所藏东坡帖》、《颜苏二公祠记》等,对苏轼从人品到作品都给予了极高的评价。如《题杨省元泌所藏东坡帖》:

> 苏公才华擅一世,而未尝有矜己轻物之心。观此数帖,乐易慈祥之气,犹可挹也。虽然,公非苟同者,自荆公犹不为少屈,趋舍殊途,因应凿枘,而于杨子亲厚如此,其有契于心也夫。[214]

袁氏虽称旺族,但由于袁燮的父祖皆为小官,且为官清廉,家族又

大,不事生产,经济状况一直较为拮据,袁燮曾有诗云:

> 我卜山冈亩百金,家贫自叹力难任。
> 杉松尽是亲栽植,寄与樵人念此心。[215]

袁燮的母亲戴氏出身鄞县富户,一进袁家便以嫁妆资助夫家,并承担起了理家的重任,使得丈夫和孩子都能专心求学。袁燮的外祖十分重视子女的教育,对袁燮的母亲也"授以诸经肄业如二兄"[216],使袁燮的母亲受到了很好的教育。戴氏较高的文化素养也对其后辈产生了很大影响。袁燮在为母亲所撰写的墓志中这样追述:

> 始学,则教之书,手写口授,句读音训必审。长则期以远业,朝夕诲励。每自抄录,自古人言行、前辈典型,与夫当今事宜、班位崇卑、人物高下、及民间利病休戚,大抵皆能道之。诸子从容侍旁,议论往复,亹亹不厌。教孙如教子,童幼既多,群嬉成市,夫人颓然堂上,且喜且戒,课以读书作字,无敢不谨。[217]

甚至,元代名士袁桷在回忆他的高叔祖袁燮时曾说:"时诸生从正献公凡数百人,公教不及诸子,母夫人戴氏手模颜鲁公大字以教诸孙。"[218]袁燮之妻边氏与其母的情况极为相似,边氏亦为鄞之富室,袁燮岳母对其妻的这一段话让我们看到了袁燮家的真实情况:

> 而夫之贫而父所知也,为汝择对,惟以嗜学故,毋敢不恪。[219]

当其妻于宁宗嘉泰三年(1203)因病逝世时,袁燮满怀深怀深情地写道:

> 呜呼!居疾病中,不遑自恤,而为吾区处,纤悉如是,此意

讵可忘耶![220]

可以说,袁燮及其子袁甫、袁肃等袁氏一族在学术和事业上的成功,与背后默默奉献着的女性是分不开的。

袁燮的天生特质与杨简和陆九渊也十分的相似,"和叔生有异质,凝粹端悫,髫龀不好戏弄,惟喜观水,乳母置盆水其前,则端坐熟视,移时不动。夜卧常醒然达旦,至老犹如此"。[221]他的聪慧也很早地表现出来,但却并未因此而很早地踏上仕途,而是将主要的精力投放在经典的研读和品行的培育上。

2. 师同门,志同业

乾道二年(1166),23 岁的袁燮入太学,直至即淳熙八年(1181)中进士,在太学度过了长达 15 年的时光。这 15 年,也是他的思想成熟的关键时期。刚入太学,陆九龄为学录,他的道德文章折服了一大批学子,袁燮也在其中。而此时,舒璘、沈焕、杨简三人已在太学求学,袁燮是最晚进太学的一人。在那里,四先生得以朝夕以道义相切磨,使器业日益充大。作为年龄最轻者,袁燮所获尤多。比如沈焕在读书为学的方法上给他以指导。袁燮在刚入太学之时的为学以博览群书,增广见闻为主,也十分刻苦。沈焕"尝作诗箴其友曰:'为学未能识肩背,读书万卷空亡羊。'"[222],不要过多地将精力用于单纯的知识积累上。同时,还向他推荐太学中可为师友者。这些,都使得袁燮的思想向心学靠近。此后,袁燮见到了陆九渊,受到启发,便师事之,"后见九龄之弟九渊发明本心之指,乃师事焉"。[223]陆九渊逝世 20 年后,袁燮在为象山文集所作的序中说:

> 天有北辰,而众星拱焉,地有泰岳,而众山宗焉,人有师表而后学归焉。象山先生,其学之北辰泰岳欤![224]

同样的,象山学术之所以能够在四明地区有较长时间的传承演变和发展壮大,归根到底,是因为这一区域的后继者对象山学术有真诚的接受和显著地发挥以及别具心裁的创新,明代王祎说:

> 予闻昔日新安朱氏、象山陆氏,一时并兴,皆以圣人之道为己任,而其所学不能无异,虽鹅湖有会,终不能挈其异以归于同。陆氏之传为慈湖杨简氏、絜斋袁燮氏,皆四明人,故四明学者祖陆氏而宗杨、袁,朱氏之学弗道也。[225]

> 于其高第弟子杨简、沈焕、舒璘、袁燮之流,拳拳敬服,俾学者往资之廓大公无我之心,而未尝有芥蒂异同之嫌,兹其为朱子而后学所不能测识者。[226]

薛应旂则撰《正学祠记》,称道:

> 宋兴百有余年,诸儒继出,立言着论,固皆足以为圣贤之羽翼,至于直窥堂奥,上溯本真,而独得夫传心之学者,象山陆氏,盖不可及也。当时遊其门者,若慈溪杨敬仲(简)及袁叔和(燮),定海沈叔晦(焕)、奉化舒元质(璘),皆高第弟子,以道义相切磨,而深有契夫陆氏之学,特以其师之学与晦庵朱氏入门路径微有不同,所以是朱非陆之说,蔓延于天下。[227]

3. 历官中外,大器晚成

中进士之后,袁燮的第一次所任职位是江阴尉。江阴当时可说是接近南宋的边境,因此,当地的主要工作是以边防为主,江阴尉的工作使袁燮对南宋的军事状况有了实际的了解,从而也使他认识到边防和军事对国家和民族安危的重要性,实际的工作也使袁燮的军事思想能落于实地,而不像另一些士大夫一样多是纸上谈兵。此后,袁燮还担任了各种类型的官员,从太学正,到属官、参议,处理过救灾、军事、经济等各方实际事务,尤其是他在实际工作中所积累的经济方面的思想,在学者之中是较为难得的。这一切都来自于实践的磨炼和袁燮本身的务实的态度。

虽然此前有过几次朝中为官的经历,但较长时间任职中央已是嘉定六年(1213)的事,此时的袁燮已是 70 岁的高龄,经过多年的磨炼,他对于南宋社会上上下下的许多事务都十分熟悉,也时刻为国家的前途和命运深深忧虑。宋宁宗的资质根本难以担负治理国家的重任,为启发君主,并对他有所警示,袁燮形成了一套"天人感应"的思想。"天人感应"的思想其实在儒家有比较久远的传统,早在汉代,董仲舒便将其发展得甚为完善。但袁燮的思想与此略有不同,他的概念里的"天"是与"民"结合在一起的,上合"天心"其实就是要下合"民心"、"众心"。南宋时人讲:

> 袁燮讲《诗》二南,于先王正始之本,后妃辅佐之道,所以自身而家,自家而天下者,敷衍厥旨,深寓规儆之意,至列国变风,有关君德治道者,委曲开陈,托其义以讽。[228]

全祖望说:

> 慈湖之与絜斋,不可连类而语。慈湖泛滥夹杂,而絜斋之言有绳矩,东发先我言之矣。[229]

袁燮的思想与大多数学者相比,更多对表现为对现实政治的关注,也因而对现实更有裨益。这也使得袁燮可成为一个成功的学者型士大夫的典范。

注　释

1　通直郎,文散官名。隋代始置。唐代因之,北宋前期为文散官二十九阶之第十七阶,从六品下。元丰(1078—1085)改制后,为寄禄官,为文臣京朝官三十阶之第二十五阶,正八品。自此阶以上为升朝官。

2　本文中的年龄均按古人的习惯,采用虚岁,即实际年龄加一岁。

3　(宋)胡榘修、方万里、罗濬纂:《宝庆四明志》卷九《先贤事迹下》:"(舒)璘弱冠捧乡书入太学",载《宋元方志丛刊》,中华书局,1990 年,第 5106 页上。

4　(元)脱脱:《宋史》卷四百十《舒璘传》:"两授郡教授,不赴。"载《宋史》,中华书局,1977 年,第 12339 页。信州是其一,另一次则是衡州。之所以将擢信州教授及丁父忧系于此年,是因为舒蕙逝世于淳熙六年,见《舒文靖集》卷上《先君承议圹志》:"淳熙六年七月初三日终于正寝,享年七十有四。"载文渊阁四库全书本,第 1157 册,第 531 页。

5　6　119　188　(宋)史浩:《鄮峰真隐漫录》卷九《陛辞荐薛叔似等札子》,文渊阁四库全书本,第 1141 册,第 604 页。

7　13　14　16　18　38　(元)脱脱:《宋史》卷四百十《舒璘传》,第 12339、12339、12340、12340、12339、12340 页。

8　参见(宋)叶适:《水心文集》卷二十七《上执政荐士书》,载《叶适集》,刘公纯、王孝鱼、李哲夫点校,中华书局,1961 年,第 555—556 页。

9　(宋)舒璘:《舒文靖集》卷上《伯礼兄圹志》:"从弟修职郎新充徽州州学教授某谨志。"文中提到舒璘的从兄舒琮"享年五十有八,实绍熙改元三月二日",文亦撰于绍熙元年十月"祔于禽孝乡先伯父墓之侧"之时。载文渊阁四库全书本,第 1157 册,第 529—530 页。

10　汉献帝建安十三年(208),孙权派部将贺齐出兵消灭歙地所谓"山贼",建新都郡。西晋太康元年(280),灭吴后更名为新安郡。隋文帝开皇九年(589),改郡为州,称歙州。宋徽宗宣和三年(1121),方腊之变平定后,改歙州为徽州。其区划沿革与区域文化,可参见(宋)罗愿:《新安志》,有《〈新安志〉整理与研究》,肖建新、杨国宜校著,徐力审订,黄山书社,2008 年。明代方信又撰《新安志补》,肖建新、李永卉点校整理,安徽师范大学出版社,2012 年。崔大华在《南宋陆学》中怀疑《宋史·舒璘传》所说的徽州教授乃是信州教授之误,可能是不知新安便是徽州。见《南宋陆学》,中国社会科学出版社,1984 年,第 175 页。

11　12　(宋)舒璘:《舒文靖集》卷下《谢傅漕荐举札子》,文渊阁四库全书本,第 1157 册,第 536 页。

15　(元)脱脱:《宋史》卷四百十《舒璘传》,第 12340 页。又,(清)汪森编《粤西文载》

卷六十三《名宦》将舒璘通判宜州的时间系于乾道八年(1172),并说在偏僻的宜州,舒璘自得其乐,云:"敞床疏席,总是佳趣。栉风沐雨,反为美境,"载文渊阁四库全书本,第1467册,第43页。而《宋史》卷四百十《舒璘传》则云舒璘于乾道八年进士及第前,曾问学于朱熹、吕祖谦,"朱熹、吕祖谦讲学于婺(州),璘徒步往谒之,以书告其家曰:敞床疏席,总是佳趣,栉风沐雨,反为美境",载《宋史》,第12339页。按:吕祖谦实本婺州人,与朱熹多有往来,论学不倦,但吕、朱会于婺州,凡只一次。即朱熹隆兴元年(1163),离开临安回闽。途经婺州时会见吕祖谦,两人倾心讲论学问。《晦庵先生朱文公文集》卷三十三《答吕伯恭(一)》有:"心欲一见,面谕肺腑"云云,后几次会面,均不在婺州境内。再,乾道三年(1167),吕祖谦丁母忧,居丧讲学,四方学子云集明招,乾道四年(1168)又著《左氏博议》,声闻天下。所以,舒璘往从学,极有可能是在乾道初年间(1165—1171),因八年(1172)舒氏已进士及第。(宋)胡榘修、方万里、罗濬纂:《宝庆四明志》卷九《先贤事迹下》:"朱文公及吕成公(祖谦)兄弟相与讲切,旨意合同。尝徒步之金华谒文安公(陆九渊),中途寓书于家曰:'敞床疏席,总是佳趣。栉风沐雨,反为美境。'"此又有误。考陆九渊生于绍兴九年(1139,己未年)二月,反少舒璘三岁,陆氏亦登乾道八年进士第,参见《宋史》卷四百三十四《陆九渊传》,第12800页。且考官就是吕祖谦,《宋史》卷四百三十四《吕祖谦传》:"尝读陆九渊文喜之,而未识其人。考试礼部,得一卷,曰:'此必江西小陆之文也。'揭示,果九渊,人服其精鉴。"是祖谦实为九渊之伯乐也。据《陆九渊年谱》,乾道八年,"尤延之袤知举,吕伯恭祖谦为考官。读先生《易》卷,至'狎海上之鸥,游吕梁之水,可以谓之无心,不可以谓之道心。以是洗心退藏,吾见其过焉而溺矣。济溱洧之车,移河内之粟,可以谓之仁术,不可以谓之仁道。以是而同乎民,交乎物,吾见其浅焉而胶矣。'击节叹赏。又读《天地之性人为贵论》,至'呜呼!循顶至踵,皆父母之遗体,俯仰乎天地之间,惕然朝夕,求寡乎愧怍而惧弗能,倘可以庶几于孟子之塞乎天地,而与闻夫子人为贵之说乎?'愈加叹赏。"乃嘱尤公曰:'此卷超绝有学问者,必是江西陆子静之文,此人断不可失也。"参见《陆九渊集》卷三十六《年谱》,中华书局,1980年,第486—487页。《易》卷,即收于《陆九渊集》卷二十九中之《圣人以此洗心退藏于密吉凶与民同患神以知来知以藏往》(第340—342页);《天地之性人为贵论》,收于《陆九渊集》卷三十,第347—348页。吕祖谦乃陆九渊举主,陆九渊乾道八年前并无婺州之行。故而《宝庆四明志》所载必误。

17　26　40　41　80　155　（宋）胡榘修、方万里、罗濬纂：《宝庆四明志》卷九《先贤事迹下》，载《宋元方志丛刊》，第5107、5106、5105、5105、5105、5106页。

19　参见（清）朱彝尊：《经义考》卷一百八，诗十一："舒氏（璘）《诗学发微》，佚。"中华书局1198年影印1936年四部备要本，第581页上。

20　55　64　92　93　184　（清）黄宗羲原著、全祖望补修：《宋元学案》卷七十六《广平定川学案》，第2550、2557、2555、2543、2554、2555页。

21　（宋）舒璘：《舒文靖集》卷上《先君承议圹志》，文渊阁四库全书本，第1157册，第531页。

22　31　35　（宋）袁燮：《絜斋集》卷九《舒元质祠堂记》，文渊阁四库全书本，第1157册，第112、112、113页。

23　34　36　90　（宋）杨简撰、（清）冯可镛辑补：《慈湖遗书》补编《宜州通判舒元质墓志铭》，四明丛书本，第四集，第十五册，广陵书社，2006年。

24　25　（宋）杨简：《慈湖遗书》卷四《奠舒元质辞》，文渊阁四库全书本，第1156册，第646、647页。

27　杨庭显与陆九渊有着深切的交往，杨庭显去世后，陆九渊为撰《杨承奉墓碣》，今存《陆九渊集》卷二十八，其辞曰："（杨庭显）少时盖尝自视无过，视人则有过。一日，自念曰：'岂其人则有过，而吾独无过？殆未之思也。'于是思之，即得一过，旋又得二三，已而纷然，乃大恐惧，痛惩力改，刻意为学。读书听言，必以自省，每见其过，内讼不置，程督精严，及于梦寐，怨艾深切，或至感泣。积时既久，其工益密。念虑之失，智识之差，毫厘之间，无苟自恕。"载《陆九渊集》，第326页。按：这段文字，钟哲所点校的1980年中华书局本多有脱文，笔者据文渊阁四库全书本补足。又，杨庭显的精神特质被陆九渊勾勒为："一夕被盗，翌日谕子孙曰：'婢初告有盗，吾心止如此；张灯视筒，告所亡甚多，吾心止如此；今吾心亦止如此。'"其子杨简将他与陆九渊"扇讼"之事告庭显，庭显"于是尽焚所藏异教之书。每曰：'人心至灵，迷者缪用。'又曰：'动静语默，皆天性也。'又曰：'颜回屡空，夫子所赏，必以所得填塞胸中，抑自苦耳。'又曰：'今吾之乐，何可量也！'"载《陆九渊集》，第326—327页。

28　（清）黄宗羲原著、全祖望补修：《宋元学案》卷五十八《象山学案》，第1921—1922页。

29　考张栻生平，绍兴三十二年（1162），孝宗初即位，起用张浚，张栻以荫补官，辟宣抚司都督府书写机宜文字，除直秘阁。后北伐失败，孝宗隆兴二年（1164），汤思退用事,主和议,随父罢。参见(元)脱脱:《宋史》卷四百二十九《张栻传》,第12770页。《宋史》本传说:"孝宗新即位,浚起谪籍,开府治戎,参佐皆一时之选。栻时以少年,内赞密谋,外参庶务,其所综画,幕府诸人皆自以为不及也。"这就不免是夸饰之辞了。

30 参见陈谷嘉、朱汉民:《湖湘学派源流》,湖南教育出版社,1992年,第237—238页。

32 (宋)舒璘撰,(清)徐时栋辑校附录:《舒文靖公类稿》附录卷下文天祥撰:《郡学祠四先生文》,四明丛书本,第四集,第三册,广陵书社,2006年。

33 (清)永瑢:《四库全书总目》卷一百六十,集部十三别集十三《舒文靖集》,中华书局,1965年,第1377页下。

37 (宋)舒璘:《舒文靖集》卷上《答杨叔仲》,文渊阁四库全书本,第1157册,第511页。

39 74 参见(宋)周必大:《文忠集》卷七十八《通判舒州沈君焕墓碣》,文渊阁四库全书本,第1147册,第817、817页。

42 46 48 49 52 53 56 57 72 75 81 83 85 86 87 88 97 98 99 100 101 (宋)袁燮:《絜斋集》卷十四《通判沈公行状》,文渊阁四库全书本,第1157册,第199、199、199、199、199—200、200、200、200、200、201、201、202、199、199、199、199、202、200、200、202、203页。

43 (元)不署撰人:《氏族大全》卷十六《银鱼》,文渊阁四库全书本,第952册,第453页。

44 (宋)袁甫:《蒙斋集》卷十一《赠沈智甫序》,文渊阁四库全书本,第1175册,第468页。

45 沈焕师事陆九龄事,参见(宋)胡榘修、方万里、罗濬纂:《宝庆四明志》卷九《先贤事迹下》,载《宋元方志丛刊》,第5104页下。(元)脱脱:《宋史》卷四百一十《沈焕传》,第12338页。

47 96 (宋)袁燮:《袁正献公遗文钞》卷下《沈叔晦言行编》,四明丛书本,第四集,第十九册,广陵书社,2006年。

50 宋神宗元丰改制,定迪功郎为文官职第三十七阶即最末一阶,从九品。是宋代最低级的寄禄官。

51 按:据(宋)周必大:《文忠集》卷七十八《通判舒州沈君焕墓碣》(文渊阁四库全书本,第1147册,第817页),(宋)袁燮:《絜斋集》卷十四《通判沈公行状》(文渊阁四库全书本,第1157册,第199页)均作任上虞尉。(元)脱脱:《宋史》卷四百一十《沈焕传》作"授余姚尉、扬州教授。"(宋)胡榘修、方万里、罗濬纂:《宝庆四明志》卷九《先贤事迹下》(载《宋元方志丛刊》,第5104页下)作"省试第二,调官历余姚尉、扬州教授。"观此,《宋史》误。且周必大、袁燮皆沈焕至交,有理由相信他们对沈氏履历的记载比它种文献准确。

54　(宋)吕祖谦:《东莱集》别集卷九《与周丞相子充》,文渊阁四库全书本,第1150册,第261页。

58　59　73　(元)脱脱:《宋史》卷四百一十《沈焕传》,第12338、12338、12338页。

60　(元)脱脱:《宋史》卷四百一十《沈焕传》,第12338页。宋代官制最大特色之一是把官吏的职务分成三个部分,《宋史》卷一百六十一《职官志一》:"其官人授受之别,则有官、有职、有差遣。"宋朝的中高级官吏大都有一种名叫"职"的官称,是加官的一种别致形式。职隆高清雅,政治待遇也异常优越。职钱比其他的官棒还要丰厚一些,所以特别为文官所尊奉。宋朝对于馆职的授予,主要途径有三::进士高科,大臣举荐,岁月畴劳。

61　参见(元)脱脱:《宋史》卷四百五十五《吕祖俭传》,第13368页。"监明州仓,将上,会祖谦卒。部法半年不上者为违年,祖俭必欲终期丧,朝廷从之,诏违年者以一年为限,自祖俭始。"吕祖谦去世是在淳熙八年(1181),故而吕祖俭监明州仓是在淳熙九年(1182)后。

62　(清)全祖望:《鲒埼亭集外编》卷十六《竹洲三先生书院记》,载《全祖望集汇校集注》,朱铸禹汇校集注,上海古籍出版社,2000年,第1042页。

63　(清)黄宗羲原著、全祖望补修:《宋元学案》卷七十三《丽泽学案》,第2434页。

65　95　(清)全祖望:《鲒埼亭集外编》卷十八《竹洲三先生书院记》,载《全祖望集汇校集注》,第1043、1043页。

66　(宋)朱熹:《晦庵先生朱文公文集》卷四十八《答吕子约(九)附吕祖俭来信》,四部丛刊初编本。

67　(宋)朱熹:《晦庵先生朱文公文集》卷四十八《答吕子约(九)》,四部丛刊初编本。

68　(宋)杨简:《慈湖遗书》卷四《奠吕子约辞》,文渊阁四库全书本,第1156册,第646页。

69　何炳松:《浙东学派溯源》,广西师范大学出版社,2004年,第160页。

70　董平:《浙江思想学术史:从王充到王国维》,中国社会科学出版社,2005年,第190

页。笔者在此无意于全面研讨吕氏之学与浙东心学之纠葛,也无意对浙东学派及其中心学元素作探析。关于浙东学派在南宋的演变,可参见王宇:《道行天地:南宋浙东学派论》,中国社会科学出版社,2012年。

71　元丰改制后寄禄官阶三十七阶之第三十五阶。从八品。

76　元丰改制后寄禄官阶三十七阶之第二十六阶。从八品。

77　123　元丰改制后寄禄官阶三十七阶之第二十四阶。正八品。

78　赐,是宋代沿袭唐代的附加性官衔之一类。绯衣是指朝官的红色品服;鱼袋是指官员佩戴的证明身份之物。元丰改制后,从五品及以上的官员服绯、佩银鱼袋,作为出入朝廷或赴仕、出使的正式服饰,称章服。如果官员的阶官未及品,可以用皇帝殿赐的方式达到,所以说绯衣银鱼是一种身份的象征。

79　元丰改制后寄禄官阶三十七阶之第十九阶。从六品。

82　(元)马泽修、袁桷纂:《延祐四明志》卷四《定川沈先生》,载《宋元方志丛刊》,第6186页下。

84　孝宗时的名相史浩曾见过焦瑗(公路)此人,并留下了深刻的印象,他说:"顷闻焦公路先生,山东一布衣,声称满朝。丞相赵公元镇(鼎)欲荐不可,尊礼之甚,隆心深慕焉。……始得一见,望之俨然,即之温然,则心以服,及聆其言,接其意,乃有大过人者。信乎! 名下无虚士也。"载《鄮峰真隐漫录》卷三十六《跋赵恭夫所藏焦公路帖》,文渊阁四库全书本,第1141册,第815页。

89　(宋)《慈湖遗书》卷四《祭沈叔晦文》,文渊阁四库全书本,第1156册,第644页。

91　(元)脱脱:《宋史》卷四百三十四《陆九渊传》,第12882页。

94　参见(宋)胡榘修、方万里、罗濬纂:《宝庆四明志》卷九《先贤事迹下》,载《宋元方志丛刊》,第5105页上。"益笃为己之学,奉亲孝,自疑似刚,大书《戴记》深爱、和气、愉色、婉容于寝室。其存心养性,率类此"。

102　(宋)薛季宣:《浪语集》卷三十五《迪功郎绍兴府上虞县尉沈焕》,文渊阁四库全书本,第1159册,第571页。

103　(清)永瑢:《四库全书总目》卷九十六,子部六儒家类存目二湛若水撰《杨子折衷》,第810页上。

104　(清)永瑢:《四库全书总目》卷五,经部五易类五高攀龙撰《周易易简说》,第31页下。

105　108　109　110　112　113　114　117　118　120　122　124　135　136　153

158　169　（宋）杨简：《慈湖遗书》附录，钱时撰：《宝谟阁学士正奉大夫慈湖先生行状》，文渊阁四库全书本，第 1156 册，第 927、927—928、928、928、928、928、928、928、929、929、929、930、934、934—935、927—928、927、942 页。

106　元丰改制后寄禄官阶三十七阶之第三十阶。从九品。

107　元丰改制后寄禄官阶三十七阶之第二十九阶。正九品。

111　（元）脱脱：《宋史》卷一百六十七《职官志七·诸县令丞簿尉》："（主）簿掌出纳官物，销注簿书，凡县不置丞，则簿兼丞之事。"载《宋史》，第 3978 页。

115　（宋）袁甫：《蒙斋集》卷十五《书慈湖遗稿》，文渊阁四库全书本，第 1175 册，第 517 页。

116　（宋）杨简：《慈湖遗书》卷十一《家记五·论〈论语〉下》，文渊阁四库全书本，第 1156 册，第 817 页。

121　（宋）朱熹：《晦庵先生朱文公文集》卷四十九《答滕德粹（十一）》，四部丛刊初编本。

125　（宋）杨简：《慈湖遗书》附录，钱时撰：《宝谟阁学士正奉大夫慈湖先生行状》，文渊阁四库全书本，第 1156 册，第 930 页。洪迈曾撰《送杨简迁国子博士》称述杨简在知乐平县任上功业，诗云："杨君解墨绶，去作国子师。邑人十万户，遮道婴儿啼。襄岁天旱苦，赤地无余遗。饥殍千百辈，上山争采薇。采薇有时尽，讵能救长饥。慨然顾自任，舍我将告谁。昧爽出厅事，日暮忘旋归。大家贮陈粟，出粜不敢迟。偷儿纷狗?，锄治如平时。一意摩手抚，如子得母慈。明年䆀麦登，比屋无流移。史牒载循吏，于今亲见之。我亦受一?，惜哉轻语离。桥山未迄役，酌饯疏酒卮。聊запис路人颂，持作送君诗。"载（宋）陈思编、（元）陈世隆补：《两宋名贤小集》卷一百五十七，文渊阁四库全书本，第 1363 册，第 364 页。杨简离任后，后来者为之建慈湖书阁，（宋）袁甫：《蒙斋集》卷十四《乐平县慈湖先生书阁记》："书阁之建，邑之令佐谢君溥、许君应龙，与夫有职于学者舒君益而下凡十有四人。荟萃先生所著群书于阁，而率学子日观习焉。盖先生尝宰斯邑矣，邑人沐先生遗化，歌思至今弗忘，故惓惓于其遗书如此。"载文渊阁四库全书本，第 1175 册，第 499 页。又有一事，据说也是杨简任上所为，据（宋）董煟《救荒活民书》卷中《治盗》："绍兴四年，乐平饥，村民携钱市米，山路遇亡命，缚而取之。邑宰杨简曰：'此曹断刺则复为盗，配去则复逃归。'断一足筋，传都示众，一境肃然。"载文渊阁四库全书本，第 662 册，第 265 页。按：杨简知乐平县，是在光宗绍熙三年

(1192),据绍兴四年(1134)远甚,杨简生于绍兴十一年(1141),故而此事必误,今不取。此种雷霆霹雳手段,类似周敦颐,南宋人将之转嫁到杨简身上。北宋时人称濂溪先生,"屠奸剪弊,如快刀健斧,落手无留。"参见蒲宗孟:《周敦颐墓志铭》,载《周敦颐集》,陈克明点校,中华书局,1990年,第86页。

126 164 (宋)杨简:《慈湖遗书》卷四《祖象山先生辞》,文渊阁四库全书本,第1156册,第642、642页。

127 (宋)陈傅良:《止斋集》卷十七《知饶州乐平县杨简除国子博士》,文渊阁四库全书本,第1150册,第635页。

128 (宋)楼钥:《攻媿集》卷三十一《举杨简、刘仲光状》,文渊阁四库全书本,第1152册,第581页。

129 本文无意详列庆元党禁之始末以及杨简卷入其中的来龙去脉和是非功过,关于道学在南宋中叶的命运演变,可参见范立舟:《乾道、淳熙年间朝野对理学的批评》,载《暨南学报》,2000年第4期;《理学在南宋宁宗朝的境遇》,载《暨南学报》,2002年第3期。

131 (元)脱脱:《宋史》卷四百七《杨简传》,第12292页。关于慈湖书院之创设,别有记载。据《延祐四明志》卷十四《慈湖书院》:"慈湖书院在县东一里,宋宝庆间(1225—1227)建于慈湖之滨,以祀乡先生杨文元公。嘉熙间(1237—1240)制置使赵与筹迁于湖中之沚,咸淳辛未,郡守刘黻于普济寺东易地重建。"载《宋元方志丛刊》,第6337页下。又曾建杨简祠堂,(宋)胡榘修、方万里、罗濬纂:《宝庆四明志》卷十六《慈溪县志第一·学校》:"淳祐二年(1242)郡守秘撰陈公塏发钱米下县,委令曹郈为慈湖杨先生简,创祠堂于成德堂之右。"载《宋元方志丛刊》,第5204页上。

132 元丰改制后寄禄官阶三十七阶之第二十一阶。正七品。

133 两札的具体名称已经不见著录,大体上之内容可见(宋)杨简:《慈湖遗书》附录,钱时撰:《宝谟阁学士正奉大夫慈湖先生行状》,文渊阁四库全书本,第1156册,第931—932页。另,(明)黄淮、杨士奇编:《历代名臣奏议》卷六十《治道》载其中之一札,参见《历代名臣奏议》,上海古籍出版社,1989年,第832页上—832页下。主管仙都观,涉及宋朝特有的职官制度"宫观祠禄官",制度规定:凡大臣罢现任,让其名义上参与道教宫观的管理,以示优礼,无实际职事,借名"以食其禄",称为"祠禄";或者疲老不任事而又未致仕的官员也多任此职,以示优礼。年近晚年,无意仕途的高级官员也往往以"请祠"的方式来表达自己请求退休之意。在宋代,还规定了任宫观祠禄官按不同级别应得的俸给和任期。

134　参见(宋)杨简:《慈湖遗书》附录,钱时撰:《宝谟阁学士正奉大夫慈湖先生行状》,文渊阁四库全书本,第1156册,第933页。又,杨简之政治见解亦载见(明)黄淮、杨士奇编:《历代名臣奏议》卷六十《治道》,第830页下—832页上。

137　138　139　140　143　146　(元)脱脱:《宋史》卷四百七《杨简传》,第12290、12290、12290、12291、12291、12292页。

141　(元)脱脱:《宋史》卷四百七《杨简传》,第12291页。朝奉大夫,元丰改制后寄禄官阶三十七阶之第十九阶。从六品。朝散大夫,元丰改制后寄禄官阶三十七阶之第十八阶。从六品。

142　(宋)吴潜:《履斋遗稿》卷四《上史相书》,文渊阁四库全书本,第1178册,第434页。

144　参见(元)脱脱:《宋史》卷四百七《杨简传》,第12292页。朝议大夫,元丰改制后寄禄官阶三十七阶之第十五阶。正六品。慈溪县男,是宋代的一类附加性官衔,叫做"爵",南宋时有10等,杨简所获,是最低的一等。奉朝请,古代给予闲散官员的优惠待遇。古称春季的朝见为"朝",秋季的朝见为"请",奉朝请者,就是获得参加朝会的资格。

145　参见(元)脱脱:《宋史》卷四百七《杨简传》,第12292页。中大夫,元丰改制后寄禄官阶三十七阶之第十二阶。正五品。太中大夫,元丰改制后寄禄官阶三十七阶之第十一阶。正五品。正奉大夫,元丰改制后寄禄官阶三十七阶之第七阶。正三品。

147　参见《宋史》卷二百二《艺文志一》,第5040页,第5052页,第5064页。

148　参见张寿镛:《慈湖著述考》,四明丛书本,第四集,第十七册,广陵书社,2006年。

149　(清)永瑢:《四库全书总目》卷三,经部三易类三《杨氏易传》,第13页中。

150　(清)永瑢:《四库全书总目》卷一百六十,集部十三别集类十三《慈湖遗书》,第1377页上。

151　(清)黄宗羲原著、全祖望补修:《宋元学案》卷七十四《慈湖学案》,第2466页。

152　李才栋:《甬上四先生及其后学与书院教育》,载《江西教育学院学报》,1997年第1期。崔大华以为,杨简对象山心学的发展表现在三个方面,说见氏著《南宋陆学》,中国社会科学出版社,1984年,第135—153页;崔氏之说又见侯外庐、邱汉生、张岂之主编:《宋明理学史》(上册),人民出版社,1984 年,第 588—598 页。陈来认为杨简思想推进了象山心学中的神秘主义因素,参见氏著《宋明理学》,辽宁教育出版社,1991 年,第 211—218 页;《中国近世思想史研究》,商务印书馆,2003 年,第 217—218 页。董平也认为,"甬上四先生"中,杨简最能得陆氏之旨意,"象山以发明本心为手段,杨简则以本心之证悟为目的。"参见氏著《浙江思想学术史》,中国社会科学出版社,2005 年,180—185 页。刘宗贤也指出:"从心学的发展过程来看,是杨简发挥了陆九渊心学的核心部分,使陆学能够在哲学理论上独立于朱熹理学,并经明代王阳明学说的接续发展,进一步完善了陆王心学的理论体系,从而形成支配一代学术的思想潮流。"参见氏著《杨简与陆九渊》,载《中国哲学史》,1996 年第 4 期。

154 156 157 (宋)陆九渊:《陆九渊集》卷二十八《杨承奉墓碣》,第 325、326、327 页。

159 (宋)杨简:《慈湖遗书》卷三《学者请书》,文渊阁四库全书本,第 1156 册,第 633 页。

160 (宋)杨简:《慈湖遗书》卷四《祭沈叔晦文》,文渊阁四库全书本,第 1156 册,第 644 页。

161 (宋)杨简:《慈湖遗书》卷十八《炳讲师求训》,文渊阁四库全书本,第 1156 册,第 898 页。另外,(宋)裘万顷:《竹斋诗集》附录,杨简:《宋大理司直裴竹斋墓志铭》中,杨简说:"简之行年二十有八,首秋,居太学循理斋之东序,以我先大夫尝有训,俾时复反观,简方反观,忽见天地内外空同一体,范围天地,发育万物,果然焯然,心之精神无形体,无际畔,无异同。"讲得更为直接,将杨简后来反复宣讲的"心之精神谓之圣"一语涵括了进去。载文渊阁四库全书本,第 1169 册,第 455 页。

162 (宋)杨简:《慈湖遗书》卷二《永嘉郡治更堂亭名记》称:"某二十有八而觉,三十有一而又觉。"而杨简在其他地方均称三十有二觉,不知是上面的"一"是否"二"之误,还是另有一次天地万物通为一体的"觉"。但"扇讼"之悟则是杨简三十二岁时。崔大华《南宋陆学》把"扇讼"之悟系于三十一岁,不妥。参见该书第 137 页。高全喜的《理心之间:朱熹和陆九渊的理学》(三联书店,1992 年)亦作三十一岁,应误。参见该书第 207 页。

163 (宋)陆九渊:《陆九渊集》卷三十六《年谱》,第 487—488 页。

165　（宋）杨简：《慈湖遗书》卷二《二陆先生祠记》，文渊阁四库全书本，第1156册，第621页。

166　167　（宋）杨简：《慈湖遗书》卷十五《家记九·泛论学、论文、论字义、论历数》，文渊阁四库全书本，第1156册，第846、846页。

168　（宋）叶绍翁：《四朝闻见录》甲集《心之精神是谓圣》，沈锡麟、冯惠民点校，中华书局，1989年，第41页。

170　（宋）陆九渊：《陆九渊集》卷三十五《语录下》，第447页。

171　（宋）叶绍翁：《四朝闻见录》甲集《慈湖疑大学》，第5—6页。关于杨简"毋意"之阐论，详见第二章。

172　（明）崔铣撰：《士翼》卷三《述言下》，文渊阁四库全书本，第714册，第518—519页。

173　（明）崔铣：《洹词》卷八《订学》，文渊阁四库全书本，第1267册，第565页。

174　（宋）崔铣：《洹词》卷十二《杨子折衷序》，文渊阁四库全书本，第1267册，第644页。

175　（清）永瑢：《四库全书总目》卷九十六，子部六儒家类存目二《杨子折衷》，第810页上。

176　（清）永瑢：《四库全书总目》卷一百七十三，集部二十六别集类二十六《学余堂文集》，第1521页上。

177　袁燮祖先情况参见（宋）真德秀：《西山文集》卷四十七《显谟阁学士致仕赠龙图阁学士开府袁公行状》，文渊阁四库全书本，第1174册，第748页。（元）袁桷：《清容居士集》卷三十《海盐州儒学教授袁府君墓表》，文渊阁四库全书本，第1203册，第406页。真德秀所撰行状，将袁燮祖父误为恂。现据（宋）袁燮：《絜斋集》卷十七《先祖墓表》改，载文渊阁四库全书本，第1157册，第229页。

178　179　183　186　187　190　193　195　197　198　205　208　（宋）真德秀；《西山文集》卷四十七《显谟阁学士致仕赠龙图阁学士开府袁公行状》，文渊阁四库全书本，第1174册，第748、748、748、748、749、749、749、750、751、751、752、758页。

180　182　185　189　201　223　（元）脱脱：《宋史》卷四百《袁燮传》，第12146、12147、12147、12146、12147、12147页。

181　参见（宋）真德秀；《西山文集》卷四十七《显谟阁学士致仕赠龙图阁学士开府袁公行状》，文渊阁四库全书本，第1174册，第748页。（元）脱脱：《宋史》卷四百

《袁燮传》,第 12146 页。

191　(元)脱脱:《宋史》卷四百《王介传》,第 12153 页。

192　(宋)佚名编:《续编两朝纲目备要》卷四,宁宗庆元元年六月庚午,汝企和点校,中华书局,1995 年,第 63—64 页。

194　(宋)真德秀;《西山文集》卷四十七《显谟阁学士致仕赠龙图阁学士开府袁公行状》,文渊阁四库全书本,第 1174 册,第 750 页。按:原文称"迁丞奉常",语意不明。奉常即太常少卿,参见(宋)洪迈:《容斋随笔·四笔》卷十五《官称别名》:"太常卿为乐师,少卿为少常、奉常。"上海师范大学古籍整理研究所点校,上海古籍出版社,1996 年,第 796 页。

196　参见(宋)真德秀;《西山文集》卷四十七《显谟阁学士致仕赠龙图阁学士开府袁公行状》,文渊阁四库全书本,第 1174 册,第 750—751 页。关于南宋的通货膨胀以及相关联的社会经济情况,可参见全汉昇:《宋末通货膨胀及其对于物价的影响》,载《中央研究院历史语言研究所集刊》,第 10 本,1942 年;《南宋初年物价的大变动》,载载《中央研究院历史语言研究所集刊》,第 11 本,1944 年。汪圣铎:《两宋货币史》,社会科学文献出版社,2003 年。程民生:《宋代物价研究》,人民出版社,2008 年。

199　(元)脱脱:《宋史》卷四百《袁燮传》,第 12147 页。都官司,是尚书省刑部四司之一;郎官,乃尚书省六部二十四司所置郎中、员外郎的通称。

200　(宋)袁燮:《絜斋集》卷一《轮对陈人君宜勤于好问札子》,文渊阁四库全书本,第 1157 册,第 11 页。

202　国史院编修,是指非侍从官入编修院、国史院兼执笔修史者。实录院检讨,也是史官名。南宋时,在国史院修史的编修官,系衔冠以"国史院",与"实录院检讨"并列。

203　参见(明)黄淮、杨士奇编:《历代名臣奏议》卷四《君德》,第 47 页上—48 页下。

204　参见(宋)袁燮:《絜斋集》卷四《论备边札子一》,文渊阁四库全书本,第 1157 册,第 40—41 页。

206　(元)陶宗仪:《说郛》卷三十八上,张仲文撰:《白獭髓》,文渊阁四库全书本,第 876 册,第 88＝89 页。

207　(宋)俞文豹:《吹剑录外集》,文渊阁四库全书本,第 865 册,第 486 页。

209　(元)脱脱:《宋史》卷四百《袁燮传》作"宝文阁待制"。参见《宋史》,第 12147 页。

210　(宋)真德秀;《西山文集》卷四十七《显谟阁学士致仕赠龙图阁学士开府袁公行

状》,文渊阁四库全书本,第 1174 册,第 758 页。太中大夫,元丰改制后寄禄官阶三十七阶之第十一阶。从四品。

211　(宋)真德秀:《西山文集》卷四十七《显谟阁学士致仕赠龙图阁学士开府袁公行状》,文渊阁四库全书本,第 1174 册,第 758 页。光禄大夫,元丰改制后寄禄官阶三十七阶之第五阶。正三品。

212　(宋)真德秀:《西山文集》卷四十七《显谟阁学士致仕赠龙图阁学士开府袁公行状》,文渊阁四库全书本,第 1174 册,第 758 页。金紫光禄大夫,元丰改制后寄禄官阶三十七阶之第三阶。正二品。

213　(宋)真德秀:《西山文集》卷四十七《显谟阁学士致仕赠龙图阁学士开府袁公行状》,文渊阁四库全书本,第 1174 册,第 758 页。开府仪同三司,元丰改制后寄禄官阶三十七阶之第一阶。从一品。

214　(宋)袁燮:《絜斋集》卷八《题杨省元泌所藏东坡帖》,文渊阁四库全书本,第 1157 册,第 100 页。

215　(宋)袁燮:《絜斋集》卷二十四《书先茔二首(一)》,文渊阁四库全书本,第 1157 册,第 324 页。

216　217　(宋)袁燮:《絜斋集》卷二十一《太夫人戴氏圹志》,文渊阁四库全书本,第 1157 册,第 290、290 页。

218　(元)袁桷:《清容居士集》卷四十七《书进修堂往还尺牍》,文渊阁四库全书本,第 1203 册,第 626 页。又载(清)王梓材、冯云濠编撰:《宋元学案补遗》卷七十六《广平定川学案补遗》,沈芝盈、梁运华点校,中华书局,2012 年,第 4335 页。

219　220　(宋)袁燮:《絜斋集》卷二十一《夫人边氏圹志》,文渊阁四库全书本,第 1157 册,第 293、294 页。

221　(宋)杨简撰、(清)冯可镛辑补:《慈湖遗书》补编《故龙图阁学士袁公墓志铭》,四明丛书本,第四集,第十五册,广陵书社,2006 年。

222　(宋)袁燮:《絜斋集》卷十四《通判沈公行状》,文渊阁四库全书本,第 1157 册,第 202 页。

224　(宋)袁燮:《絜斋集》卷八《象山先生文集序》,文渊阁四库全书本,第 1157 册,第 90 页。

225　(明)胡宗宪修、(明)薛应旂纂辑:嘉靖《浙江通志》卷二百六十三《艺文五·送乐仲本归定海序》,明嘉靖四十年刻本。

226 （明）程敏政：《篁墩文集》卷二十八《道一编序》，文渊阁四库全书本，第1252册，第500页。

227 （明）胡宗宪修、（明）薛应旂纂辑：嘉靖《浙江通志》卷二百二十《祠祀四·正学祠》，明嘉靖四十年刻本。

228 （宋）王应麟：《玉海》卷二十六《帝学？诗（嘉定九年）》，文渊阁四库全书本，第943册，第649页。

229 （清）黄宗羲原著、全祖望补修：《宋元学案》卷七十五《絜斋学案》，第2525页。

第 二 章

"甬上四先生"的思想成就及其特色

　　《宋史·陆九渊传》称"门人杨简、袁燮、舒璘、沈焕能传其学云"[1],宋元之际的学术大家王应麟发现,"朱文公之学行于天下,而不行于四明。陆象山之学行于四明,而不行于天下"。[2]全祖望也说:"槐堂之学,莫盛于吾甬上,而江西反不逮。"[3]黄宗羲更是感慨:"陆子之在象山五年间,弟子属籍者至数千人,何其盛哉!然其血脉流传,偏在浙东,此外则傅梦泉而已,故朱子曰'浙东学者,多子静门人,类能卓然自立,相见之次,便毅然有不可犯之色。'"[4]从学术思想的渊源上说,"甬上四先生"的确是陆学的忠实传人,不过,具体地看,四先生对陆九渊的思想也并非是一味继承,他们由于各自的人生经历及对学术的不同理解,与陆九渊的思想也存在不少差异,他们既继承了陆九渊心学的主要方面,又从不同的方面加以拓展。

第一节　作为"甬上四先生"思想基础的象山心学

　　学者将陆学称为心学,是从南宋时代便开始了的。陆九渊是理学中"心学"一派的创始人。"心"是陆九渊思想与象山学派的重要思想范畴,体现出其学术宗旨和学派特征。陆九渊本人并没有以"心学"标榜学派,南宋同时的其他学者往往以"象山学"、"江西学"、"陆学"等称之,然而,"心"毕竟在象山之学中占有极其重要的地位,是他的学术体系中的最重要范畴,南宋学者均肯定这一点,如朱熹说:"陆子静之学,只管说一个心。"[5]南宋晚期,就有学者称此学派为"心学",如黄震:"近世喜言心学,舍全章本旨而独论人心、道心。甚者单撮道心二字,而直谓即心是道。"[6]明中叶阳明学说流行起来后,"心学"遂成为一种流行的概念。

和朱熹一样,陆九渊也承认"理"为宇宙的终极本体,"塞宇宙,一理耳"。此理是自然法则,也是伦理准则。和朱熹不同的是,陆九渊认为,此"理"不是外在于人身的,"吾心"与"理"通融为一,"盖心,一心也;理,一理也,至当归一,精义无二,此心此理,实不容有二"。[7]强调心与理的同一,是陆九渊及其象山学派的一个十分重要的学术观点,心与理一样,同是宇宙万物的终极本体,同是一种形上的伦理性的实存,伦理实践的最后依据也植根于主观内有的心灵世界。"万物森然于方寸之间,满心而发,充塞宇宙,无非此理"。[8]每个人的"心"均包含着宇宙法则的天理,均能够提供仁义礼智的道德法则。那么,这个"心",显然不是一种个人的主观意识,而是指每个人的主观意识中所体现出来的一种普遍性的伦理精神,陆九渊"心即理"命题的特点就在于总是强调对主观意识的扩充,通过这种扩充,以实现其内在的普遍性的伦理精神:

> 人非木石,安得无心?心于五官最尊大。《洪范》曰:"思曰睿,睿作圣。"《孟子》曰:"心之官则思,思则得之,不思则不得也。"又曰:"存乎人者,岂无仁义之心哉?"又曰:"至于心,独无所同然乎?"又曰:"君子之所以异于人者,以其存心也。"又曰:"非独贤者有是心也,人皆有之,贤者能勿丧耳。"又曰:

"人之所以异于禽兽者几希,庶民去之,君子存之。"去之者,去此心也,故曰:"此之谓失其本心。"存之者,存其心也,故曰"大人者,不失其赤子之心"。四端者,即此心也。"天之所以与我者",即此心也;人皆有是心,心皆具是理,心即理也,故曰"理义之悦我心,犹刍豢之悦我口"。所贵乎学者,为其欲穷此理,尽此心也。[9]

这是说,作为普遍而超验之道德灵明是超越客体而涵摄客体的,而且,并非是某些独特的人才有这个道德灵明,而是人人都有这个道德灵明,所以就这个意思讲,圣贤与我并没有任何区别,在本然具备的道德基础上是相互等同的。这样,陆九渊就确定了第一命题:心即理。它意味着每个人都同样地具有主体性。

陆九渊肯定"心即理",在修养论上,就倡导发明本心的工夫,即通过反省内求的方式,发明本心的内在之善,"苟此心之存,则此理自明,当恻隐处自恻隐,当羞恶处自羞恶,当辞逊处自辞逊,是非在前,自能辨之"。[10]但人的本心有时被私欲或偏见所蒙蔽,所以需要一种破除这种蒙蔽的方法,这种方法有二:一是"先立乎其大"。陆九渊认为这是其他一切工夫的基础,其确切意义可从两方面来理解,其一,就是让人明白,人人都先天地具有道德之本心,它是人之道德行为之主体,是人之所以能够发出善行的先天根据。简而言之,就是首先让人明白"心即理"的道理。其二,就是让人自信,人的本心虽有时会被外物蒙蔽,但人心本身就具有破除这种蒙蔽的能力,合此两方面而论,就是陆九渊言"先立乎其大"的完整意思。二是"破除蔽障"。陆九渊认为一切私欲和偏见,对于人的本心而言,就像是网罗陷阱,"多欲"是"吾心之害":"夫所以害吾心者何也? 欲也。欲之多,则心之存者必寡;欲之寡,则心之存者必多。故君子不患乎心之不存,而患乎欲之不寡,欲去则心自存矣"。[11]只要去掉人的种种物质欲望,就能够恢复"本心"的清明,要下一番"剥落"的工夫:"人心有病,须是剥落。剥落得一番,即一番清明,后随起来,又剥落,又清明,须是剥落得净尽方是。"[12]"剥落"是"去欲"工夫,"先立乎其大"是"存养"工夫,都是为了发明本心,让学者能够确立内在的道德信念,保持精神人格的主宰地位。

陆九渊的"理"与"心"嵌合为一,"理"自然就脱离了实际的存在的窠臼,而演化为人自身的主观应然的判断,所以,"理"属于主体自觉的信仰性的道德范畴:

> 仁即此心也,此理也。求则得之,得此理也;先知者,知此理也;先觉者,觉此理也;爱其亲者,此理也;敬其兄者,此理也;见孺子将入井而有怵惕恻隐之心者,此理也;可羞之事则羞之,可恶之事则恶之者,此理也。……《孟子》曰:所不虑而知者,其良知也;所不学而能者,其良能也。此天之所与我者,我固有之,非由外铄我也。故曰:"万物皆备于我矣,反身而诚,乐莫大焉。"此吾之本心也。所谓安宅、正路者,此也;所谓广居、正位、大道者,此也。[13]

陆九渊直接肯认"理"出自主体的心的选择与认同,"心"与作为道德理念的"理"完全是一种对应的关系,"心"是道德心。它在运作的过程中,完全是自主和自由的,也是圆融具足的:

> (杨简)问:"如何是本心?"先生曰:"恻隐,仁之端也;羞恶,义之端也;辞让,礼之端也;是非,智之端也。此即是本心。"对曰:"简儿时已晓得,毕竟如何是本心?"凡数问,先生终不易其说,敬仲(杨简字)亦未省。偶有鬻扇者讼至于庭,

敬仲断其曲直讫，又问如初。先生曰："闻适来断扇讼，是者知其为是，非者知其为非，此即敬仲本心。"敬仲忽大觉，始北面纳弟子礼。故敬仲每云："简发本心之问，先生举是日扇讼是非答，简忽省此心之无始末，忽省此心之无所不通。"[14]

在此，仁义礼智"四端"就等同于"本心"，它与道德心也是可以画等号的，它在作出某一个价值判断时完全是自主自觉，不受外界因素的制约和干扰，它应该是不处于任何关系的境域里，它超越经验世界的时空关系的限制。因此，人之本心与天理既然是同一的，人要穷理，其实尽心就了。它张扬了人的主体理性，它强调人是有巨大的自主性的，人的理性是具有无穷大的能力的，人通过对自己理性的运用最终可以达到对根本之理的把握。蔡元培即以为："象山以心即理，而其言宇宙也，则曰：塞宇宙一理耳。又曰：万物皆备于我，只要明理而已。然则宇宙即理，理即心，皆一而非二也。"[15]

陆九渊特别强调，道德本心既是自主和自由的，也是普遍和有效的：

东海有圣人出焉，此心同也，此理同也；至西海、南海、北海有圣人出，亦莫不然。千百世之上有圣人出焉，此心同也，此理同也。至于千百世之下有圣人出，此心此理，亦无不同也。[16]

"心同"和"理同"，"四海"和"千百世"，讲的就是道德理念的普遍有效性。冯达文认为：朱熹是通过赋予一种道德理念以公共性或客观必然性的意义，来担保这种道德理念对每个个体的绝对支配性的，这是一种典型的知识论的进路；而陆九渊的"理"的普遍有效性则来自人心在价值上的共同性。[17]这种共同性承认每个个体的心的普遍价值,这便是"宇宙便是吾心,吾心即是宇宙"。[18]
由是,陆九渊不能不凸显自我主体,在外在之天理秩序、礼法制度
中洞见本性仁义之心,使凝固倾向严重的程朱理学获得活泼之转
机,此种转折之完成形态虽到阳明才圆熟,但象山已经开辟了途
径。南宋晚年以至于元、明两代,官方之推崇程朱理学,正是将程
朱理学完全凝结为意识形态、社会秩序、政治制度,这样一种固化
的思维结构和社会心理,端赖于象山学活泼的主张启示阳明及其
后学心扉,开启个性启蒙的新时代。

　　岛田虔次在评价心学时曾指出:心学之根本问题"无非是人
性的问题。人的问题,可以划分为内在的主体性的人的概念,和以
这个人的概念为根据的外在的客体性的实践这两个范畴。"[19]心学
站在确信人的能动性的立场上,以一种不可遏止的自我扩充的热
情,与嵌入于事物内部的理内外照应,这种特殊的精神态度,是由
陆象山最早、最鲜明地展现在他的精神世界。而心学的致知论,最
能体现陆九渊及其后学的精神风貌。因为"心即理"意味着个体
的心的普遍与自足,它意味着无需向外作进一步的索求,所以"道
问学"的知识论的进路在陆九渊看来是不太有意义的:

　　　　鹅湖之会,论及教人。元晦之意,欲令人泛观博览,而后
　　归之约。二陆之意,欲先发明人之本心,而后使之博览。朱以
　　陆之教人为太简,陆以朱之教人为支离,此颇不合。先生(象
　　山)更欲与元晦辩,以为尧舜之前何书可读? 复斋止之。[20]

　　朱熹把"理"看作是客观外在的实存,故而必须把"心"作知性
化的理解,并为此建构知识论的进路以接近对"理"的把握,此便
是"格物穷理"说之所由起;陆九渊的"理"既然内涵于心,就表明
知识论的进路不仅无益,反而有害。"易简工夫"是以确认先天心

性为前提的,其所谓"孩提知爱长知钦,古圣相传只此心"和"墟墓兴哀宗庙钦,斯人千古不磨心"的诗句,都是表明先确立"心"本体,以心为一切道德价值根源的观点,主张由"明心"而扩展到读书问学的。象山把"心"当作人生代代相传、永不磨灭的道德本体,认为千古圣人只是以心相传,不用传之文字,所以陆九渊更欲与朱熹相辩,以为"尧舜之前何书可读"。这说明他认为朱熹的"支离",在于没有找到道德价值的真正渊源,即"本心"。知识论上的进路,不仅无助于个体德性上的成功,而且只会在本来清明的德性上抛洒下层层杂质,将本然具足的心灵污染处理。所以成德的关键在于善做"减法",而不是"加法":

> 人气禀清浊不同,只自完养,不逐物,即随清明。才一逐物,便昏眩了。[21]

这就是说,"心"本自清明,一旦落入经验世界,与具体的人与事发生对待关系,"便昏眩了",所以要用剥落工夫,排拒经验世界的对待关系以及所产生的干扰,保持心的清明状态:

> 心之体甚大,若能尽我之心,便与天同。为学只是理会此"诚者自成也,而道自道也。"[22]

> 收拾精神,自作主宰,万物皆备于我,有何欠阙。当恻隐时自然恻隐,当羞恶时自然羞恶,当宽裕温柔时自然宽裕温柔,当发强刚毅时自然发强刚毅。[23]

> 无思无为,寂然不动,感而遂通天下之故。[24]

> 心不可泊一事,只自立心。人心本来无事,胡乱被事物牵将去。若是有精神,即实时便出便好。若一向去,便坏了。[25]

因而,正如黄进兴所言,陆九渊的思路颇具一种整体体验(experiential holistic)的风格,他不认为朱熹的那种思想论辩、典籍整理与经典诵读这些知识的进路真的能够有助于人们对天理的领悟与把握。[26]象山的工夫,用一句话表达,叫做"尽去为心之累",人可以依赖绝对的生命精神,成就主体的生命精神;使绝对的生命精神,内在于主体的生命精神;通过主体的生命精神,展现绝对的生命精神。本心圆融具足,但到达各项对待关系中,就失去圆融具足的状态,格物致知的不可靠,就在于它本身就是一种对待关系。人的自主性与自由性是不言而喻的:

> 上是天,下是地,人居其间,须是做得人,方不枉。[27]
> 激励奋迅,决破罗网,焚烧荆棘,荡夷汙泽。[28]
> 自得,自成,自道,不倚师友载籍。[29]

人的自主与自由在陆九渊看来是"大丈夫事,么麽小家相者,不足以承当。"[30]所凸显的是主体在天地间的优先性质和主宰性质,呈现出狂者进取的昂扬斗志。它本身并不需要过多的依傍,"不倚师友载籍"的另一句话就是"学苟知本,六经皆我注脚"。[31]蔡仁厚所说的"在象山,只需说个'先立其大',便是'天道性命相贯通'的大义。内圣成德之教的纲领,正在于此。"[32]陆九渊自己认为他是直接体认到这种精神自由的个体:

> 我无事时,只似一个全无知无能底人。及事至方出来,又却似个无所不知、无所不能之人。[33]
> 仰首攀南斗,翻身倚北辰,举头天外望,无我这般人。[34]

这里展现的是象山的狂者胸襟,他想要达到的是自由的境界,个体生命与天地的圆融,天理内卷于自我意识当中,成为自我认定的意志追索和价值裁断,这个过程,就当下体现了人的完全的自主和自由,无待于外,无求于知。正如牟宗三指出的:"不知尊德性,则道问学亦无真切助益于道德之践履","不知尊德性,则一切道问学皆无真实而积极之价值","反之,既知尊德性,则道问学,于个人身上,随缘随分皆可为,不惟无碍于道德之践履,且可以助成与充实吾人道德之践履"。[35]所以牟宗三将尊德性与道问学的实质理解为"直贯形态"和"静涵形态"。"象山万景皆虚,是以本心之虚明穿透一切,以本心之沛然成就一切,故通体透明,亦全体是实事实理也。此是道德践履之创造,本体论的直贯之实现之平铺也"。[36]所以,象山之为学宗旨,千言万语归结为一句话:先立乎其大。黄宗羲法眼如炬,早就发现此一枢机:"先生之学,以尊德性为宗,谓先立乎其大,而后天之所以与我者,不为小者所夺。夫苟本体不明,而徒致功于外索,是无源之水也。"[37]在象山那里,"先立乎其大"有两重含义,一是以为,这个"大"就是"心",立大,就是立心,树立昂扬的道德主体意识。还要认识到心的主宰作用,"人须是力量宽洪,作主宰"。[38]只要具备了这样的意识和认识,一切道德践履工夫的落实是水到渠成的事。

> 先生居象山,多告学者云:"汝耳自聪,目自明,事父自能孝,事兄自能弟,本无少缺,不必他求,在乎自立而已。"学者于此亦多兴起。[39]

在此,必须指出的是,"先立乎其大"一语,来自孟子。为更贴切地理解陆九渊的思想特质,我们有必要了解陆九渊的学术渊源,这对解析他的思想特性有直接的帮助。关于他的学术渊源,主要有下列几种说法:第一,直接孟子说;第二,继承禅学说;第三,承接宋儒程颢、谢良佐说。在几种观点中,有相互包容处,亦有许多相互矛盾处,须做一些辨析。

一是直承孟子说,出自陆九渊本人,有人问"先生之学,亦有所受乎?"陆九渊答:"因读《孟子》而自得之。"[40]将自己的学术思想直接追溯到孟子,显然和两宋盛行的伦理本位主义学说相关。和朱熹分庭抗礼的陆九渊,认为自己的学说,直承孟子,以表明自己才是孔孟精神的真正传人。宋代理学家都是道统论的倡导者,并将本学派的先师推崇为道统继承人,朱熹就将北宋周敦颐、二程作为孔孟道统的继承人,而陆九渊却认为自己的学说是直承孟子,所以自己才是孔孟道统的真正传人。后来,与陆九渊一脉相承的王阳明,也坚持这种说法,也就是维护陆九渊在儒家道统中的这种地位。但是,在南宋当时,朱熹是坚决否认的,"近闻陆子静言论风旨之一二,全是禅学,但变其名号可"。[41]我们若排除道统论的意义,仅从学术传承的角度考虑,陆九渊之学与孟子之学是有重要的继承关系的。因为孟子最重视道德主体、心性修养,在道德来源的问题上,他坚持伦理不是外在的东西,而是来之于人的本心。"仁、义、礼、智根于心",人心本有的道德感,孟子称为"良知"、"良能","人之所不学而能者,其良能也,所不虑而知者,其良知也"。在修养问题上,孟子就以反省内求作为主要方法,"反身而诚"。陆九渊关于"心即理"的重要思想,就是以此为理论基础。"此(心)天之所以予我者,非由外铄我也;思则得之,得此者也;先立乎其大者,立此者也,积善者,积此者也;集义者,集此者也;知德者,知此者也;进德者,进此者也"。[42]这些概念几乎都来自孟子。所以可以说,象山的思想特别接近孟子。孔子与孟子的中心思想在于道德,他们重视人伦以及与人伦有关的行为和法则。孔子特别强调仁,并以仁将其他一切行为和法则统和起来,成为一贯之道,一切道德行为及具体的规范,皆在仁的概念下被统一了起来。但是,有关道德之基础方面的本体问题,性与天道之类的问题,孔子未多作讨论。当然,孔子已经指出过,仁内在于人性之中,并非由经验习得。孟子继承了孔子的道德哲学,并将其推展到较高的

境界。最重要的是,孟子明确地指出,仁义礼智等道德原理内在于
人性之中,是构成人性的基本要素,并且因此主张行善论。同时,
孟子再三说明,对于仁义礼智这"四端",人人具有一种自然的知
觉或自觉。这个自觉称为良知,自觉的本能称为良能。只要一个
人实现良知,他就可以成为一个完美的人,即圣人。陆九渊顺着这
种思路推展下来,他最喜欢征引孟子"先立乎其大"这句话作为其
道德哲学的基础。他认为,人心与人性是同一的,也就是说,人性
是具有自觉的。同时,人心是指人的道德心,人性是指人的道德
性,人心自觉之对象为一切道德原理,人性之中蕴含着仁义礼智以
及一切道德法则,一切道德法则都是内在的,因此道德知识不需要
向外追求,只要反省内心就可以完成。顺着这样的思路,象山引申
出一套修养工夫,从"先立乎其大"着手,去捕捉"本心",而《大
学》所讲的格物致知的工夫,当然就落在第二位的了。从理论的
相似性观察,象山学术与孟子最为接近,"本《孟子》扩充四端之
说,教人明心,即先立乎此一大本,然后一切涵养省察之功,有其
归趣"。[43]

　　二是继承禅学说,陆九渊自己当然是坚决否认的。因为禅宗
只关心个人的超脱,而儒家则关怀国家天下的道义,但是,禅宗强
调精神的领悟,倡导直指人心、见性成佛,这种注重主观精神和心
性内求的思想也深刻影响了陆九渊。禅宗总是强调主观心性的本
原性,主张心生万物,"吹却迷妄,内外明澈,于自性中,万法皆
见"。[44]所以关键就在于自识自性,这种思想,无疑给陆九渊一定的
启示。在修养方法上,禅宗传教,倡导直指本心,见性成佛,慧能
说:"一闻言下便悟,顿见真如本性,是故将此教法流行后代,令学
道者顿悟菩提,令自本性顿悟。"[45]所以禅宗不以文字、逻辑与理论
的传授佛法,陆九渊也主张以体悟心性为主,儒家经典则不过是领

悟心性的启发资料,"学苟知本,《六经》皆我注脚"。[46]他倡导以"顿悟"的方式,实现对内在德性的体悟。

三是对北宋理学的继承。陆九渊不像朱熹那样,与二程洛学有着脉络清晰的师承关系,其本人亦声称自己是直承孟孔子而来,但是,这并不能否定陆九渊学说与北宋理学的学术渊源关系。程颢、谢良佐的思想早就明显体现出心学倾向,这对陆九渊应该有相当的影响,他的很多观点,实际上是对程颢学说的进一步发展。

陆九渊的易学思想最能彰显他的思想本义。陆九渊"心即理"之思想主旨,凭依对《周易》义理的阐发而得以彰显,"易理"的普遍性、绝对性和终极地位是无可怀疑的,但此理并非一外在于人心的客体,而是与"心"通融为一的。修养之方法就在于洗涤心灵中虚浮妄想,复归到内外合一之道上。

顾炎武曾引东莞陈建之论,曰:"朱子有朱子之定论,象山有象山之定论,不可强同。专务虚静,完养精神,此象山之定论也。"[47]这里所说的"定论",就是其"主旨"。"心即理"是陆九渊思想中最为重要的一个基本命题,体现了象山哲学的个性特征,所谓"专务虚静,完养精神"亦藉此以建立。陆九渊通过对《周易》与主体心性关系的考察,融器成道,破本体与现象之界域,铸数为理,以理观象,以数释理,容理于心,心以为体。因此,类似"金溪学问真正是禅"[48]、"子静一味是禅"[49]的嘲讽,实不足以涵括象山学说之全部。徐梵澄云:

> 象山教人,以发明本心为始事。此心有主,方可应天地万物之变。象山自己见道,自云亦纯由《四书》。本《孟子》扩充四端之说,教人明心,即先立乎此一大本,然后一切涵养省察之功,有其归趣。[50]

实乃有见地之论。而象山发明本心之论,又端赖阐释《周易》而演绎,兹就本体与工夫两方面申论之。

陆九渊明理立心之论,依易理之阐发而明晓。象山推重《周易》,尝谓:

> 吾之深信者《书》,然《易·系》言:"默而成之,不言而信,存乎德行。"此等处深可信。[51]

在《周易》中,本体与现象之一般关系被表述为"形而上者谓之道,形而下者谓之器",器乃现象,可感受,道则隐约精微,不可感受。在陆九渊那里:

> "其为道也屡迁,"不迁处;"变动不居,"居处;"周流六虚,"实处;"上下无常,"常处;"刚柔相易,"不易处;"不可为典要,"要处;"唯变所适,"不变处。[52]

这与《易传·系辞下》所表述的"变动不居,周流六虚,上下无常,刚柔相易,不可为典要,唯变所适"的合普遍性与永恒性为一体的道体的基本情状完全符合。"乾坤一理也","道"就是"理",二者具有完全的一致性。与朱熹一样,陆九渊亦肯认"理"为宇宙的终极本体,同时也是人所能够体察的宇宙间万事万物的存在秩序,这个秩序既包含着自然之秩序,更重要的,它就是典章制度与伦理道德,即社会伦理之秩序,他说:

> 塞宇宙一理耳。上古圣人先觉此理,故其王天下也,仰则观象于天,俯则观法于地,观鸟兽之文与地之宜,近取诸身,远取诸物,于是始作八卦,此通神明之德,以类万物之情,于是有辞,有变,有象,有占,以觉斯民。[53]
>
> 此理在宇宙间,未尝有所隐遁,天地之所以为天地者,顺

此理而无私焉耳。人与天地并立而为三极,安得自私而不顺
此理哉。[54]

"理"作为自然、社会的公理与法则,具有普遍性、贯通性的特
质,它彻上彻下,以纲常伦理为主体的道德形上实存注入自然与历
史的各个层面,成为一种权威主义的思想范型。陆九渊为现实的
伦理规范寻找到一种本体的依据,他先将伦理规范从社会推展至
自然,又反过来以它来证明纲常伦理的天然合理性,使这种在特定
的历史条件下方能形成的纲常伦理具有某种信仰的力量。也就是
说,陆九渊把本来仅属于伦理主体的道德规范提升为宇宙万物的
终极实存,从而为认识、改造世界的实践提供了一个客观的最高权
威、绝对命令。他据《易经》"坤"卦六五和"离"卦六二爻云:

> 《坤》之六五曰黄裳元吉,《离》之六二曰黄离元吉。尝谓
> 中之为道大矣,世尝玩于其说而莫之省也。夫以尧舜禹三圣
> 人相授受而同出于一辞,则道宜莫大于此矣,而不过曰'允执
> 厥中。'故子思之书(《中庸》)反复乎大中之说,丁宁乎时中之
> 论。而世之喜事者,不明乎中之说,欲为惊人可喜之行,是非
> 独得罪于圣人,而其所以速戾取祸者,盖亦不施踵矣。[55]

"中道"即"天理","此理至矣,外此更复有太极哉"。[56]陆九渊
坚决反对朱熹释周敦颐《太极图说》时将"无极"解释为理无形迹
的说法,认为应依《尚书·洪范》中"皇极",训"极"为"中",认为
太极即皇极,乃宇宙之根本原理。[57]"太极、皇极,乃是实字,所指之
实,岂容有二。充塞宇宙,无非此理"。[58]"此理塞宇宙,谁能逃之,
顺之则吉,逆之则凶。其蒙蔽则为昏愚,通彻则为明智"。[59]《周易》
所阐明的易理充塞宇宙,明之、顺之则吉,不明、不顺则凶,乃天、
地、人共同遵循的最高准则,"天地顺此而动,故日月不过,而四时

不忒;圣人顺此而动,故刑罚清而民服"。[60]"易理"的普遍性、绝对性和终极地位是无可怀疑的。值得注意的是,陆九渊还视"道"与"器","理"与"气"为浑然一体,"自形而上者言之谓之道,自形而下者言之谓之器。天地亦是器,其生覆形载必有理"。[61]如此,本体与现象之一般关系在陆九渊那里是相互统一而圆融无碍的,所谓"道外无事,事外无道"[62]既阐明了本体之于现象的普遍涵摄的无限性,也表明现象即本体之当然合理之显现,这显然以《周易》之说为其文献及思想渊源。但也不排除与佛教华严宗有密切关系。[63]道器之间的关系被陆九渊视作本质上的同一,使道(理)具备了涵摄一切现象的普遍性、至上性,成为人类活动的唯一和最高的准则。

但是,我们必须看到,陆九渊的思想特质区别于闽洛之学之处在于他融"理"于"心",一方面肯认"理"充塞宇宙,具有外"吾心"而存在的特性;另一方面又认为"吾心"与"理"通融为一。心与理合,则此心与"理"一样,同是宇宙万物的终极本体;心与理等,则充塞宇宙万物之理即在心中。"人皆有是心,心皆具是理,心即理也"。[64]"盖心,一心也;理,一理也。至当归一,精义无二。此心此理,实不容有二"。[65]显然,陆九渊的"心"既是个体之心,又是超越的普遍的心,既是形而下的经验知觉之心,又是形而上的道德本心,是一种伦理性的实存,道德行为即为这个实存的本质表现。心即理,则道德实践的最后依据便植根于主观内在的心灵世界,心世界就是理世界。而道德实践的任务,就在于不断地剔除"心"不粹然合"理"之处,将心铸造为纯然天理的道德灵明;"此心此理昭然宇宙之间,诚能得其端绪,所谓一日克己复礼,天下归仁焉"。[66]那么,人们又如何作"克己复礼"之功,顺"心"而行,循"理"而动呢?象山认为首先应使心不杂一丝人欲之私:

夫所以害吾心者何也？欲也。欲之多，则心之存者必寡，
欲之寡，则心之存者必多，故君子不患夫心之不存，而患夫欲
之不寡，欲去则心自存矣。[67]

在这里，所存之心，就是纯然天理的道德灵明，陆九渊称之为
"本心"；所去之欲，就是感性欲念，是"本心"应加以改造的对象。
程朱理学所常引用的《乐记》中的一段话："人生而静，天之性也，
感于物而动，性之欲也。"在陆九渊看来是割裂的道器同一的关
系，"且如专言静是天性，则动独不是天性耶？《书》云'人心惟危，
道心惟微'；解者多指人心为人欲，道心为天理，此说非是。心一
也，人安有二心"？[68]本心、欲心都出自一个心，后者是一念之差，于
是就有了善恶之分，不可不辨，"所以保吾心之良者，岂不在于去
吾心之害乎"。[69]这就需要《中庸》的闲邪存诚工夫：

乾之九一，何其诚之至而德之博也？……诚之在己者不
期存而自存，而其端特在于闲邪。德之及物者，不期化而自
化，而其机特在于不伐。则天理人欲之相为消长，其间可谓不
容发矣。庸言之信，庸行之谨，闲邪存其诚，善世而不伐，德博
而化，此所以为君德欤？《中庸》之言诚曰："非成己而己也，
所以成物也。"然则成己成物一出于诚。[70]

"乾"之九一爻，为讲人君之德，陆九渊认为《文言》所说："闲
邪存其诚"、"德博而化"与《中庸》所讲的"成己""成物"构成一种
对应的关系。在象山看来，在这个社会中，"自天子一至于庶人"，
人人均应怀有一颗彻底克除私欲、粹然至善的"心"，也就是已彻
底改造了的道德心灵，尤其是对人君而言，要实现合乎伦理原则的
理想社会，关键在于政治领导者个人的资质，即内在之善的充育。
人君不仅自己应完全这种道德理性的培育（即成己），还要使全体

民众均形成这样的道德心灵,建立社会伦常秩序(即成物),这种
"合内外之道"的始基,即在于人君本心一动之间:

> 惟五以飞龙在天,而二以见龙在田者,皆有利见大人之
> 美。夫君位既已在五,则夫君德者,非人之龙德而正中,其孰
> 足以当之? 圣人于是发成己成物之道,存诚博德之要,使后之
> 人君能明圣人之言,以全九二之德,则天下有不足为矣。[71]

乾之九二爻与九五爻一样,同处人君之处,人君处位,本心理
应除去私欲之蔽,存大中中正之德,博德化物,融会天人。理想社
会的构造端赖于社会伦理秩序的建立,而社会伦理秩序的建立又
有赖于道德心灵的完成,而政治领导人道德心灵的完成又是首要
的任务,政治领导人的道德理性的完成,会给全社会带来一种难以
言说的感召力,这种感召力自然有助于全社会道德水平的大幅提
升,自然会使社会人伦关系趋于平衡。"为政在人,取人以身,修
身以道,修道以仁。仁,人心也。人者,政之本也;身者,人之本也;
心者,身之本也。不造其本而从事其末,末不可得而治矣"。[72]人的
这颗恻隐怵惕之善良"本心"对现实社会来说是最为重要的,它是
文明社会伦常秩序建立的先决条件。陆九渊释《系辞》"圣人以此
洗心,退藏于密"说:

> 涤人之妄,则复乎天者自尔微;尽己之心,则交乎物者无
> 或累。著卦之德,六爻之义,圣人所以复乎天交乎物者,何其
> 至耶。以此洗心,则人为之妄涤之而无余。人妄既涤,天理自
> 全,退藏于密微之地,复乎天而已。[73]

本心即天理,天理乃人心所固有的法则,通过诚己之心便可显现出
来,此诚己诚物之心,在象山看来,与孟子仁义之心并无二致:

道塞宇宙,非有所隐遁。在天曰阴阳,在地曰刚柔,在人曰仁义。故仁义者,人之本心也。孟子曰:"存乎人者,岂无仁义之心哉?"又曰:"我固有之,非由外铄我也。"[74]

"在天曰阴阳,在地曰刚柔,在人曰仁义",引自《易传·说卦》,陆九渊用以说明道(理)充塞宇宙,其落实于人身者则为仁义之心,"此心本灵,此理本明",[75]心与道(理)一样,同具形而上学的品格,是道(理)之本体通过特定的赋予方式在人那里实现的充分而纯粹的对象化,心体与道体之终极同一性的确认,从根本上消解了道(理)之作为终极实存的外在性与客观性,确立了绝对性与主体性的同一。孟子的"善端"——以仁义礼智为实质内涵的道德心灵也就此有了一个宇宙论的依据。[76]所以,陆象山释"坤"卦六二爻辞说:

> 故曰:"直方大,不习无不利。"孟子曰:"所不虑而知者,其良知也;所不学而能者,其良能也。此天之所与我者,我固有之,非由外铄我也。"故曰:"万物皆备于我矣,反身而诚,乐莫大焉。"此吾之本心也,所谓安宅、正路者,此也;所谓广居、正位、大道者,此也。[77]

本心和天理并无区别。又释"乾"九二《文言》"闲邪存其诚"和孟子"存心"说云:"只'存'一字,自可使人明得此理。此理本天所以与我,非由外铄。明得此理,即是主宰,真能为主,则外物不能移,邪说不能惑。"[78]心体与道体之实质内涵决无二致,不仅为现实存在之最终依据,而且就是道德价值之终极本体,就生活在文明共同体中的个人而言,其存在的价值就必须以认同这种"事实"为基点,只要人转念之间,认识到人与宇宙原不曾有所限隔,"万物皆备于我",便能"堂堂地做个人"。陆九渊认为,这一切道理和功夫,是如此的简单,即《易传·系辞》所说"易则易知,简则易从","易简而天下之理得矣"。他自信自己的"易简工夫终久大",嘲笑朱熹一系的敬以直内,义以方外,格物致知功夫是"支离事业"。陆九渊的"易简工夫"关键在于"存"和"发(放)",都是针对"本心"而说,"存"就是要求人们把心中已存之良知保存好,"发"(放)是将保养好的良知扩充开来充实自己,成就他人。"万物森然于方寸之间,满心而发,充塞宇宙,无非此理。"[79]就是象山"心即理"说的最终结论。

陆九渊所理解的"心"既是宇宙万物根源性的实体,充塞宇宙的万物之理(道)即在心中,同时,"心"也是一种伦理性的实体,知觉作用和伦理道德行为即是其本质的表现,因而,认识的源泉和道德的根本,就是"吾之本心",认识的任务和修养的目的也就在于"发明本心"。而且,人的本心有时会被私欲或偏见所蒙蔽,所以也需要一种打破蔽障,自我拯救的工夫,反省内求,去掉恶习,发明本心固有之善,而用功的具体的程序则在于"先立乎其大"和"剥落、清明"。"先立乎其大"是其他一切修养工夫的基础,其确切意义可从两方面来理解。其一,就是让人明白,人人都先天具有道德之本心,它是人之道德行为的主体,是人之所以能够发出善行的先天根据。其二,就是让人相信,人之本心虽有时会被私欲与偏见遮蔽,但人心本身就具有一种破除蔽障的能力。陆九渊认为,一切私欲、偏见所构成的蔽障,都对人的本心的拓展造成戕害,人的心志必须以一种"冲破罗网,焚烧荆棘,荡夷污泽"的精神来破除蔽障,超拔心灵。本心之蔽即人心之病,去病之良方就是"剥落"工夫:

> 人心有病,须是剥落。剥落得一番,即一番清明,随后起来,又剥落,又清明,须是剥落得净尽方是。[80]

破蔽去病的下手处,就是"收拾精神,自作主宰":

> 万物皆备于我,有何欠缺? 当恻隐时自然恻隐,当羞恶时自然羞恶,当宽裕温柔时自然宽裕温柔,当发强刚毅时自然发强刚毅。[81]

若此,即可真切地体验到"满心而发,充塞宇宙,无非此理"的境界。这种"发明本心"的手段,陆九渊引《周易·系辞》证为"简易工夫",其云:"《易》赞乾坤之简易,曰:'易知易从,有亲有功,可久可大。'然则学无二事,无二道,根本苟立,保养不替,自然日新,所谓可久可大者,不出简易而已。"[82]"发明本心"与禅宗当下即悟似有异曲同工之妙,二者均主张从根本处入手,舍弃繁琐细节的过程,舍弃一切破坏本心的主观意念,不仅是私欲和偏见,有时就是不符合伦理规范的个体意识也会遮蔽本心,陆九渊说:"有己则忘理,明理则忘己。'艮其背,不见其身,行其庭,不见其人,'则是任理而不以己与人参也。"[83]"'艮其背,不获其身',无我;'行其庭,不见其人'无物。"[84]通过对《周易》艮卦卦辞的解释,陆九渊抛弃了私智,认为只有杜塞个体意识,才能使本心固有的伦理意识彰显出来,本心如嘉禾,私智如莠草,惟有铲平莠草,方能培育嘉禾,"心之稂莠,萌于交物之初,有滋而无芟,根固于怠忽,末蔓于驰骛,深蒙密覆,良莠为之不殖。"[85]由此,陆九渊依据易理阐发了其独到的"洗心"之论,表现出对"心"的本质关怀。

在易学思想史上,象数派以数理和逻辑为手段,为《周易》提供了各种形式的框架,为人们展现了一个外在的、客观的世界。义理派则视天理为事物之所以然,将天理设定为一个形上的观念实存,视《周易》为对这个实存的解释体系。两者都回避了主体的心理感受。在陆九渊看来,易理与人心是不可能二致的,爻之义即吾心之理,蓍卦之德即圣人之心,不应胶柱于外在的形迹,也不应拘泥于内在的象数,[86]洗涤心灵中人为的虚浮妄想之念,复归到"心即理"的"隐密精微之地",这便是《易传·系辞》"圣人以此洗心,退藏于密"的精义:

> 涤人之妄,则复乎天者自尔微;尽己之心,则交乎物者无或累。蓍卦之德,六爻之义,圣人所以复乎天交乎物者,何其至耶。以此洗心,则人为之妄涤之而无余。人妄既涤,天理自全,退藏于密微之地,复乎天而已。由是而吉凶之患与民同之,而己之心无不尽。心既尽,则事物之交,来以神知,往以知藏,复何累之有哉?妄涤而复乎天者自尔微,心尽而交乎物者无或累,则夫蓍卦六爻之用,又岂可以形迹滞?而神知之说,又岂可以荒唐窥也哉?[87]

卦之德、爻之义,其本义就在于去人欲之妄,复天理之全,使本心不杂人为之虚妄,在"应物"之际不受物之牵拘和掣肘。吉凶则与百姓同患,遇事则能和来藏往。这种精神境界就是北宋程颢在《定性书》中所提出来的"无内外,无将迎",内心廓然而大公,绝无丝毫私智私虑,则此心接于外境就表现得"物来而顺应。"[88]陆九渊则用"内外合,体用备"一语表述此精神境界,"宇宙内事,是己分内事;已分内事,是宇宙内事"也是此内外合一之道的完美表述。

第二节 "甬上四先生"对象山心学的继承和张大

宋元之际方回曾言:"盖四明四先生沈端宪公(焕),早师事陆文达公(陆九龄),宜倅舒公(璘)。南轩(张栻)开端,象山(陆九渊)洗涤,而融会于东莱(吕祖谦),不专一家,为前辈。袁正献公

(爕)后出,始专尚象山,而慈湖(杨简)又尝为史弥远师,故一时崇长昌炽,其说大行。"[89]这里讲的是,沈焕(1139—1191)师事陆九龄(1132—1180)和曾任宜州(今广西壮族自治区宜州市)通判的舒璘,习得"提撕省察,悟得本心"的工夫,做到"临利害得失无惧心,平时胸中泰然无计较心。"[90]沈焕对陆门以外学派,持宽容兼蓄态度,多次与婺学吕祖谦、吕祖俭讨论切磋,相互增益。全祖望称"相与极辩古今,以求周览考博之益。凡世变之推移,治道之体统,圣君贤相之经纶事业,孜孜讲论,日益深广,期于开物成务而后已。"[91]所以,"沈氏之学,实兼得明招(吕氏)一派。"[92]张栻、陆九渊和吕祖谦学术宗旨虽有不合,但其实人心,提斯向善,却无不同。袁爕(1144—1224),"初入太学,陆九龄为学录,同里沈焕、杨简、舒璘亦皆在学,以道义相切磨。后见九龄弟九渊发明本心之指,乃师事焉。"[93]杨简(1141—1225),"乾道五年(1169)举进士,授富阳主簿。会陆九渊道过富阳,问答有所契,遂定师弟子之礼。"[94]宋孝宗淳熙十年(1183),史浩建碧沚讲舍,辟杨简为主讲,史弥远曾从学于此。就学术渊源上看,沈焕与舒璘关系较为密切,全祖望曰:"杨、袁之年辈后于舒、沈,而其传反盛,岂以舒、沈之名位下之欤?"[95]同时他指出:"舒(璘)、沈(焕)之平实,又过于杨(简)、袁(爕)。"[96]舒璘青年时游太学,受业于张栻,后又从学陆九渊,兼综朱熹、吕祖谦。甬上四先生有一个共同的特点,就是学术上转益多师,兼收并蓄,王梓材对袁爕的赞叹:"真西山为先生行状云:东莱吕成公,接中原文献之正传,公(袁爕)从之游,所得益富。永嘉陈公傅良,明旧章,达世变,公与从容考订,细大靡遗。是先生尝师东莱,友止斋,而究其所归宿者,则象山也。"[97]质诸其他三人,亦无不然。

但是,毋庸置疑地,"甬上四先生"学术的核心观念是"心"。

这个核心观念,自然是来自陆九渊及其兄弟。舒璘"从陆九渊游,曰:'吾惟朝于斯,夕于斯,刻苦磨厉,改过迁善,日有新功,亦可以弗畔矣乎。'"[98]"尝自言渊源所自,曰:'南轩开端,象山洗涤,老杨先生(谓文元公父廷显)琢磨。'"[99]沈焕"试入太学,始与临川陆九龄为友,从而学焉。"[100]袁燮也是一样,"乾道初,入太学,时陆复斋九龄为学录,先生望其德容肃然,亟亲炙之。同里沈叔晦(焕)、杨敬仲(简)、舒元质(璘)皆聚于学,朝夕相切磨。"[101]陆九龄(1132—1180),字子寿,学者称复斋先生,陆九渊五兄,乾道五年(1169)进士,与弟九渊相为师友,号"二陆"。学穷性命之原,"于践履中,要人提撕省察,悟得本心。"[102]杨简与陆九渊的学术渊源自不待言,清四库馆臣即说过:"宋儒之学,至陆九渊始以超悟为宗,诸弟子中,最号得传者,莫如杨简。"[103]"金溪之学,以(杨)简为大宗,所为文章,大抵敷畅其师说,其讲学纯入于禅。"[104]"慕象山陆九渊,九渊长二岁,(杨)简师事之,自为一家之学。"[105]明代归有光的总结精辟而深刻:"子静之门人,则杨简笃学力行,为治设施,皆可为后世法,清明高远,人所不及,而袁燮端粹专精,每言人心与天地一本,能精思慎守,则与天地相似,舒璘刻苦磨励,改过迁善,沈焕人品高明,不苟自恕。朱子尝言,与子静学者游,往往令人自得。盖浙中尤尊陆氏之学,而慈湖其倡也。"[106]这里既讲到了"甬上四先生"对陆九渊的继承和张大,也特别提示了杨简在陆氏后学中的中坚地位。

一、"甬上四先生"的心本论

在"甬上四先生"这里,"心"这一概念与陆九渊有什么相同与不同之处呢?

从人心的本质上来说,"甬上四先生"与陆九渊一样,继承了自孟子以来的性善论。陆学中人对于"本心"这一概念经常提到的是孟子的"四端说",如在陆九渊在以"扇讼"启发杨简之前便作如是说:

> 恻隐,仁之端也,羞恶,义之端也,辞让,礼之端也,是非,智之端也。此即是本心。[107]

袁燮也说:

> 人之本心,万善咸具,乍见孺子将入井皆有怵惕恻隐之心,嗟来之食,宁死不受,是之谓本心。[108]

舒璘也称"此心之良,人所具有"[109],"人之良心,本自明白"。[110]

杨简说:

> 经礼三百,曲礼三千,皆吾心所自有。于父母自然孝,于兄弟自然友恭,于夫妇自亲敬,于朋友自信。出而事君自竭忠,与宾客交际自然敬,其在乡党自谦恭,其在宗庙朝廷自敬。复者复吾所自有之礼,非外取也。[111]

> 人心自善、自正、自无邪、自广大、自神明、自无所不通。[112]

在他们的眼里,此心既存,一切是非、善恶便不辩自明,一切事物的认识也是水到渠成之事:

> 苟此心之存,则此理自明,当恻隐处自恻隐,当羞恶,当辞让,是非在前,自能辨之。[113]

> 此心常存,善则行之,如履康庄,不善则避之,如避坑谷。[114]

> 夫人心至灵,是非善恶,靡不知之。[115]

这样的本心从古至今,从圣贤到庶民无不如此,所以陆九渊有诗云:"墟墓兴衰宗庙钦,斯人千古不磨心。"[116]杨简也说"某知人人本心,皆与尧、舜、禹、汤、文、武、周公、孔子同"。[117]舒璘也认为"圣贤之心同我心"[118]。袁燮更进一步加以发挥,将皇帝的之心与祖宗之心联系在一起:

> 夫崇宽大而本忠厚,此祖宗之心,圣上之心也。而奉承于下者,未必不失之严刻,裕州县以宽民力,此祖宗之心,圣上之心也。而奉承于下者,未必不厚于取民,其余庶事,惧或皆然,则大有戾于祖宗之训,是岂吾君之心哉![119]

陆九渊认为,"心"不但具有千古相传,自足自善的特点,还是万事万物的本源,在他的认识中,宇宙万物之理存于心中、发于心中,故而,他得出了一个重要的哲学命题:"心即理"。但是同时,正如后来王守仁所指出的,陆九渊的心学的"沿袭之累"便与这一命题有关。"心"本来已经是最为本质的东西了,陆氏又说"此理充塞宇宙,天地鬼神,且不能违异,况于人乎?"[120]似乎"理"又是独立于"心"之外了。

杨简对于陆九渊所不能超越的"理"则不以为然,他认为,正心则理见,顺理则事行,"理"虽然重要,却不具有本体性的意义,故而他指出:

> 近世学者沈溺乎义理之意说,胸中常存一理不能忘舍,舍是则豁焉无所依凭,故必置理字于其中,不知圣人胸中初无如许意度,此曰博文约礼,正谓三百三千之礼,岂不易简、岂不中庸、岂非天下之至理,若必舍礼而言理乃不知理。[121]

杨简将"心"理解为"明鉴",万事万物万理便都是"鉴中象",而不是独立于"心"之外的:

此心无体虚明,洞照如鉴,万象毕见其中,而无所藏。[122]

人心至灵至神,虚明无体,如日如鉴,万物毕照,故日用平常,不假思为,靡不中节,是谓大道。[123]

十分明显,杨简的这种"心"如"明鉴",无思无为,寂然不动的思想受到了佛教的深刻影响,故而受到学者的诟病。但不可否认,杨简把"心"比作"鉴",使得在"心"之外不再存在任何独立的"理"或"道",避免了其师的一些思想上的内在矛盾。在此基础上,杨简将天地乃至一切事物归于同一"我",不再有本质上的区别:

天地,我之天地,变化,我之变化,非他物也。

天者,吾性中之象,地者,吾性中之形,故曰:"在天成象,在地成形。"皆我之所为也。

吾未见夫天与地与人之有三也,三者形也,一者性也,亦曰道也,又曰易也,名言之不同而其实一体也。

举天地万物万化万理皆一而已矣,举天地万物万化万理皆乾而已矣。坤者乾之两,非乾之外复有坤也,震巽坎离艮兑又乾之交错散殊,非乾之外复有此六物也,皆吾之变化也。[124]

杨简心学的思想最有代表意义的一句话便是他常常提起的"心之精神是谓圣"一语。杨简利用这一句话既表明了"心"的那种无思无为、寂然不动的状态,又强调了"心"的那种至善至圣的特性:

孔子曰:"心之精神是谓圣。"人皆有是心,心未尝不圣,虚明无所不照,如日月之光,无思无为,而万物毕照。[125]

孔子又曰:"心之精神是谓圣。"某知人人本心皆与尧、舜、禹、汤、文、武、周公、孔子同,得圣贤之言为证,以告学子,谓:"吾心即道,不可更求。"[126]

赵灿鹏认为,"在慈湖的心学里,'心'、'神'、'精神',名称不同,意谓则一,并与'易'(易体)相等,具有本体的地位。"[127]赵氏复以为,"心之精神是谓圣"是慈湖心学宗旨的基本内容。慈湖以心体之神,肯定道德实体的普遍性。慈湖言道、天道、道心,皆为笼统、形式、抽象的表示,故以"精神"一语充实心体之义,使其所具有的"寂感"的超越性具体地得以呈现。[128]由"心之精神是谓圣"出发,"物有大小,道无大小,德有优劣,道无优劣。其心通者,洞见天地人物,尽在吾性量之中,而天地人物之变化,皆吾性之变化,尚何本末、精粗、大小之间?"[129]"明乎此心,未始不善,未始不神,未始或息,则乾道在我矣。"[130]"心本无体,清明如日月,变化如四时,众德自备,百年自有,未始不善,思虑不作,一无所倚,强名曰中,本心如此,自无邪僻,强名曰正,是其清明无体之妙,非血气也,非物也,有物有气血,则可得而屈息;非物非气血,则不可得而屈息。因其不可得而屈,不可得而息,故强名曰刚健,此人之心也,即天地之道也,一也,故天地可得而范围,万物可得而曲成。"[131]"斯心即天之所以清明也,即地之所以博厚也,即日月之所以明,四时之所以行,万物之所以生也,即古今圣贤之所以同也。"[132]岛田虔次总结说,杨简将陆九渊的"主观唯心论"极端化了,他实际上把陆九渊具体而生动的"心"变成了概念性的、静止的实体,而且将"心"铸造成宇宙原理式的、万物一体式的特征。[133]岛田认为,万物一体说有两种完全不同的类型,第一种类型庄子、僧肇为其典型,将大小与有无的万物都看作是无差别的,这可以称作"万物齐一";第二种类型主张以天地万物为自己的肢体,以天地万物的感受为自己的感受,程颢的理念可为代表,尤其是张载的"民胞物与"论最为精到。杨简所论,属于第一种类型,更具有形而上学的表现,与其说是儒家思想,还不如说是老庄或佛道思想式的。[134]事实上,南宋当时的人们就异口同声地宣称陆九渊学说近乎佛学或禅宗,至于后代,学人直以为"象山之学,实流为禅,专以觉悟训学者。以我之觉,期子之觉,而诋斥濂溪周子,伊洛程子之学,有禅家呵佛骂祖意。"[135]而杨简的说法,则"遂于象山言下,忽省此心之清明,忽省此心之无始末,忽省此心之无所不通。"[136]"盖惟禅家有此机轴。试观孔、曾、思、孟之相授受,曾有一言似此否乎?其证佐之分明,脉路之端的,虽有善辨,殆不能为之出脱矣。"[137]与罗钦顺同时代的何瑭也说:"尝言陆九渊、杨简之学,流入禅宗,充塞仁义,后学未得游、夏十一,而议论即过颜、曾,此吾道大害也。"[138]崔铣评论南宋各家学说时说:"游定夫、张九成、杨简之经禅也"[139],王渐逵的意见是"循佛氏之说,卒流于狂妄,未有一人成于贤人君子者,盖无践履克治之功故也。仆曾读象山之门人杨简已有此议论,谓此心广大高明,不用察识,不入思虑,顺其自然,往往举佛为况,其流弊至此。"[140]四库馆臣也指出陆象山和杨简"引易以归心学,引心学以归禅学,务屏弃象数,离绝事物,遁于恍惚窅冥,以为不传之秘也。"[141]"陆学惟陆能为之,杨简以下一传而为禅矣。朱学数传尚有典型,则虚悟实修之别也。"[142]自陆九渊起,心学就强调主观性原理的高度自觉,表现出"本心"的特质,杨简"心之精神之谓圣",将"本心"的立场佛教化了,"心"、"性"、"天"合而为一,突出心的地位,朱熹就曾批评过,这是"释氏之余论"[143],事实上,杨简的观点,"曰心,曰精神,虽有其名,初无其体,故曰,神无方,易无体。非神自神,易自易,心自心也。是三名,皆有名而无体,莫究厥始,莫执厥中,莫穷厥终。天,吾之高。地,吾之厚。日月,吾之明。四时,吾之序。鬼神,吾之吉凶。其谓之合也,固宜。其谓之弗违也,又何疑?故大传亦曰:范围天地之化而不过,曲成万物而不遗。"[144]还有那样的诗句:"物物皆吾体,心心是我思。四时非代谢,万说不支离。"[145]与禅宗标揭的"不识本心,学法无益。识心见性,即悟大意"[146]从内涵到形式都很切合。故而马端临即不以为然地说过,"慈湖之学,专主乎心之精神是谓圣一语。其诲人惟欲发明本心,而有所觉,然称学者之觉,亦颇轻于印可。盖其用功偏于上达,受人之欺而不疑。"[147]

杨简弟子袁甫(蒙斋)对他的老师有过中肯的评价:"慈湖先生平生履践无一瑕玷,处闺门如对大宾,在暗室如临上帝。年登耄耋,兢兢敬谨,未尝须臾放逸。学先生者,学此而已。若夫掇拾遗论,依放近似,而实未有得,乃先生之所深戒也。差之毫厘,缪以千里,敬之哉!"[148]就此而论,将慈湖学说一概以禅学涵括之,的确失之于公允。他的思想,既受到时代崇佛氛围的熏染,也还保留着儒家的底色。他接续和光大了象山心学,彻底消解了程朱理学的"理本论",使之与"心"之本体概念圆融,进而确立了心学体系的一元化,建立起真正意义上的心本体学说。冯友兰曾道:"在陆九渊看来,实在只有一个世界,它就是心(个人的心)或'心'(宇宙的心)。"[149]尽管如冯氏所说,"在朱熹的系统中,认为心是理的具体化,也是气的具体化,所以心与抽象的理不是一回事。于是朱熹就只能说性即理,而不能说心即理。但是在陆九渊的系统中,刚好相反,认为心即理。"[150]但是,在陆九渊那里,"理"范畴在其理论体系中与"心"范畴很多时候又具有同等重要的价值与地位,象山以为,理是宇宙的根本法则,这就意味着也是吾心之根本原则,宇宙与吾心同属理的表现形态。"吾所明之理,乃天下之正理、实理、常理、公理,所谓'本诸身,证诸庶民,考诸三王而不谬,建诸天地而不悖,质诸鬼神而无疑,百世以俟圣人而不惑者也。'学者正要穷此理,明此理。"[151]"理"作为自然、社会的公理与法则,具有普遍性、贯通性的特质,它彻上彻下,以纲常伦理为主体的道德形上实存注入自然与历史的各个层面,成为一种权威主义的思想范型。陆九渊为现实的伦理道德规范寻找到了一种本体依据,他将伦理规范从社会推广至自然,又反过来以它来证明纲常伦理的天然合理性,使那种在特定的历史条件下形成的纲常伦理具有某种信仰的力量。陆九渊把本来仅属于伦理主体的道德规范提升为宇宙万物的终极实存,从而成为认识当下世界的精神参照和改造现实世界的最高权威。陆九渊与闽洛之学的区别之处在于他融"理"于"心",一方面承认"理"充塞宇宙,具有外"吾心"而存在的特性;另一方面又认为"吾心"与"理"通融为一。陆九渊所理解的"心"即是一种伦理性的存在,道德行为即为这个实际存在的本质表现。心与理合,则此心与理一样,同是宇宙万物的终极本体;心与理等,则充塞宇宙的万物之理就在于心中。心即理,则道德实践的最后依据便植根于主观内在的心灵世界,心世界就是理世界。因此,陈钟凡甚至以为,陆九渊思想的本质可以以"惟理一元论"或"宇宙惟理说"涵括之。"以理为宇宙构成之唯一原则,举凡日月星辰,山川草木,人物鸟兽,莫能外此原则以存在,故充塞两间,唯此理真实无妄也。"[152]杨简对"心"的理解,贯穿着本体之心的内在理蕴,心作为宇宙之本根,内在于个体生命之中,"人皆有至灵至神至明之妙,即舜之所谓道心,而人不自知也。"[153]"此心人所自有也,不学而能也,不虑而知也,心之精神是谓圣,果如吾圣人之言也。"[154]心,不但具有普遍性,而且先天地具有超越性,"此心非物,无形,无限量,无终始,无古今,无时不然。"[155]"寂然无所有,忽焉而出,如思念外物外事则远出,直至于千万里之外,或穷九霄之上,或深及九地之下,又忽焉而入,如在乎吾身之中。"[156]最可贵的特性是,心自神自明,具备着先验的道德灵明,"道心发用,寂然不动,虽无思无为,而万物毕照,万理洞见,如日月之光,虽无心而毕照,天下岂一无所用其心力哉?"[157]"正吾此心,万理毕见;顺理而出,万事自行。不假调停,了无滞碍。"[158]"性即心,心即道,道即圣,圣即睿。言其本谓之性,言其精神思虑谓之心,言其天下莫不共由于是谓之道,皆是物也。孩提皆知爱亲,及长皆知敬兄,不学而能,不虑而知,非圣乎?"[159]杨简所理解的"心"睿智而明慧,洞彻而高明,且是天然生就的道德灵明,它的存在形式与乃师及前贤所描述的大不一样,"此心虚明无体象,广大无际量,日用云为,虚灵变化。实不曾动,不曾静,不曾生,不曾死。而人谓之动,谓之静,谓之生,谓之死,昼夜常光明,起意则昏则非。"[160]这是一种"无实体"的存在,说明的是心的虚明,但并非空无一物,"人心诚实无他,本体清明,本用神明,刚健中正,纯粹精一,乾元在斯,坤元在斯,有感有应,无不通矣。"[161]形而上的本体之心展现于宇宙万物之中,开拓出活泼泼的自然世界和人文价值的世界。虚明无体的本心精深而圆融,"范围天地,发育万物",是这个有形世界的创造者。因此,陈钟凡所论,杨简"倡绝对自我说,以我之一心,为万法之根源,与释氏'万法唯心,心外无法'之说合。"[162]陈氏又发现,"九渊援儒入释,说犹涵混,至(杨)简发挥透辟,足补其说之所未备。"[163]是目光犀利,精辟之论也。

　　全祖望对杨简的评价是:"其生平践履,盖涑水(司马光)、横渠(张载)一辈人。曰诚,曰明,曰孝弟,曰忠信,圣学之全,无以加矣。"[164]杨简发挥了陆九渊心学思想的核心要义,使陆学成为与朱熹学说分庭抗礼的一个学派,延续至明代,经陈献章、王阳明等人的接续和发展,陆王心学方形成支配一代学术趋向的思潮洪流。通过杨简易学的心学宗旨及学术价值的分析,我们也可以把握慈湖心学的本质及其对象山心学的发挥。

就易学思想而论,杨简也继承了陆九渊的易学,著有《杨氏易传》20卷,《己易》1卷。四库馆臣指出:"(杨)简之学出于陆九渊,故其解易,惟以人心为主,而象数事物,皆在所略。"[165]是可谓击中肯綮。从易学学术史之视角审视,陆九渊完成了对易学的心学建构,以心释理,直认易、理、心三者同构,遂开杨简以心解易学说之先河,而杨简的心学易学说,亦最终建立起心学学派的易学思想体系,并下启王阳明与近代熊十力的以自我意识为主轴的易学理论体系。四库馆臣也隐约地觉察出这一点:"考自汉以来,以老庄说易,始于魏王弼。以心性说易,始王宗传及简。宗传淳熙中进士,简乾道中进士,皆孝宗时人也。顾宗传人微言轻,其书仅存,不甚为学者所诵习。简则为象山弟子之冠,如朱门之有黄榦。又历官中外,政绩可观,在南宋为名臣,尤足以笼罩一世,故至明季,其说大行。"[166]杨简在以邵雍、朱震为代表的象数派和以程颐、朱熹为代表的义理派之外,独树一帜。他不言义理,也不谈象数,而是专言"人心","天地之心即道,即易之道,即人,即人之心,即天地,即万物,即万事,即万理,言之不尽,究之不穷,视聴言动,仁义礼智,变化云为,何始何终,一思既往,再思复生,思自何而来,思归于何处,莫究其所,莫知其自,非天地之心乎?非道心乎?万物,万事,万理,一乎三乎,此尚不可以一名,而可以二名乎?通乎此,则变化万殊,皆此妙也。"[167]"易道不在远,在乎人心不放逸而已矣。"[168]杨简正是通过易道的阐发来揭明其心学思想主旨的。

在陆九渊的思想体系中,"本心"是最为核心的、基础的范畴,一切客体外物的形式和性质均不过是主体心理上的某种功能和意义,任何客体外物都不可能游离于主体意识而独立存在。同时,这个"本心"的实质内容不外是人们道德行为的价值自觉,"本心"作为一种具有伦理性的精神实体,它通过人的知觉作用、道德行为而把主观精神向外扩充,达于宇宙自然,因而具有了万物根源和世界本体的意义。所以陆九渊有"心即理"的结论。杨简则认为,"本心"的作用似乎不限于此。它不仅具有伦理的实质内涵,而且,宇宙间的一切存在与一切变化及其变化之法则均为一心之产物:

> 心何思何虑。虚明无体,广大无际,天地范围于其中,四时运动于其中,风霆雨露霜雪散于其中,万物发育于其中,辞生于其中,事生于其中。[169]

> 人皆有是心,是心皆虚明无体,无体则无际畔,天地万物尽在吾虚明无体之中。变化无状而吾虚明无体者常一也。此虚明无体者,动如此,静如此,昼如此,夜如此,生如此,死如此。[170]

这样,自然生命和世界万物已不可能是一种物质形态的存在,而只能是一种精神的折射,作为主体精神的"心"超越时空的界限,君临于天地万物之上:

> 《易》者,己也,非有他也。以《易》为书,不以《易》为己,不可也。以《易》为天地之变化,不以《易》为己之变化,不可也。天地,我之天地;变化,我之变化,非他物也。……夫所以为我者,毋曰血气形貌而已也。吾性澄然清明而非物,吾性洞然无际而非量。天者,吾性中之象;地者,吾性中之形。故曰:在天成象,在地成形。皆我之所为也。混融无内外,贯通无异殊。……吾未见夫天与地与人之有三也。三者,形也;一者,性也,亦曰道也,又曰《易》也,名言之不同,而其实一体也。……循吾本心以往,则能飞能潜,能疑能惕,能用天下之九,亦能用天下之六;能尽通天下之故,仕止久速,一合其宜,周旋曲折,各当其可,非勤劳而为之也,吾心中自有如是十百

千万散殊之正义也。礼仪三百，威仪三千，非吾心外物也。[171]

这样的表述，与陆象山"心即理"说显然不同，杨简的"心"已成为一个无所不包的最高实体，《杨氏易传》卷一《乾》释《文言》"大人与天地合其德"说："天，吾之高；地，吾之厚；日月，吾之明；四时，吾之序；鬼神，吾之吉凶。"纷繁芜杂的客体世界本质上不过是千姿百态，变化无常的心境的折射，所以，到杨简这里，乃师"本心"说已被发展成"唯心"或"唯我"之论。[172]依据这种论调，杨简在《杨氏易传》中解释了许多卦爻辞的涵义，如其释《乾》卦初九爻辞"潜龙勿用"云：人之所以不能安于下而多有进用之意者，动于意而失其本心也。"[173]人才为何有"潜龙勿用"之处境，乃是因为"阳气在下"，此时应"寂然安于下"，耐心地等待时机，"不能安于潜而有欲用之意者，必获咎厉，必凶，是谓失易之道。"[174]如前所述，"易之道"就是"人之心"就是"本心"，离失"本心"，后果可想而知。杨简在释《坤》卦六二爻辞"直方大，不习，无不利"说："曰直，曰方，皆所以形容道心之言，非有二理也。此道甚大，故曰直方大。此道乃人心之所自有，不假修习而得。"[175]"道心"或曰"本心"浑然天成，犹如孟子所云之良知良能，不假后天的修为，自然是善之根，仁之端。人心既然是善，何以有恶？陆九渊以"气有所蒙，物有所蔽，势有所迁，习有所移。往而不返，迷而不解，于是为愚为不肖。"[176]也就是本心常为私欲与偏见所遮蔽来解释恶的来源，这等于是将恶的来源排除在了主观意识之外，而杨简从其"唯心"（"唯我"）的视角出发，则认为这实际上是承认了物我对立的观点，并未将"本心"说贯彻到底。他甚至认为陆九渊的"发明本心"就是一种"造意"的做法，"清心、洗心、正心之说行，则揠苗非徒无益，而又害之。"[177]杨简在修养论上持"反观"之论，据说这种修养工夫论是其父所传：

> 某之行年二十有八也,居太学之循理斋。时首秋,入夜斋,仆以灯至。某坐于床,思先大夫尝有训曰:时复反观。某方反观,忽觉空洞无内外,无际畔。三才、万物、万化、万事、幽明、有无通为一体,略无缝罅。畴昔意谓万象森罗、一理贯通而已,有象与理之分,有一与万之异。及反观后所见,元来某心体如此广大,天地有象、有形、有际畔,乃在某无际畔之中。[178]

这种神秘主义的精神体验超越了孟子"万物皆备于我"和陆九渊"宇宙即是吾心,吾心即是宇宙"的以人生伦理为基本依归的本体体验,近似佛教禅宗的说教。"反观"工夫的要旨在于"勿意",即不起意念,其释"无妄"卦之"象"文"无妄之往,何之矣"说:"言其本止而不动,意动则妄矣。往则为妄矣。动则离无妄而之妄矣。故曰无妄之往,何之矣。离无妄而之妄,离天命而之人欲,天不佑也,何以能行,非天不佑,自取之也。"[179]本心并非不动,而是不起"邪欲","邪欲"就是意念,克己之动当做在"勿意"上,除去一切与本心至灵至明的状态不相协调的意识活动,乃臻于至善之境的不二法门。杨简不在主观以外来寻找恶的来源,从其唯我主义的角度来看,物我一体,恶生于意,意生失心,失心失道,所以要保持本如明镜的人心,唯有"勿意"一途,其释《益》卦"象"文"益,损上益下,民说无疆。自上下下,其道大光":

> 道心无体,因物有迁,迁则有所倚,有所倚则入于邪。不动于意,本无所倚,本无邪偏,何思何虑?自至自中,自神自明,自无所不通。人之所以动而巽者,此也,何思何虑?天之所以施者,此也,何思何虑?地之所以生者,此也,何思何虑?唯无思,故无所不明;唯无为,故无所不应,凡易之道,皆此道

也,皆大易之道也。[180]

朱伯崑认为:"道心无体,不动于意念,无所偏倚,故不入于邪,因而无需思虑。此心自然合乎道,所以无所不通。"[181]当然,"毋意"并不是绝对的无思无为,绝对的不作为,而是指顺应伦常规范的自然的,无做作的所思所为,"爱亲敬亲,此心诚然而非意也;先意承志,晨省昏定,冬温夏清,出告反面,此心诚然而非意也;事君事长,此心诚然而非意也;忠信笃敬,此心诚然而非意也;应物临事,此心诚然而非意也。"[182]若循此理而思虑云为,便能进入"反观"宇宙一己,宇宙一性,万物一体,天人合一的境界。因为心体甚大,无所不包,所以"反观"也就是"复心":"此心之清明,神用变化,不可度思,如信此心之即道,深念人多外驰,不一反观,一反观忽识此心,即道在我矣。"[183]如此,道心合一,无需外求,自性自足,自求圆满。

四库馆臣曾探究《周易》义理路径之发展,指出"(王)弼易祖尚元虚,以阐发义理,汉学至是而始变。宋儒扫除古法,实从是萌芽。然胡(瑗)、程(颐)祖其义理,而归诸人事,故似浅近而醇实。(王)宗传及(杨)简祖其元虚,而索诸性天,故似高深而幻眇。"[184]三国魏王弼作《周易注》《周易略例》,尽扫汉人说象数过于繁琐的习气,一归简净,而以文辞为主。北宋程颐专注于义理阐论,以为王弼多玄言,两宋理学家看来,程颐《伊川易传》与王弼《周易注》《周易略例》的最根本不同处,乃是前者是"实理",而后者则为"玄言"。魏晋的玄学,系承老、庄而来;而两宋的理学,则本孔、孟儒家之说,一玄一实。四库馆臣以为杨简易论,舍"实理"而归"元虚",有倒退的趋向。是亦未知慈湖者也。

而对于袁燮来,义理只是社会的伦理道德规范一类的东西,并没有过多的形而上的意义:

有是理则有是事,即有是官,设官分职,惟理所在,则虽繁
而甚简,何者? 理尽而止,不容有赘焉者也。三代而上,公卿
百执事之职一定,而不可增损,达此理而已矣。[185]

革天下之弊者,必循天下之理。[186]

　　袁燮少于杨简三岁,但却非常服膺并推崇杨简,他说:"学以
自得为贵,学不自得,犹不学也。……自象山既殁之后,而自得之
学始大兴于慈湖,其初虽有得于象山,而日用其力,超然独见,开明
人心,大有功于后学,可不谓自得乎? 虽然,慈湖之学,慈湖所自有
也。学于慈湖者,当如之何? 夙夜以思,求所以心通默识者,改过
迁善,日进不止,必将大有所发挥,"[187]一方面充分肯认陆九渊思
想业绩,"天有北辰而众星拱焉,地有泰岳而众山宗焉,人有师表
而后学归焉。象山先生,其学之北辰、泰岳欤!"[188]"先生之言,悉
由中出,上而起沃君心,下而切磨同志,又下而开晓黎庶,及其它杂
然著述,皆此心也。"[189]承认自己的学说渊源肇自陆九渊"一见即
指本心,洞彻通贯,警? 之言,字字切己。公神悟心服,遂师事焉。
研精覃思,有所未合,不敢自信,居一日,豁然大明,因笔于书曰:以
心求道,万别千差,通体吾道,道不在他。此公自得之实也。"[190]另
一方面又特别强调杨简对象山先生的继承与发挥,以至于有"自
得之学始大兴于慈湖"的特别赞许。其第三子袁甫从学于杨简,
高中嘉定七年(1214)状元,也是杨简学说的重要传人,袁甫曾说:
"学者当师圣人,以自得为贵。"[191]但面对着杨简的魅力,袁甫情不
自禁地发出:"不见慈湖二十年,忧心如醉复如颠。我来忽见慈云
阁,恍若慈湖现我前。"[192]

　　清人全祖望说:"慈湖之与絜斋,不可连类而语。慈湖泛滥夹
杂,而絜斋之言有绳矩。"[193]且不说杨简的学说是否"泛滥夹杂",
袁燮的思想倒是表现出他一直渲染的一贯性与彻底性,南宋时黄

震就发现:"絜斋谓吾以一道贯之,却后学未能晓孔子云:吾道,一以贯之。此句先挈道字在上为一句之主,则下面云一以贯之者,指道而言也。贯此道也。"[194] "为国子祭酒,延见诸生,必迪以反躬切己,忠信笃实为道本。每言人心与天地一本,精思以得之,兢业以守之,则与天地相似。"[195] 那么,袁燮的思想是怎样一种一以贯之的情形呢?

"心"在袁燮的思想体系中,显然是最高的哲学范畴,他说:

> 大哉心乎!天地同本,精思以得之,兢业以守之。[196]
>
> 天下无心外之道,安有不根于心,而可以言道者乎?[197]
>
> 人之一心,至贵至灵,超然异于群物,天之高明,地之博厚,同此心尔。[198]
>
> 夫人生天地间,所以自别于禽兽者,惟此心之灵,知有义理而已。[199]
>
> 何谓道?曰:吾心是也。无偏无党,王道荡荡,无党无偏,王道平平。去其不善,而善自存。不假他求,是之为道。[200]

牟宗三在讲到陆九渊心学特质时曾明确而又直接地指出:象山认"实事实理皆一心出,所谓'溥博渊泉而时出之',出此理(理由中出)即有此事,有此事(事以行成)即见此理。故'满心而发,充塞宇宙,无非此理'。此是本心直贯之平铺也(创造的平铺)。"[201] 而袁燮论"心""理"等概念时,更多的是将其与现实的政治状况与社会氛围及经济环境联系在一起,这自然是因为他长期在朝,对现实政治的关注远远超过了对抽象概念的思考。崔大华就认为,袁燮与杨简不同,没有将"唯心"推向"唯我",而是延着政治伦理的方向,将象山心学运用于社会,得出政治的哲学结论,[202] 所以全祖望的评价"絜斋之言有绳矩",确非虚语。袁燮自己也常说:"当通知古今。学者但慕高远,不览古今,最为害事。"[203]在陆象山的体系里,"心"已经是伦理性实存与根源性实存的复合体,杨简则较多地渲染了心的知觉功能,他对佛学的吸纳,使得他过分地将"心"当作无思无虑、寂然不动的精神实体看待,于是就生发出"天地我之天地,变化我之变化,非他物也。"[204]而袁燮在继承陆象山伦理性实存与根源性实存的复合体的心的概念的同时,更多地将心视同一种最高的伦理标准:

> 惟此心之灵,知有义理而已。义理之在人也,甚于饥渴。饥渴之害,不过伤其生尔,义理之忘,将无以为人,害孰大于此乎?[205]

> 此道此心,相与为一,如水之寒,如火之热,天性则然,非由外假,造次颠沛,未尝不静,此则吾之本心,与天无间者乎?[206]

> 孔子之谓集大成,言此心此道,无一毫之差,至中至正,至大至精,万世学者之准的也。有志于此,则日进日新,莫之能御矣。[207]

> 夫人心至灵,是非善恶靡不知之。……士君子平居讲学,果为何事?一言以蔽之曰:不没其本心而已。万善之原,皆由是出。[208]

尽管袁燮充分地承认"心之精神洞彻无间,九州四海靡所不烛。"[209]但心的知觉功能较之其伦理功能毕竟是第二位的。"吾心即道,不假外求。忠信笃实,是为道本。"[210]"此心存,则虽贱而可贵;不存,则虽贵而可贱。大哉心乎!与天地一本,精思以得之,兢业以守之,则与天地相似。"[211]"道不远人,本心即道。知其道之如是,循而行之,可谓不差矣。"[212]袁燮赋予了"心"以普遍存在的涵盖万物和超越万物的实存与特性,确立了"心"至高无上的本体地位。"心"在袁燮是伦理的最后本原,"此心此理,贯通融会,美在其中,不劳外索。"[213]他对心的道德准则的概念,有着清晰的表白:"聪明不是寻常小小智慧。此心虚明洞达,无一毫人欲之私,这是聪明。"[214]在这里,袁燮将"聪明"也从知觉能力中提炼出来了,他把"聪明"解读为一种本源性的实际存在,"圣人此心之聪明,固非止于耳目之聪明。"[215]所以,袁燮的"心"附着着浓郁的价值色彩,将人世间的伦理观念和价值准则都视为"心"的华美展现。连人的聪明也被理解为道德的本能。

袁燮为儒家学说寻找到一个形而上的本体层面的根据,此项终极依据,为宇宙的最高实体,既是自然界的最高准则,又是人类社会的最高准则,它总摄世界的一切,是一种能动的实体。这便是"心"与"理"的复合体。在袁燮那里,"心"与"理"本无间隔,都是内在于人性深处的精神实体,是道德的人的终极依据。先秦诸子申论人性,以孟子性善论和荀子性恶论最具代表性,前者之所重在于扩充"四端",将自身内在的善性显露出来,后者之所重在于"化性起伪",通过后天的修养逐渐磨去前天的恶劣的本性。汉代以来,贾谊、董仲舒、扬雄等又倡言人之本性混同善恶之说,至北宋道学崛起,人性论一转而为讨论的中心议题。张载就提出了"天地之性"与"气质之性"的见解,在他看来,每个人都有"天地之性",天赋予人的本性与天道相通,从这个角度讲,人性无有不善,但为什么有恶呢? 一是由于气质有偏(生理条件不同),二是由于习俗和环境的影响,后者所造就的就是人的"气质之性"。"天地之性"纯然至善,"气质之性"是对纯善的"天地之性"的伤害,前者是人之所以为人的本质之所在,而后者则是应该变化的对象。"天地之性"与"气质之性"的分疏,不但坚持了人性本善的儒家正统,而且使恶的来源问题获得了合理的说明。强调心与理的同一,是陆九渊及其象山学派的一个十分重要的学术观点,心与理一样,同是宇宙万物的终极本体,同是一种形上的伦理性的实存,伦理实践的最后依据也植根于主观内有的心灵世界。每个人的"心"均包含着宇宙法则的天理,均能够提供仁义礼智的道德法则。那么,这个"心",显然不是一种个人的主观意识,而是指每个人的主观意识中所体现出来的一种普遍性的伦理精神,陆九渊"心即理"命题的特点就在于总是强调对主观意识的扩充,通过这种扩充,以实现其内在的普遍性的伦理精神。

　　顺着这个思路,袁燮的人性理论基本沿袭了孟子以来的儒家性善论,同时又吸收了张载和陆九渊的理念。他肯定人性是本善,"性情皆善":

　　　　夫寂然不动之谓性,有感而发之谓情。性无不善,则情亦无不善,厥名虽殊,其本则一。故孟子道性善,而又曰:乃若其情,则可以为善矣。《礼运》一篇,孔子之遗言也,谓:喜、怒、哀、乐、爱、恶、欲,是七情者,弗学而能,人之良能也,岂有不善者哉?《大序》之作,所以发挥诗人之蕴奥,既曰:吟咏情性,又曰:发乎情,民之性也。合二者而一之,毫发无差,岂非至粹至精,同此一源,不容以异观耶?[216]

人性本善,由此"发之为情",同样是"人之良能",也是归属于纯粹至善的领域,这样,袁燮的人性论有着一种异乎寻常的驱动力,仿佛要将孟子的性善论进行到底。袁燮就并不排斥"情感"的属性,把情感纳入人性的阵营。"好逸恶劳,人之常情也;男女相悦,亦人之情也。"[217]"夫人情至于相安,则有和顺而无乖戾,有欢娱而无怨讟,岂不甚可贵哉。"[218]政治的终极目的也在于和合人情:

顺理而行政,坚如金石,信如四时,卓卓乎帝王之盛举,酌于至当,谁敢不服?[219]

网罗天下正直之士,鳞集于朝,人情翕,然以为治本可立,太平可致。[220]

诺齐克在讲到情感时说:"当我们在情感层面上对价值作出反应,而不仅仅在心理层面上对它进行判断或评价时,我们的反应更为充实,因为我们的感觉和生理机能都参与进来了。情感是对价值的一种恰当、相称的反应。情感与价值的关系恰如信念与事实的关系。"[221]作为价值的"心"(含有着"理")和作为情感的"人情",不应该是相分离的,伤害价值的不是情感本身,而是到私利、私欲的熏染,这类熏染使得人欲逸出义理的藩篱,"天下之患,莫大于有己,有己之心胜,则待物之意薄。设藩篱,分畛域,截然判而为二,朝思夕虑,求足其欲,而自一身之外,莫之或恤矣。"[222]"人情"不能是自己的专利品,为自己的情感的满足和发展负责任的态度在于要努力使他人的情感也获得充裕的满足和发展,"为仁之道,本于克己。盖惟能克去己私,则物我浑融。他人之利害休戚,犹己之利害休戚也,是谓之仁。仁者,人心也。人之本心,岂有此疆尔界之别哉?已欲立而立人,已欲达而达人,至公至平,本无间隔。"[223]这样,自身伦理自觉的践履以及政治实践的旨归就在于履行"已欲立而立人,已欲达而达人",让人情回归天理,让两者获得先天的合理价值。

与杨简、袁燮二先生不同,舒璘对"理"极为重视,他认为,与个人的生命相比,"理"乃是千古不变的,任何人的本性包括帝王在内在"理义"上来说也是一样的:

吾辈此身不过天地间数十年之物,而昭然理义盖千古不磨耳,平时要著明处,断不可以数十年之物而失其所谓不磨者,但欲酌义理之中,处之安然耳。[224]

虽圣性所禀与常人殊,至理义同然,初无少间。[225]

孝宗时,宰相史浩曾力荐舒璘担任要职,称许他"性资诚悫,好学不倦,而练达世故,材实有用。"[226]同学的数人,都对舒璘的为人称道有加,"袁燮谓璘笃实不欺,无毫发矫伪;杨简谓璘孝友忠实,道心融明;楼钥谓璘之于人,如熙然之阳春。"[227]而对于舒璘的为学,众人则交口称赞他的"平实",犹如全祖望在《宋元学案》中所作出的总结性的评语:"舒(璘)、沈(焕)之平实,又过于杨(简)、袁(燮)。"[228]舒璘的这种"平实"学风,就体现在他的能够自觉地并且有效地将心即理的说教成功地运用到日常生活中去,自觉地践履心学理论。因而,舒璘对外在的规范性的"理"的肯认要重于陆象山作为本源意义的"心",他将陆学作为本体意义的"心"按捺在"理"之下,"心"成为道德践履的出发点,而不是包容"理"的本原:

> 学问本无穷已,日知不足,所到殆未易量。《诗》曰:上帝临汝,毋贰尔心。《书》曰:德惟一动,罔不吉纯。一是心,乃克主善。善为吾主,动静皆应,虽酬酢万事,罔有他适,则向之所谓杂者,自无所容立矣。不然,则随物变迁,虽外境,若相宜而失已。已甚欲,其日新,难矣![229]

> 人心易明亦易惰。……日闻正言,见正事,心志所向,时勿有间。[230]

> 本原既明,是处流出。以是裕身则寡过,以是读书则畜德,以是齐家则和,以是处事则当,笔端因是而加之文耳。我心无累,此道甚明。[231]

日与之处,导其良心,俾知与圣贤不异,就日用间,简易明白处与之讲究,规模虽整,未尝加察,亦不敢起一毫忿疾心。[232]

持敬之说,某素所不取。我心不安,强自体认,强自束缚,如箧篚桶,如藤束薪,一旦断决,散漫不可收拾,理所宜然。夫子教人何尝如是? 其曰:入则孝,出则弟,言忠信,行笃敬,与夫出门如见宾,使民如承祭,如此等处,在孩提便可致力,从事无斁,则此心不放,此理自明,圣贤事业,岂在他处耶?[233]

在舒璘这里,"心"不再具有作为万物本原的价值,它被安排在一个伦理发端的地位,象山心学中"能尽我之心,便与天同"的说法被消融了,"心"成为道德修养的基点。我们甚至可以发现,舒璘的"理"似乎比"心"更有本体的意义:

然后知天之付予于我者,至良至粹,无好乐、无贪羡,廓然大公惟理之顺,圣贤先获我心之同然,故穷达用舍,安于理义之常,在上而与天地同流。[234]

尽管这里将"心"上升到了与天地同流的高度,却仍要顺"理"而行,而不是"理"从"心"中流出。舒璘虽然也同意"心"具有本体的意义,但更多时候,他还是从伦理修养的层面上来理解和使用这一概念:

所示太极说,谓易之极即心之极,甚善。人皆有此极而不自明,无他,私念障之也。某致力于兹三十年矣,日用甚觉得力。[235]

方东美说过:"宇宙的普遍生命迁化不已,流衍无穷,挟其善性以贯注于人类,使之渐渍感应,继承不隔。人类的灵明心性虚受不满,存养无害,修其德业以辅相天与之善,使之恢宏扩大,生化成纯。天与人和谐,人与人感应,人与物均调,处处都是以体仁继善,集义生善为枢纽。"[236]在中国思想谱系中,"《易》之无妄,《中庸》之至诚,《大学》之藏心以恕,正心以诚,无所不用其极,也是透澈发挥忠恕一贯之道。体忠恕以直透生命之源,合外内以存养生命之本,善由是生,仁由此成。这是儒家道德观念的最胜义。"[237]舒璘的致思路径,与方东美所论大为重合,表现出一种大宇宙关怀意识。从"心"出发,心心相通,超越一己之私,形成下起群人、上达天人的道德关怀,构建起天人一体的宇宙观念。于是,舒璘的思想必然呈现出下学而上达的格局与规模,从并非玄虚而是充盈着道德感知的"心"出发,落实于对社会与现实生活的关怀:

> 时世故纷糅,天灾沓臻,国病于虚,民艰于食。元质纬不暇恤,忧常在公。于是议常平、商盐政、经荒策、论保长,凡为书若干事,上之刺史守尉,其采而试者,效辄响应,当道廉而贤之曰:文学、政事两擅其优,是为天下第一教官。[238]

仅就伦理践履而言,舒璘的态度与方法也是"平实"的:

> 吾非能一蹴而入其域也,吾惟朝夕于斯,刻苦磨砺,改过迁善,日有新功,亦可以弗畔云尔。[239]

所以,在舒璘那里,不见了象山学说中的心体澄莹,也与杨简拱座达旦以参就本心不同,杨简所标榜的"吾性澄然清明而非物,吾性洞然无际而非量,天者,吾性中之象;地者,吾性中之形。"[240]这样的表白,舒璘是难以认同的,他的心得,都是从艰苦的磨砺中得来的,"敝床疏席,总是佳趣,栉风沐雨,反为美境。"[241]他对自己的老师象山先生所说的"朝于斯,夕于斯,刻苦磨砺,改过迁善,日有新功,亦可以弗畔矣乎。"[242]道出了内心的心志。南宋时士大夫有识之士就曾发现:"嘉定中,朝廷革文敝,选前辈程文,以范后学,

(舒)璘文实冠编首。"[243] 全祖望指出,"当文靖时,巨公元夫甚多,乃以其文冠者,盖其心气和平,而议论质实,足以消诡诞之习俗。"[244] 黄宗羲在编辑舒璘作品时也赞许道"所论常平、茶盐、保长、义仓、荒政,皆凿凿可见之行事"[245]

舒璘的思想还表现出调和朱陆的倾向,他说自己的学术渊源是"南轩开端,象山洗涤,老杨先生(谓文元公父廷显)琢磨。"[246] 杨简则说舒璘"于书无所不贯,尤精于毛郑诗,早游上庠,为南轩识荆,……愈自磨砺,其于晦翁(朱熹)、东莱(吕祖谦)、南轩(张栻)及我象山之学,一以贯之。"[247] 后世所论"甬上四先生"与朱熹学说的关系时讲,"陆天分独高,自能超悟,非拘守绳墨者所及,朱则笃实操修,由积学而渐进,然陆学惟陆能为之,杨简以下,一传而为禅矣。朱学数传以后,尚有典型,则虚悟实修之别也。"[248] 此说况之杨简,诚有所中,较之舒璘,则大为不然。舒璘对朱熹不仅是尊重,而且已经臻于服膺境地:"晦翁当世人杰,地步非吾侪所及,其有不合者,姑置之。向在新安,未尝与诸友及此。后有发明者,能自知之。后生未闻道,吾侪之论一出,便生轻薄心,未能成人,反以误人。"[249]

如何看待朱熹与陆九渊的思想分歧,成为判明朱、陆后学学术与思想倾向的试金石。总的来说,首先,朱、陆的分歧是方法论的分歧。朱熹继承了北宋二程"性即理"的人性理论,认为内涵是纲常伦理的"天理"表现于人身的就是"性",人的内在的道德本性是"天理"落实贯彻在每一个人的;而陆九渊所认同的作为宇宙终极本体的"理"却是与"吾心"通融为一的。心与理一样,同是宇宙的终极本体,同是一种形而上的伦理性本体,这叫做"心即理"。朱熹与陆九渊对"理"的这种不同理解,导致了他们方法论上的分歧,朱熹主张"穷理",陆九渊主张"明心"。在认识和接近天理的过程中,经典研究与道德自觉的关系何如以及孰轻孰重? 朱熹主张通过向外探索的格物致知和知行合一来达到对天理的认知与把握。陆九渊则强调"发明本心"以确立主体价值的重要性,如果没有独立的自我价值归属,知识的学习和经典的研究并不能增进道德。这两种为学功夫的分歧,就是《中庸》所讲的"道问学"与"尊德性"的差异。今天的人们往往把理学看做是一种哲学化、思辨化的儒家学说,理学家则被看做是一些热心讨论抽象理论问题的玄思者。但是,理学家本人却不这么看,他们坚持认为自己的学术是"道学",是"圣人之学",这与其是一种知识形态,不如说是一种信仰,一种以孔孟为代表的儒家之道的信仰。朱熹与陆九渊都以孔孟道统的继承者自居,显然他们在这个方面是一致的。然而,就如何"行道",如何"成圣",却是理学内部分歧较大的一个问题。朱熹与陆九渊的思想分歧,主要就体现在这个方面,朱、陆之间有关"道问学"与"尊德性","穷理"与"明心"的辩论,只能看做是"成圣"方法和途径的辩论。其次,朱陆之争就北宋理学开山周敦颐《太极图说》中的"无极"、"太极"概念有根本性的分歧。朱熹认为"无极"与"太极"的关系是比较微妙的,"不言无极,则太极同于一物,而不足以为万化之根;不言太极,则无极沦于空寂,而不能为万化之根。"[250]在朱熹看来,无极而太极,意思等同于说无形而有理。太极,是理的总汇。陆九渊认为,太极无需用无极做源泉。太极之理即是实理,不言无极,太极也不会因之而等同于一物。更为重要的是,陆九渊认为,"无极"二字出自《老子》,"无极而太极"是老子的宗旨,周敦颐的说法,实际上就不是出自儒学正统。陆九渊以"本心"为最高存有,它是一种超验的主体,理或太极都应以此心而有,"太极"为"万化之根",陆九渊尚须将之内卷化,再在之上加一个"无极",他自然不会同意。[251]

对于这些思想分歧,舒璘并没有片面地单向度地维护师说,而是对朱、陆两端进行了些许的折中,舒璘说:"《象山行状》洞见表里,其间载有子伊川事甚当,然鄙意谓此等处未易轻以告人。人情蔽欺,道心不著,不知者徒生矛盾;既知之,彼自能辨。此间尊晦翁学甚笃,某不暇与议,暨良心既明,往往不告而知,用是益知自反,不敢尤人。"[252] 所以,舒璘一方面告人,自己"幼不知学,及壮游太学,藉师友发明,始知良心之粹,昭若日月,无怠惰卤莽之念,则圣贤可策而到。"[253] 这里说的是"尊德性"的功效,犹如陆象山反复告诫的"先立乎其大"的自信;另一方面,舒璘又表示,"日闻正言,见正事,心志所向,时勿有间。"[254] "道问学"的工夫也不可以偏废,因为,"此心之良,人所具有,先生能开吾善,不能予吾以善。"[255] 在自信的基础上,还需要作不停断的自得的努力,在舒璘看来,自信与自得是一个连续的过程,"尊德性"与"道问学"也就不存在予取予舍的两难,它们应该是一个整体。

沈焕年轻时游学太学,与袁燮、舒璘等同学,四库馆臣说:"乾道、绍熙之间,陆九渊以心学倡一世,燮初与同里沈焕、杨简、舒璘同师事之,均号金溪高弟,犹程门之称游、杨、吕、谢也。"[256] 他与象山及同门同里的甬上诸公有着大体上一致的思想特质及致思路径。明代的归有光对沈焕的评价是:"沈焕人品高明,不苟自恕。"[257] "不苟自恕"四字,揭出沈焕刻自磨砺的为己之学。需要指出的是,沈焕有着一段从学于陆九渊五兄陆九龄的经历,"始与临川陆九龄为友,从而学焉。"[258] "与临川陆公子寿为友,一日尽舍所学,以师礼事焉。陆公极称君志气挺然,有任道之质。君益自信,昼夜鞭策,有进无退。"[259] 而陆九龄学术的特点就在于倡行"人人自得"[260],吕祖谦一方面对朱熹抱怨九龄学术"偏","抚州士人陆九龄子寿笃实孝友,兄弟皆有立,旧所学稍偏,近过此相聚累日,亦甚有问道四方之意。"[261]但还是经常性地称道陆九龄:"所志者大,所据者实。有肯綮之阻,虽积九仞之功不敢遂;有毫厘之偏,虽立万夫之表不敢安。公听并观,却立四顾,弗造于至平至粹之地,弗措也。"[262]在象山学说的创立过程中,陆九龄有着相当的贡献及一定的地位,全祖望指出:"三陆子之学,梭山启之,复斋昌之,象山成之。"[263]吕祖谦所批评的"偏",无非就是指陆九龄兄弟的宗旨与朱学、婺学有距离,而所赞誉的"所志者大,所据者实",则是在暗示陆九龄及后学"甬上四先生"既领悟与坚守"心即理"之说,又脚踏实地,落实并贯彻"平实"的学风。南宋时,黄震就发现:"(陆九龄)其学大抵与象山相上下,象山之学,务以自己之精神为主宰;复斋之学,就于天赋之形色为躬行,皆以讲不传之学为己任。皆谓当今之世,舍我其谁,掀动一时,听者多靡。所不同者,象山多怒骂,复斋觉和平尔。"[264]陆九龄的"平和",也就是陆九渊所赞许的"不区区抚摩而蔼然慈祥恺悌之风,有以消争融隙,不断断刻画而昭然修洁清白之实,足以澄污律慢。趣尚高古而能处俗,辨析精微而能容愚。一行之善,一言之得,虽在巫医卜祝,农圃臧获,亦加重敬珍爱。"[265]尽管出于手足之情,陆九渊的赞许未免有过誉之处,但鹅湖之会时,陆九龄的从旁相助却是事实,在九龄写得诗里,可以看出他的心迹,"孩提知爱长知亲,古圣相传只此心。大抵有基方筑室,未闻无址忽成岑。留情传注翻榛塞,著意精微转陆沉。珍重友朋勤切琢,须知至乐在于今。"[266]陆九渊的和诗:"墟墓兴衰宗庙钦,斯人千古不磨心。涓流积至沧溟水,拳石崇成太华岑。易简功夫终久大,支离事业竟浮沈。欲知自下升高处,真伪先须辨只今。"[267]朱熹早就论定"子寿早已上子静舡了也。"[268]但熟观兄弟两人的诗句,还是表现出耐人寻味的不同之处,陆九龄首先肯定"古圣相传只是心",但并不否认友朋切磋的"至乐";陆九渊则着眼点仅仅落实于"易简功夫",因此,吕祖谦对陆九龄就有极高评价:"(子寿)极务实有工夫,可敬也。"[269]

陆九龄所论"实有工夫",说:"身体心验,使吾身心与圣贤之言相应,择其最切己者,勤而行之。"[270]又说:"治人必先治己,自治莫大于治气。"[271]这里既讲到了治心之重要,也讲到了其具体的途径,就是"治气",陆九龄之学并不虚妄,他的一贯主张是:"离形色而言性,离视听言动而言仁,非知性者。"[272]所以,朱熹的批评"子寿兄弟气象甚好,其病却是尽废讲学而专务践履,却于践履之中要人提撕省察,悟得本心,此为病之大者。要其操持谨质,表里不二,实有过人者。惜乎其自信太过,规模窄狭,不复取人之善,将流于异学而不自知耳。"[273]真可谓能胜人之口,不能服人之心。

沈焕接过了他的老师陆氏兄弟的思想要旨,他努力践履"为己之学",在"存心养性"方面用力甚深[274]。陆九渊主张"先立乎其大"。就是让人明白,人人都先天地具有道德之本心,它是人之道德行为之主体,是人之所以能够发出善行的先天根据。简而言之,就是首先让人明白"心即理"的道理。明白这个道理,是其他一切工夫的基础。沈焕也主张:

余观人之一心,精诚所达,虽天高地厚、豚鱼细微、金石无情,有感必通,况数椽之兴废乎?是心苟存,鬼神其相之矣,虽然,天下之事其将兴也,责于己求于心,其将坏也,听诸神归诸天,古今一轨。[275]

从这里所见沈焕所理解的"心"似乎相当高妙,但实际上也就是落实于贯彻"先立乎其大"的根本宗旨。"吾儒急务,立大本、明大义耳。本不立,义不明,虽讨论时务条目何为?"[276]正因为学者之重点在于识得并习得"心即理"的道理与工夫,所以"学者无以精神凋敝于陋巷偏僻之习。"[277]"吾儒之学,在植根本,无妄敝其精神。"[278]所作诗句有"为学未能识肩背,读书万卷空亡羊"一联,表达的是同样的道理,而应该"务识大体","非圣哲之书未尝好,史籍繁杂,采取至约。以为简册工夫,要而不博。"[279]沈焕的这种简洁的为学作风,以及高洁的品行,在当时就博得众人的一致推重,"天资高迈,语劲而气充,足以祛人鄙吝之习,养人正大之气。"[280]

余英时曾尖锐地批评道:"中国知识分子虽然自始便有重视'修身'的传统,但是我们绝不能因此肯定他们人人都在精神修养上有了真实的造诣。"原因就在于"'修身'既入于利禄之途就必然不免要流为虚伪。"[281]关键的要素是知识分子能不能以"道"的持有者和代理人自居,他们需要真诚地肯认他们是绝对真理"道"的化身,他们需要以"道"去对抗,或是消解"势"的强力存在,而"道"的"庄严性只有透过个别知识分子的自重自尊始能显现出来。"[282]故而,在主观方面,古代知识分子提倡内心修养,就是要给"道"建立内在的保证。[283]沈焕根植工夫、自信精神,透露出昂扬发奋的自我意识以及与天地之道合一的自觉,奋发踔厉,摧陷廓清,一往无前。

沈焕同舒璘一样,在思想上有展现出一种"平实"的特点,在为学工夫上实际上是折中了朱、陆的主张,沈焕说过"吾侪生长偏方,闻见狭陋,不得明师畏友,切磋以究之,安能自知不足?"[284]甚至说:

学者工夫,当自闺门始,其余皆末也。今人骤得美名,随即湮没者,由其学无本,不于闺房用力焉。故曰,工夫不实,自谓见道,祇是自欺。[285]

在沈焕看来,"道问学"与"尊德性"丝毫不矛盾,"此心常存,可以为孝矣。"[286]"心"与"行"不能被看做是两个独立完成的阶段,而是要看做是两个需要相互促进、相互发展的过程,它们都不可能独立完成,而是必须在相互依存、相互作用中发展。"本心"充塞着仁义之理,其义至大至广,为学之目的在于明吾之"本心",并在人伦日用的践履中,使人的精神与宇宙之理相应,从而使平凡的人生获得崇高的意义。为此,"君子居其位必行其道,道之不行,吾实耻之。"[287]因为明白清健的"本心"有着不可遏制的冲动,要去实现那终极真理的大道。"吾岂不知诡随苟容以取光宠,朝夕兢兢,沦胥是忧,故不为也。"[288]

把握真理的途径并不仅仅存在于一家一派的论说当中,所以沈焕对当时的各家各派学说持有开放的态度,袁燮曾经追述说:"自始知学,潜心经籍,精神静专,未尝骛于末习。既冠成人,尤奋励自强,慨然有追踪古人,主盟当世之心。"[289]"后与东莱吕公伯仲极辨古今,始知周览博考之益。凡世变之推移,治道之体统,明君贤臣之经纶事业,孜孜讲求,日益广深,君子以是知君胸中之蕴,有足以开物成务者矣。"[290]后来全祖望也说:"定川与东莱兄弟极辩古今,闳览博考。晚年,虽病中不废观书。"[291]从沈焕对朱熹的态度也可以看出他对朱学的尊重,"晦翁是进退用舍关时轻重者,且愿此老无恙。"[292]他曾与朱熹论理学史上重要的文献资料《无极图》与《太极图》的渊源真伪,沈焕给朱熹的书信今已亡佚,但《朱文公文集》中尚存有朱熹给沈焕的书信五通,在五封信函中,朱熹盛诋"近年学者求道太迫,立论太高,往往嗜简易而惮精详,乐浑全而畏剖析,以此不见天理之本然,各堕一偏之私见,别立门庭,互分彼我,使道体分裂,不合不公,此今日之大患也。"[293]这是对象山学的间接诋毁,但同时朱熹还是肯定沈焕本人的"省身求善,不自满足之意",[294]这表明朱熹起码对沈焕的学识与立身处世有着一定的好评,也折射出沈焕的调和朱陆的学术倾向。

张寿镛在镌刻《四明丛书》时说:"淳熙四先生皆传陆学者也,

杨慈湖、袁絜斋巨制煌煌,垂诸百世;舒元质之文,犹赖梨洲搜得残稿二卷。独沈定川之书,罕有存者。"[295] 然今所存吉光片羽,立大本,明大义,中和朱陆,"慈湖称其砥柱中流,足以起士大夫萎苶不振之气者,岂虚誉哉!"[296]

第三节　"甬上四先生"的存养工夫论

黄宗羲称陆九渊之学以"尊德性"为宗,而朱熹之学则以"道问学"为主,但在维护圣门上两家其实是殊途同归,并无本质上的不同。事实也正是如此,无论朱熹、陆九渊,还是朱门高弟、陆门高徒,其为学的目的仍不外乎儒家历来所强调的修身、齐家、治国、平天下。但是,在实际的操作上,我们可以看到,由于陆学门人由于不重视学问的积累功夫,所以难以取得很高的成就,而朱学尽管占据了南宋以后的中国思想界的主导地位,由于过于在学术上追求表面化和形式化的东西,对于培养人的真正的高尚的道德情操却难有实效,所以连朱熹之子都被时人讽为"尽根尽骨卖了武夷山"[297],而一些假道学的出现也就更不足为奇了。陆九渊认为既不知"尊德性",焉有所谓"道问学",多次强调为学要"先立乎其大",就是说要先立志,确定立场,才可以为学,不然,就是"假寇兵而资盗粮"。他甚至认为这是他学问的全部:

> 吾之学问与诸处异者,只是在我全无杜撰,虽千言万语,只是觉得他底在我不曾添一些。近有议吾者云:"除了'先立乎其大者'一句,全无伎俩。"吾闻之曰:"诚然。"[298]

正因陆学这样重视个人的修养,陆学中的践履功夫十分为人称道,连朱熹也说:"陆子静专以尊德性诲人,故游其门者多践履之士,然于道问学处欠了。某教人岂不是道问学处多了些子,故游某之门者践履多不及之。"[299]在修养和学习的方法问题上,陆九渊确信"既不知尊德性,焉有所谓道问学。"[300]再三强调"易简功夫"、"发明本心",采用整体明了和"剥落"的方法。而"甬上四先生"是陆九渊"尊德性"理论最为忠实的继承者和履行者。

一、存养工夫

1. 舒璘

南宋中期的朝廷名相史浩在荐举舒璘时推许道:"舒璘性资诚悫,好学不倦,而练达世故,材实有用。"[301]"悫"者,诚实、恭谨之谓也。舒璘自己说:"成物之道,咸在吾己,我念无亏,精神必契,一或有欠,无限格言总成虚话,端知为己之学,诚不宜一毫有亏损也。"[302]与陆九渊相比较,舒璘的存养工夫也表现出"平实"的色彩,他不是太注重通过自身的冥神苦想达到对"本心"的领悟和融通,而是更多地依靠自身的渐次努力淬炼道德品质,袁燮追述说:

> (舒璘以为)士生于世,以笃实不欺为主。对越上帝而无嫌,质诸古人而不怍。微有差焉,痛自惩艾,无复毫发之矫伪,是谓笃实。……与其兄西美、弟元英同亲炙象山先生,西美、元英皆顿有省悟,元质则曰,吾非能一蹴而入其域也,吾惟朝夕于斯,刻苦磨砺,改过迁善,日有新功,亦可以弗畔云尔。元质此语,某实亲闻之。躬行愈力,德性益明,与其兄弟家居讲贯,若合符契,罔有差别,而后公论翕然并称之。[303]

在象山那里,一切推去,直指本心。人同此心,心同此理,物同此心,物同此理。充塞宇宙的那个理由心直出,这不仅是形而上的态势,而是实在的贯穿。"心","理","物"本根于人心,充塞于宇宙,所以吾心即宇宙,心将一切都穿扭了,因而一切的工夫,也只能落实于这个心之上。程朱理学喜欢用天理人欲的两分格局来说明人生的困境与后天努力的朝向,象山心学则认为,无所谓天理人欲之分,人欲不过是天理的蔽障而已。理必善,心必善,若不善,心有障,所以就要"先立乎其大"。迁善改过的存养工夫如果不安排在"先立乎其大"的前提条件之后加以考量,陆象山会认为是难以接受的,因为前者是"易简功夫",后者是"支离事业"。舒璘却很少专门讲灵光一闪的"易简功夫",倒是有一些去欲存理,清介立身的渐进工夫:

> 某愚不肖,幼不知学,溺心利欲之场,以为读书着文,但为科举计。既冠,游上庠,获见四方师友,耳闻心受,皆古圣贤事业,乃始渐知囊日之陋,勉而企之,困不能进,中夜以思,觉好乐贪羡之心,扫除不尽,是心终不获与圣贤同。于是质之于先生,先生可其言,而开之以理义,专心致志,惟先生之为听,然后知天之付予于我者,其良心之粹,无好乐,无贪羡,廓然大公,惟理之顺,圣贤先获我心之同然,故穷达用舍,安于理义之常,在上而与天地同流,吾不益;在下而与草木俱腐,吾不损。[304]

在肯定"先获我心之同然"的基础上,重要的一点一滴的勉而改之的渐进工夫的成就。

舒璘对于存养工夫的理解是"为己"之学,认为这是一切学问的基础:

> 修己作文初非二事,本原既明,是处流出,以是裕身则寡过,以是读书则蓄德,以是齐家则和,以是处事则当,笔端因是而加之文耳。[305]

对于陆九渊的学习和修养的原则和方法,舒璘也基本上加以继承,在肯定"易简功夫"的时候,并不渲染其中的什么神秘色彩,而是强调从日用平常处着手,更切于实用:

> 要须惟日孜孜简易明白,以涤尽利禄境,庶此志获伸。[306]

由于他长期担任地方官学的教官,他的这种方法还应用于教学之中,也取得了较好的实际效果:

> 日与之处,导其良心,俾知与圣贤不异,就日用间简易明白处与之讲究,规模虽整,未尝加察,亦不敢起一毫忿疾心,勉焉孜孜,不敢责效,觉诸公亦无龃龉。[307]

对于朱熹所倡导的"持敬"一说,舒璘则表示对修养不但无益,反而有害,真正有效的方法仍然只是从日用平常的一些生活小事上、从点点滴滴、从年幼时便开始着力:

> 持敬之说某素所不取,我心不安,强自体认,强自束缚,如篾箍桶,如藤束薪,一旦断决,散漫不可收拾,理所宜然。夫子教人何尝如是? 其曰入则孝,出则弟,言忠信,行笃敬,与夫出门如见宾,使民如承祭,如此等处,在孩提便可致力从事无数,则此心不放,此理自明,圣贤事业岂在他处耶?[308]

舒璘还认为,尽管学习和修养最终是靠个人的努力,师友之间的相互讨论和切磋也是必不可少的,他以自己的切身经历为例说道:

> 幼不知学,及壮游太学,藉师友发明,始知良心之粹,昭若日月,无怠惰卤莽之念,则圣贤可策而到。[309]

所以他提出朋友相处之道便是相互之间的辩论,互相促进,互相提高：

> 有辩论毋惜开谕。……更乞相与切磋,得其毋逐外、毋守气,反观内省,以光厥德,乃友朋相爱之道。[310]

对这一提高过程舒璘显然是强调循序渐进的,但他并不否认一朝顿悟：

> 每念人之良心本自明白,特患无所感发,一朝省悟即心志所向,莫非至善,虽圣性所禀,与常人殊,至理义同然,初无少间。[311]

因此,舒璘思想所展现出来的"折中"的特质,也体现在他的存养工夫论上,在继承陆象山"一朝省悟"的顿悟工夫理念的同时,着重阐发了自己所理解并有深厚着力点的"笃实"向上的努力取向。学者要在本心方面多做切己反思的工夫,但格物致知的工夫也不可或缺。所以,陈钟凡慧眼独具,寥寥数语,即揭出舒璘学术之本色,以为舒氏所论,"亦本九渊为我、惟心之说,而加意于躬行,不取以把持为涵养也。"[312]

2. 沈焕

沈焕的精神气质与思想风貌与舒璘比较接近,在尊崇德性自觉,发明本心之善的前提下,不免除躬行实践的踏实工夫。南宋孝宗时的名相周必大对沈焕非常敬佩,在听说沈焕辞世的消息后,沉痛地说："追思立朝,不能推贤扬善,予愧叔晦。益者三友,叔晦不予愧也。"[313]而他的良友袁燮对他的评价更使得沈焕完全可以厕身于古今贤哲之行列,袁燮说：

> 君尤伟特,有大志,自始知学,潜心经籍,精神静专,未尝骛于末习。既冠成人,尤奋励自强,慨然有追踪古人,主盟当

世之心。……人品高明，而其中未安，不苟自恕，嗜学如饥渴，考察精密，其为言曰：昼观诸妻子，夜卜诸梦寐，两者无愧，始可以言学矣。知非改过，践履笃实，其始面目严冷，清不容物，久久宽平，可敬可亲。[314]

沈焕认为儒者急务在于"立大本、明大义"，"识根本"：

吾儒急务，立大本，明大义耳。大本不立，大义不明，条目何为？[315]

吾儒之学在植根本、识肩背，无以精神凋丧于陋巷偏僻之习。[316]

这一"本"就是在日常生活中时常检讨自己的言行，时刻都能做到问心无愧，从日常生活，到孝敬亲长，都要加以注意：

啜菽饮水，贫寒所不免，惟尽其欢则可。尽欢二字，学者当熟味之。

婴儿戏于亲旁，呼之则至，抚之则悦，了无间隔。学者此心常存，可以为孝矣。[317]

他批评一些人，由于工夫不实，徒有其名，很快便被人所遗忘：

工夫不实，自谓见道，只自欺耳。[318]

所以他强调："昼观诸妻子，夜卜诸梦寐，两者无愧，始可言学。"[319]在学习和修养的方法方面，沈焕也十分重视师友之间的相互补益，早在太学学习期间，他便于四先生中首倡师友切磋之风：

此天子学校，四方英俊所萃，正当择贤而亲，不可固闭。[320]

吾曹生长偏方，闻见狭陋，不得明师畏友切磋以究之，安能自知不足？前无大敌，短兵便为长技，大可惧也。[321]

在与朋友相处之时,他常常当面指出别人的不足,虽然得罪了一些人,但也赢得了更多同道中人的赞赏。因而,沈焕所讲的"立本",并不完全等同于陆九渊那种对"本心"的直接把握和当下领悟,也不等于陆九渊所理解的宇宙之理和善的本源,他与吕祖谦极辩古今,与朱熹书信往返,讨论先天、太极二图,都显现他笃实的存养工夫。其严整之风格,践履之纯笃,都归于袁燮总结之中:

> 平生大节,宁终身固穷独善,而不肯苟同于众;宁龃龉与时不合,而不肯少更其守。凛然清风,震耸颓俗,使时见用,必能振朝廷之纲,折奸回之萌,屹立中流,为世砥柱,亦可谓难矣。然世之知君者如此而已,至于日进其德,骎骎焉自期于纯全博大者,鲜能知之。[322]

故而,元代郑玉之论:"陆氏之学,其流弊也,如释子之谈空说妙,至于卤莽灭裂而不能尽夫致知之功。朱氏之学,其流弊也,如俗儒之寻行数墨,至于颓惰委靡而无以收其力行之效。"[323]是岂知陆学者乎?亦非知朱学者也。

3. 杨简

中国哲学史学界普遍认为,陆九渊的学术思想在杨简这里得到了最大程度的发扬光大,黄宗羲也说他"是师门之的传也"[324],实际上,杨简的学术思想却走得太远,故而全祖望又说"象山之门,必以'甬上四先生'为首,盖本乾(道)、淳(熙)诸老一辈也。而坏其教者实慈湖。然慈湖之言不可尽从,而行则可师。黄勉斋(震)曰:'《杨敬仲集》皆德人之言也,而未闻道。'"[325]这是在否定杨简思想学术根本宗旨的情况下同时又肯定了杨简的道德践履工夫,袁甫便说:

> (慈湖先生)平生履践无一瑕玷,处闺门如对大宾,在暗

室如临上帝。年登耄耋,兢兢敬谨,未尝须臾放逸。[326]

陆九渊认为人心本善,是因为有蔽所以人才会有恶,杨简进一步解释到,人心之所以会有恶,主要是因为动乎"意",他对此提出的对策是"毋意"、"毋必"、"毋固"、"毋我":

> 此心本无过,动于意,斯有过;意动于声色,故有过;意动于货利,故有过;意动于物我,故有过。千失万过,皆由意动而生,故孔子每每戒学者毋意、毋必、毋固、毋我。意态无越斯四者,故每每止绝学者,门弟子欲记其言不胜其记,故总而记之曰"绝四"。[327]

那么如何才能做到四"毋"呢?杨简虽然常常说"不学而能,不虑而知",但这里所说的是指一些基本的如"爱敬亲长"之类基本的"良知、良能",并不代表他否认学习的重要性。相反,他是十分重视学习的,不过他的学不是指去学习书本知识,而是让本心保持一种无思无为、寂然不动的"明鉴"的状态,即仍指"毋意":

> 某惟先圣所以佑启后学之意,岂徒事文貌,为讲说而已?人咸有良性,清明未尝不在躬,人欲蔽之如云翳日,是故不可无学,学非外求,人心自善,孩提皆知爱亲,及长皆知敬兄,不学而能,不虑而知,人心自仁,大道在我,无所不通。[328]

因此,杨简曾撰《绝四记》,专门阐明"四毋"的道理:

> 人心自明,人心自灵,意起我立,必固碍塞,始丧其明,始失其灵。……人皆有至灵、至明、广大、圣智之性,不假外求,不由外得,自本自根,自神自明,……如太虚未始不清明,有云气焉,故蔽之;去其云气,则清明之性,人之所自有,不求而获,不取而得。故《中庸》曰:诚者自成也,而道自道也。《孟子》

曰：恻隐之心，人皆有之；羞恶之心，人皆有之；恭敬之心，人皆
有之；是非之心，人皆有之。仁、义、礼、智，非由外铄，我固有
之也。[329]

慈湖已经觉察出，四者之中可能"意"最难捉摸，

何谓意？微起焉皆谓之意，微止焉皆谓之意。意之为状，
不可胜穷，有利有害，有是有非，有进有退，有虚有实，有多有
寡，有散有合，有依有违，有前有后，有上有下，有体有用，有本
有末，有此有彼，有动有静，有今有古。若此之类，虽穷日之
力，穷年之力，纵说横说，广说备说，不可得而尽。然则心与意
奚辨？是二者未始不一，蔽者自不一，一则为心，二则为意，直
则为心，支则为意，通则事事有条理，得已即已，不得已则知微
知彰，知柔知刚，——中节矣。[330]

"意"的微妙之处，在于它很容易混同于"心"，人心本是虚明无体
的，在"心"那里，还没有形成对立的善恶。"此心之神无所不通，
此心之明无所不照，昭明如鉴，不假致察，美恶自明，洪纤自
辨。……吾心未常有是非利害。而亦未常无是非利害。人心之
妙，曲折万变，如四时之错行，如日月之代明。"[331]而后天的"意"一
旦出现，就成为恶的来源。"意起我立，闭固碍塞，始丧其明，始丧
其灵。"[332]这样，"心"好比清朗之天，"意"就如遮蔽清朗的云。"运
气"遮蔽了"太虚"，"意"使人丧失本性，产生道德上的"恶"。
"心"是寂然不动的存在，一切的"动"和"起"都是对这种纯粹至
善的"心"的偏离，都属于"意"的范畴。所以，这里的"意"一定是
个人的私欲和偏见，以及一切从后天习得的不良嗜好，还应该包括
一切不合乎道德本能的意识活动。一切有形象，有差别，有是非的
知识形态和偏执的信仰，一切与人的感觉、思维活动相关的观念，

一切有主客分别的认识活动,可能都属于"意",都会妨碍和阻隔人对本体之善的把握。杨简自己经常讲起的"壬辰扇讼"故事,就是这种排除"意"念干扰,保持或回归本心之善的生动事例:

> 壬辰之岁,富春之簿廨,双明阁之下,某本心问,先生举凌晨之扇讼是非之答,实触某机。此四方之所知。至于即扇讼之是非,乃有澄然之清,莹然之明,匪思匪为,某实有之。无今昔之间,无须?之离,简易和平,变化云为,不疾而速,不行而至,莫知其向,莫穷其涯,此岂惟某独有之?举天下之人皆有之。[333]

反过来说,心昏而恶生的原因,就在于意念的滋扰,"道心无我,虚明洞照,万理苟未至于如日月之光明,必有私、有意、有我,必有蔽惑。"[334]在杨简看来,到主观之外去寻找道德的恶的根源,是缘木求鱼。如果能够解决主观的纯洁性的问题,至善即可呈现于当下。"杨某深信人性皆善,皆可以为尧舜,特动乎意则恶。日用平常实直之心,无非大道。"[335]既然恶的来源被归结为"意",那么通过"毋意"的修养工夫便可维护本心之善,使"心"恢复到寂然不动和无尘无垢的本来状态:

> 人心非血气,非形体,精神广大无际畔,范围天地,发育万物,何独圣人有之,人皆有之。时有古今,道无古今。形有古今,心无古今。百姓日用此心之妙而不自知,以其意动而有过,故不自知。孔子曰改而止,谓学者改过即止,无外起意,无适无莫,蒙以养之。孔子曰吾有知乎哉,无知也。文王不识不知。孔子每每戒学者毋意,意态有四,必固我皆意也。[336]

"意毋则此心明矣",[337]杨简所理解的存养工夫居然是如此的简单和明快。但是,如何做到"意毋"或叫做"毋意",却一点也不简单,更不明快。至善之"本心"不能被意见支离,也不能被主张间隔。任何精神活动如信仰的培育和知识的积累都不能对此工夫有直接的效益,因为这些都存在太多的人为的成分。只有顺应人心所固有的道德本能,"不勉而中,不思而得",让"心"与"意"自然契合。本体与方法就在同一个场域内得到了统一,本体论和工夫论在内在理路上得到了一以贯之的落实。

杨简倡导"毋意",并不意味着反对任何意识活动,他虽然认识到人们在思索和决断时,会因物而生"意",又因"意"之扰乱"本心"之澄明而违反良知,故而杨简提倡以自然静定之"心"去规范与模铸世界,世间万物纷杂万千,但"心"如明镜,澄然而静,"意虑不作,澄然虚明,如日月之光,无思无为而万物毕照。"[338]杨简在面奏宁宗皇帝的时候,有一番精彩的对谈:

> 先生曩尝口奏:"陛下自信此心即大道乎?"上曰:"心即是道。"略无疑贰之色。问:"日用如何?"上曰:"止学定耳。"先生谓:"定无用学,但不起意,自然静定澄明。"上曰:"日用但勿起意而已。"先生赞至善,至善不起意,则是非贤否自明。此日复奏陛下:"意念不起,已觉如太虚乎?"上曰:"是如此。"问:"贤否是非已历历明照否?"上言:"朕已照破。"先生曰:"如此则天下幸甚。"[339]

杨简的"不起意",其实就是"心"的自然和静定,顺应伦理规范的自觉行为,是本心自然形成的道德良知的当即反应,不是消极的不思虑与不作为。他说:"不起意,非谓都不理事,凡作事只要合理;若起私意,则不可。"[340]他非常同意学生对"不起意"的理解,学生的解读是:"不起意,便是君子坦荡荡而无一毫之累;若起意,则是小人长戚戚而无片时宁一。"[341]他举例说:"周公仰而思之,夜以继日,非意也。孔子临事而惧,好谋而成,非意也。"杨简认为,人如果不执著于"意","本心"就会自然地生发出来,行为也自然是出于道德本能的符合"心"的要求。所以,作为圣人的周公、孔子的"仰而思之"与"临事而惧"都不是"意"的闪念,出自伦理本能的行为,这样的行为,甚至有着超自然的功力:"此心之灵明逾日月,其照临有甚于日月之照临。日月能照容光之地,不能照蔀屋之下。此心之神无所不通,此心之明无所不照,昭明如鉴,不假致察,美恶自明,洪纤自辨。"[342]"必"、"固"、"我"三者是随着"意"而生发成长的,三者均依托于"意",要做到"四绝",就要专注在"意"上下工夫,"何谓必?必亦意之必。必如此,必不如彼;必欲如彼,必不欲如此"。[343]"固亦意之固,固守而不通,其道必穷,固守而不化,其道亦下"。[344]"我亦意之我,意生固我立,意不生我亦不立"。[345]固守在个人的价值藩篱之内,是是非非,只能是坐井观天,岂不知"大道无方,奚可指定以为道在此则不在彼乎?以为道在彼则不在此乎?必信必果,无乃不可,断断必必,自离自失"。[346]消除"意"的滋生,就是一种克己之学,黄宗羲指出,"象山说颜子克己之学,非如常人克去一切忿欲利害之私,盖欲于意念所起处将来克去,故慈湖以不起意为宗,是师门之的传也"。[347]这是说,以"毋意"为修养工夫的肇事者是陆九渊,但象山在工夫论上讲究"剥落","本心"之蔽即人心之病,去病之良方就是"剥落"工夫。不如杨简这样"工夫入细",尽管存在"学象山而过者"的毛病,[348]然"毋意"的道德修养论,将本体与工夫彻上彻下,融汇贯通,又是对象山心学的精进。因为在杨简这里,"意"成为本心之善与现实之恶的桥梁,"毋意"的意思是要让本心之善控制这座桥梁,它在坚守儒家"性本善"理论的前提下,找到了与本体论相一致的伦理方法。"吾心之良知与圣人无殊;吾人诚生存于理想美好之超越界,而呈露于永恒理性

光照之下者。然吾之良知,一旦污坏或丧失,则人品卑下矣。理性
之大用不彰,或遭受摧残,则狡智竞作,大伪斯兴,腐蚀天下,廉耻
道丧,莫此为甚,致蒙'下流世界'之讥焉"。[349] 所以就需要从意念
上着手,广大本心之善,而此种本心之善,本来就有着内在的向上
的动力:

> 人心自善,人心自灵,人心自明,人心自神,人心自备,众
> 德万善,自与天地无二,自有变化,随时中节之妙,特圣人不失
> 其全。[350]

一切向外的求索和刻意的思虑云为都属于"造意":

> 此道元来即是心,人人抛却去求深。
> 不知求却翻成外,若是吾心底用寻?[351]
> 莫将爱敬复雕镌,一片真纯幸自全。
> 待得将心去钩索,旋栽荆棘向芝田。[352]

圣贤的存养工夫千言万语,关键在于使心保持着无尘无垢、寂然不
动的纯真状态:

> 当敬不敬谓之悖,当正不正谓之谀。是中适莫俱难着,意
> 态微生已觉疏。[353]
> 不动乎意,非木石然也。中正平常正直之心,非意也。
> 《书》曰:"夙夜惟寅,直哉惟清。"此之谓也。于平常正直之心
> 而起乎意焉,不正不直焉,则浑浊矣,非清也。人性本清明,起
> 乎意始昏;不起乎意,则未始不清明。清明无体无我,如水
> 如鉴。[354]

"中正平常正直之心"即是固有的合乎儒家纲常伦理的品德之心,

只要调整意念,让这种意念的发动与人伦法则紧紧地贴合在一起,品德与意念合而为一,意念之起就像自然人性那样,修养工夫也就完成了。必须指出的是,杨简的"不起意"的修养工夫论,有着明显的佛学的思维形式印记。《圆觉经》云:

> 一切众生,种种幻化,皆生如来圆觉妙心。犹如空华,从空而有,幻华虽灭,空性不坏;众生幻心,还依幻灭,诸幻尽灭,觉心不动。依幻说觉,亦名为幻;若说有觉,犹未离幻;说无觉者,亦复如是。[355]

可能《坛经》里讲得更明白:

> 何名坐禅? 此法门中,一切无碍。处于一切境界上念不起为坐;见本性不动为禅。何名为禅定? 外离相曰禅,内不乱曰定。外若著相,内心即乱;外若离相,内性不乱,本性自净自定。祇缘触境,触即乱,离相不乱即定。外离相即禅,内不乱即定,外禅内定,故名禅定。《维摩经》云:"即时豁然,还得本心。"《菩萨戒经》云:"本元自性清净。善知识,见自性自净,自修自作自性法身,自行佛行,自作自成佛道。"[356]

杨简起码是借用了佛学思想论证的形式,他接过了佛家的"心镜"和"无念",开辟出"无体"和"不起意",慈湖先讲:"人心无体,无体则无际,无际则天地在其中,人物生其中,鬼神行其中,万化万变皆在其中,然则何往而不一乎?"[357]在经过一个中间环节的印证:

> 君君,臣臣,父父,子子,兄兄,弟弟,夫夫,妇妇,异也,道心之中,固自有如此之异,用而非异,知微知彰,知柔知刚,可以仕则仕,可以止则止,可久则久,可速则速,道心之中,固自有如此之异,用而非异也。孔子曰:天下何思何虑,无思无虑,

是谓道心。[358]

最后到达了发而皆中节的境界:"意起则必有所倚,则为有所偏,不可以言中,一无所用,其意则无所倚,名曰中。"[359]杨简的"心"既具有与生俱来的道德品性,有具备着后天生发出的知觉能力,这与佛家将心论证为心理状态方圆凿枘,并不相符,杨简的"毋意"主要是克制或不发起违背儒家伦理的意念,与佛教对善恶不作思念的思维寂灭要求在实质上不合。所以后世学者的一些看法是与真实情况有很大出入的,如《四库全书简明目录》所讲:

> 陆九渊之学,近乎禅而非禅。其全入于禅,则自(杨)简始,犹王守仁一传为王畿也。王畿多空谈,简则有实用,畿不矜细行,简则不失为正人。[360]

这里,四库馆臣一方面已视杨简同于禅学,另一方面还为慈湖在儒学阵营里保留了一小片土地,而杨简本人从来将他的存养工夫看作是儒家境域内的切己工夫,他一再说,"毋意"即《尚书》所称誉的大禹要求的"安汝止"。"夫道,平夷而已矣,动乎意则失之,故孔子之毋意,禹之安汝止"。[361]"知夫意蔽尽去,过尽改,则人人皆与圣人同也"。[362]全祖望对象山与慈湖多有苛评,但承认慈湖之学的儒学本质,他说:

> 夫论人之学,当观其行,不徒以其言。文元之斋明严格,其生平践履,盖涑水、横渠一辈人。曰诚,曰明,曰孝弟,曰忠信,圣学之全,无以加矣。特以当时学者沈溺于章句之学,而不知所以自拔,故为本心之论,以提醒之,盖诚欲导其迷途而使之悟,而非谓此一悟之外,更无余也。而不善学者,乃凭此虚空之知觉,欲以浴沂风雩之天机,屏当一切,是岂文元之究竟哉![363]

杨简曾讲学于慈溪县城北郊北首山麓之谈妙涧旁,其学庑即"谈妙书屋"。南宋度宗咸淳七年(1271)郡守刘黻于普济寺东首重建慈湖书院。[364]全祖望写过《淳熙四先生祠堂碑文》,他对慈湖的整体评价是:"慈湖斋明严恪,非礼不动,生平未尝作一草字,固非恃扇讼一悟以为究竟也。"[365]更为明确的是"朱子谓浙东学者,皆有为己之功,持守过人,而微嫌其读书穷理有未备,其实不然。慈湖于诸经皆有所著,垂老更欲修群书以屏邪说,而未就。"[366]若此,真如《周易·系辞传下》所说:"天下同归而殊途,一致而百虑",道虽一致,途有万端。

4. 袁燮

全祖望推崇乡前辈"甬上四先生",他称许道:"'淳熙四先生'者出,大昌圣学于句余间,其道会通于朱子、张子、吕子,而归宿于陆学,四明后进之士,方得了然于天人性命之旨。"[367]就其存养及为学工夫而论,全氏发现:

> 朱子之学出于龟山,其教人以穷理为始事,积集义理,久当自然有得,至其以所闻所知,必能见诸施行,乃不为玩物丧志,是即陆子践履之说也。陆子之学出于上蔡,其教人以发明本心为始事,此心有主,然后可以应天地万物之变,至其戒束书不观,游谈无根,是即朱子讲明之说也。是盖其从入之途,各有所重,至于圣学之全,则未尝得其一而遗其一也。[368]

全祖望在此,固然对朱陆学术做一种调和之论,但他同时又精确地指出,四先生中袁燮一方面"教人以自得,而谓吾心与天地相似,精思以得之,兢业以守之";[369]另一方面"絜斋谓为学当通知古今,学者但慕高远,不览古今,最为害事"。[370]事实上,袁燮既要求学者讲明方寸澄然,有要求痛下格物致知之功,不流于顿悟,不迷于支离。

袁燮认为,为学首先要立志,他这样勉励他的外甥:

> 男儿何所急,为学要立志。此志苟坚强,天下无难事。超
> 然贵于物,万善无不备。[371]

在为学的方法上,袁燮也认为要从日常小事入手,经过刻苦磨
砺,才能有所得:

> 徐行后长者,谓之弟;疾行先长者,谓之不弟。行之疾徐
> 跬步之差尔,而弟与不弟,是非异涂,尧舜桀跖之所由分也,岂
> 可谓细事哉![372]

> 农夫力耕耘,岁功必倍收。吾儒用心苦,学业亦有秋。[373]

在立志的基础上,袁燮教人必须首先认识到"先立乎其大"的决定
性的意义,因为那是引领人们从事存养工夫的先决条件,人若不相
信先验的善性,就不可能去做切己的存养工夫。

> 凡是人便有这心,所谓人心道心者,良心也。人心危而难
> 安,道心微而难明。所谓道心,只是此心之识道理者。人心日
> 与物接,则易为物所诱。孟子所谓物交物,则引之而已矣。或
> 动于喜怒,或牵于富贵,或移于声色,安得而不危?然方其喜
> 怒之萌,反而以道理观之,其当喜耶?不当喜耶?当怒耶?不
> 当怒耶?方其声色之接,反而以道理观之,其当好耶?不当好
> 耶?是非美恶,昭然甚明,所以知此是非美恶者谁欤?此正吾
> 之本心,此所谓道心也。只是道心隐微不著,人心既危,道心
> 又微,然则当如之何?唯精唯一者,此圣人之所以用功也。[374]

可以这么说,这一段话充分涵括了袁燮的存养工夫论的全部内容
与中心思想。叔本华在谈到康德关于良心的学说时说道:"康德

对良心的解释给人一种异乎寻常的强迫作用,在良心面前,人们习惯于以敬畏对之,对它表示异议,更感到缺乏信心,因为沉重的心头,无时无刻不在害怕把理论上的异议认作为实践上的异议。"[375]袁燮把人心道心当作一心来对待,认为两者只是"心"处于不同状态下的名称。道心是"心"指向道理时的所用的称号,而人心则是"心"与外物相接时的所用的名称。人心由于"易为物所诱",所以也容易产生多余的自然欲望,而控制此类欲望的办法则是"心"与事物相接时要做到"以道理观之",以道理作为评判的标准,或是或非,或善或恶,"昭然甚明"。最高道理准则的运行依赖本心的知觉功能,"所以知此是非美恶者谁欤?此正吾之本心,此所谓道心也"。需要指出的是,袁燮此处是在专门解读所谓的"虞廷十六字心诀",这在程朱理学那里,俨然已经被铸造成尧舜禹汤一脉相承的"道统"所具备的本质精神。朱熹曾在《中庸章句序》中阐释"虞廷十六字"云:

> 盖自上古圣神继天立极,而道统之传有自来矣。其见于经,则"允执厥中"者,尧之所以授舜也;"人心惟危,道心唯微,唯精唯一,允执厥中"者,舜之所以授禹也。……夫尧、舜、禹,天下之大圣也。以天下相传,天下之大事也。以天下之大圣,行天下之大事,而其授受之际,丁宁告戒,不过如此。则天下之理,岂有以加于此哉?[376]

在朱熹看来,涵摄纲常伦理内容的理、性、心为理性的、道德的,对社会历史具有正面效应的价值规范;而人的私欲则被视为反理性的、不道德的,对社会历史具有负面效应的价值规范。北宋程颐即云:"人心私欲,故危殆;道心天理,故精微。灭私欲,则天理明矣。"[377]所以说,程朱理学思想中明显地显现出这种二元对决的因素。一方面,天理或道心作为推进历史向善发展的力量,将人类社会引入祥和、富裕、有序的境地;另一方面,人心或私欲作为牵引历史向恶演进的力量,将人类社会引入衰乱、贫穷、无序的困境。在这种精神与肉体的二元对决中,程朱坚信精神能够最终主宰肉体。因为在他们看来,作为天理而存在的绝对精神,俨然能够超出肉欲之外,成为一切神圣、至善的根源,与之相对的肉体,成为被贬损遭克制的罪恶的化身,伦理规范和行为者的坚定信念成为制服这种邪恶的主要武器:

> 心之虚灵知觉,一而已矣,而以为有人心、道心之异者,则以其或生于形气之私,或原于性命之正,而所以为知觉者不同,是以或危殆而不安,或微妙而难见耳。然人莫不有是形,故虽上智不能无人心,亦莫不有是性,故虽下愚不能无道心。二者杂于方寸之间,而不知所以治之,则危者愈危,微者愈微,而天理之公卒无以胜夫人欲之私矣。[378]

这就是说,作为万物之灵的人类所足贵的在于具有思维能力的"心",心只有一个,但却有"人心"、"道心"之分。"道心"即禀受得仁义礼智之心,是从纯粹的"天命之性"中自然流露出来的至善之心;而人心则是"生于形气之私","感于物而动"的情欲之心,它是从复杂的"气质之性"中流露出来的或美或不尽善之心。人心、道心"杂于方寸之间",前者"危殆而不安",后者"微妙而难见",包括圣人在内的所有人无例外地兼具人心和道心,但人心如不以道心加以控制,则非常容易流于邪恶,造成对社会的危害。因此,程朱理学认为,人心必须受道心的主宰,只有使人心听命于道心,才能使人心危而转安,道心隐而转著。尽管在程朱理学那里讲人心与道心是具有根本性差异的两种精神状况,而袁燮则习惯于将两者是同一个心灵状态。但是，袁燮的受到外物牵诱的人心，与那种始终指向道理的道心之间，事实上也存在着一种分别的关系，所以判定善恶的标准是道心，而需要存养着力之处则是人心。那么要从什么地方着力呢？

袁燮指出，"万物盈于宇宙之间，皆天地之所生，人亦天地间一物尔，而惟人最灵。大抵禀气之全者则为人，禀气之偏者则为物。惟全故明，惟偏故昏"。[379] "大抵人之性虽一，而人之气禀各不同，夫受天地之中以生，此性安有二？然其禀山川之气，与夫时日之殊，则气质不能无偏"。[380] "人之一身，皆是血气，血气聚而为形体，而耳目之官又不思，所以易得为物所诱，而溺于逸欲"。[381] 陆九渊因为倡行"心即理"说，在修养论上就逗留在"发明本心"和"剥落工夫"之处，陆氏对"气"或"气禀"的概念不太关注，"尊德性"的"易简功夫"原本不需要多一层的论证，因而袁燮在拾起张载、二程与朱熹的气禀理论的同时，固然想用此种说法解释人性恶的来源及揭示改造的途径，但又发觉这样子很容易违背老师的教诲，故而，有时袁燮又会否认气禀的存在，倒向"天人本是一致"的绝对说法，"天人本一致，只缘此心无天人之殊。天得此心而为天，地得此心而为地，人得此心而为人。今但为形体所隔，遂见有如此差别。试静而思之，所谓形体者安在？我之形体犹是无有，而又何有天人之异乎？此可见天人本一也。"[382] 袁燮强调本心是人的先天固有的，也承认气对人的铸造，在修养论上呈现出调和的色彩。

袁燮还从宋明理学的另外两个核心概念"性"与"情"入手，论证了存养工夫。我们知道，在程朱理学那里，所谓的"性"就是那"生生不息"的天道（天理）降于人的固有禀性，程门高足吕大临说："性与天道，一也。天道降而在人，故谓之性。性者，生生之所固有也。循是而言之，莫非道也。"[383] 生而固有之本性，未发为喜

怒哀乐之情,是为“本然之性”,有善无恶;喜怒哀乐之情发而皆
“中节”,也无不是善。程颐说:“性即理也,所谓理,性是也。天下
之理,原其所自,未有不善。喜怒哀乐未发,何尝不善? 发而中节,
则无往而不善。”[384]程颐又说:“称性之善谓之道,道与性一也。以
性之善如此,故谓之性善。性之本谓之命,性之自然者谓之天,自
性之有形者谓之心,自性之有动者谓之情,凡此数者皆一也。”[385]
理学论情,首先考虑的就是“当”与“不当”,当喜则喜。当怒则怒,
喜怒以理,系于物而不系于心,它追求情顺万事而无情,也就是以
情从理,既讲究未发之中,更讲求发而中节之和,而如何做到二者,
构成理学修养论的内容。[386],袁燮主张性情合一,他在《絜斋毛诗
经筵讲义》说提到:“夫寂然不动之谓性,有感而发之谓情,性无不
善,则情亦无不善,厥名虽殊,其本则一。”[387]在他看来,性与情只
是称呼不同,本质上是一样的,这种认识与上引程颐的见解并无不
同。《礼运》一篇,孔子之遗言也,谓喜怒哀乐爱恶欲是七情者,
弗学而能,人之良能也,岂有不善者哉”?[388]象山心学将“人心本
善”论与“心性一体”论相结合,与孟子“性善论”的说法可谓异曲
同工,心善则性善,性善则情亦善。所不同的是,袁燮将“七情”视
为“人之良能”,并借此提出“好逸恶劳,人之常情也。男女相悦,
亦人之常情也”。[389]而重要的是“发乎情,止乎礼义”。犹如“先王
盛时,礼乐教化熏蒸陶冶,人人有士君子之行,发而为诗,莫非性情
之正”。[390]当诗歌是从人的本心当中自然散发出来的时候,人的思
虑是“无邪”的,“猝然一出于正”,[391]“无邪”与“礼义”可以画等
号,人心与外物也就形成一个统一体。因为“心即理”,所以“义
理,人心之所同,皆可以为善”。[392]但是,“无以讲明之,则终日昏
昏,沦于恶习,与蠢然无识者,殆无以异,所谓饱食暖衣,逸居而无
教,则近于禽兽。古人病其然,设为庠序学校,渐摩陶冶,使人心晓

然,皆知义理之可贵,不为物欲所迁,则教之功也"。[393]到此,袁燮还是回归到了陆九渊"发明本心"的切己工夫上着力。这就需要时刻关注自己的本心,保持明朗和清澈。"反求诸己"的内省精神是最为袁燮看重的存养工夫。"惟能反求诸己,而感格之效立见。"[394]尤其是处于逆境之中,仍旧能保持这样的反省工夫,更显得难能而可贵,也最能体现修养工夫的深度。"处顺境者易,处逆境者难。何谓顺境?人心翕然相应,无有龃龉者是也。何谓逆境?人心悍然不从,未易调护者是也。于其易也而顺受之,于其逆也而思所以处之,反求诸己,积其诚意,尽其在我而已。"[395]诚意,在袁燮看来是需要不间断的积累而获得的;良知,也需要自己不间断的提醒。"良知是在自己的意志和自己的理性的彼岸从一个深处传来使人听到的人的存在要求同自身统一的呼声。良知作为对失去了的统一的控诉,作为防止自己迷失的警告而出现。良知首先针对的不是一次特定的行为,而是一种特定的存在样式,良知反对危及存在与自身统一性的行为"。[396]在心学那里,良知绝对不是一种"预设",而是一种"呈现",这种"呈现",也需要唤醒。这种"唤醒",在袁燮这里是"躬行","夫有此德,须著行于躬行,未能躬行,不足以谓之德。吾躬行于九德,则能言人之有德。盖身亲历之躬行益笃,则所得深。权衡在我,以此称量他人,其将何所逃哉!"[397]知与行应该形成相互配合的关系,知是行的开始,也是行的指导者;行是知的落实,也是知的检验者。"前日因思虑之切而得其本然之心,今日又须用力去做,方能有成。耻有其辞而无其德,耻有其德而无其行。躬行君子,则吾未之有得。知至至之,可与几也;知终终之,可与存义也。得之于心,须当体之于身。"[398]他吟咏道:

> 吾儒根本在修身,恬淡无为乐性真。
> 此性本无尘可去,去尘犹是未离尘。[399]

具体地讲,存养工夫的抓手是"守节"和"去欲",就像竹子那样,有凌云之势,俊敏超轶:"其中则虚,有似乎君子之虚其心。其节则劲,有似乎君子之守其节。体正而气肃,又有似乎君子望之可尊,即之不厌,能使人襟怀洒落,俗氛不入。"[400]而后天的陶冶讲习,师友切磋是进德修业不可或缺的环节,"人之一心,至贵至灵,超然异于群物,天之高明,地之博厚,同此心尔。此心常存善,则行之如履康庄。不善,则避之如避坑谷。此心放逸,舍康庄而弗由,坠坑谷而不悟,自古及今,智愚之殊途,正邪之异位,君子小人判然为二者,原于此而已。择师儒,群俊秀,朝夕讲切,发其精微,秉彝之懿,若揭日月,而人心岂有不存乎?此学校之立所以不可缓也。儒学隆于上,善教达于下,良心著焉,美俗成焉,虽强弗友,亦将化焉。"[401]弗兰克纳在讲到道德和品格的培养时说过:"道德在自己的整个历史中所关心的是特定品质或品格的培养,其中包含着'品格'和诚实、善良及良心这类'德性'。德性是品质或品格,它们都不是天生的,都只有通过教育和实践或感化才能得到,至少是部分得到。"[402]"道德是、或应该是被看作主要是与这种品质或品格的培养相关,而不是与我们所假定的准则或原则相关。"[403]象山学派倒是认为,德性即是天生的,也与后天的教育和培养有着密切的关联。袁燮本人还特别强调教育的重要性。"若夫吾身,与天地并广大高明,我固有之,朝夕磨砺,善必迁,过必改,追古人而及之可也,"[404]袁燮仰慕的是楼钥那样的人格范型,一方面资禀高明,风仪峻整,有着很强的人格感召力,另一方面垂注于知识的学习和积累,"平生静专,琐琐尘务不经于心,惟酷嗜书,潜心经学,旁贯史传,以及诸子百家之书,前言往行,博采兼取。……山经地志,星纬律历之学,皆欲得其门户。"[405]需要指出的是,袁燮在这里讲的人格培育与品性砥砺,不单单是针对士大夫或当时的社会精英阶层所说,而是面向社会全体人士所讲,正如李弘祺所说,"中国教育的特性不只在于培养所谓的知识分子,好在面对专制君王的反智政策时,提出谏诤、抗议或批评。它更在于培养一般的平民,在封闭、一元化、近乎黑暗的社会中,找寻精神及心灵的升华,以求自得。"[406]

袁燮极为强调"自得",他认为,虽然学习是十分重要的,但老师的传授或是自身的聪明揣摩却不是达"道"的正确路径,"道",主要靠个人从日常生活中自得而来,一旦豁然开朗,便达到了"道"的境界:

> 然则可学而至欤? 曰:"天下无二道,人皆有之,何为其不可学也。"朝夕而思之,造次不舍,一旦豁然,清明在躬,出处语默,无有间隔,昭昭乎其不可诬也,是之谓自得。德者得也,由是而存养,由是而践履,形于运用发于事业,何往而非此心耶?[407]

> 学以自得为贵,学不自得,犹不学也。今观《论语》一书,多六经之所未尝言,而孟氏一书,又多《论语》之所未尝言,大圣大贤岂故求异于人哉? 得于心,发于言,亦不自知其为异也。夫是之为自得之学。[408]

> 口传耳受,虽多奚为,发愤力行,弗得弗措,过虽微而必改,善虽小而必为,立志贵乎恢张,保务德在就业,毫发有疑,不可谓学,纯明不贰,斯之谓盛。[409]

> 人心惟危,少不克治,侪于下流,亦可惧也。然则学其可已乎? 虽曰务学,而未至于自得,犹弗学也。精思密察,跬步不忘,道心豁然,全体着见,非智巧所能揣摩,口耳所能传授,是之谓自得。[410]

正是因为"天之赋人,英灵纯粹,本无一毫之杂,良知良能,形于日用,亦无一毫之伪"。[411]

袁燮所论自得之学将缘物求理的程朱理学改造为即心求道的心学。从某种意义上说,象山心学就是自得之学。袁燮重点在于要强调,要侧重对往圣前彦所著经典的融会贯通,使经典的内涵与自己的心灵相契合。然后,从经典中所得之天理一转而为外在的规范性的律令,自己的思虑言行于是就被放置到一个强制性规范力量的监控下,与此同时地,自己也形成内心的自觉,享受到道德规范践履后所获得的充实的精神愉悦。[412]

二、为学工夫

至于读书问学,陆九渊则认为主要是要得其精神,而不能只明文义,这固然是为救时之弊,但也正因为他强调"先立乎其大",虽然他多次强调自己不是不读书,只是读的方法与众不同,但由于他明显表现出对读书不够重视,陆学门人多流于不读书的境地。

作为一名优秀的学者,必须学习前人的思想成果,完全靠自己的空想是不可能有真正的学术成就的,所以陆九渊尽管开创了心学一派,他也还说自己的学术是读孟子而得之,"甬上四先生"对待读书问学的态度并不完全相同,也并非是不变的,但是,最终来说,他们都是重视读书的,只是对怎样读书有自己独特的看法,也正因为这样,他们才不失为优秀的学者。

由于身为教官,舒璘对于读书问学特别重视,杨简称他"于书无所不贯,尤精于毛、郑诗。"[413]在徽州期间,他还曾著《诗》、《礼》二解以授学者。沈焕在太学和官上虞之时,都不重视读书,他十分欣赏陶渊明不求甚解、欣然忘食的读书态度,他自己读书也是取其意而已,但当后来他与吕祖谦、祖俭兄弟二人相交之后,则对读书相当重视,主张"闻道读书皆救病之良药也"[414]。乃至到了晚年,虽病中也不废观书。

朱熹的重要弟子陈淳对陆学门人的带有偏见性的看法却正好可以让我们看出杨简等人读书的独特方法:

> 慈湖才见伊川语,便怒形于色,朋徒至私相尊号其祖师,以为真有得尧、舜、孔子千载不传之正统,每昌言之不少怍,士夫晚学见不破,多为风靡,而严陵有詹喻辈护法,此法尤炽,后生有志者多落在其中。其或读书却读《语孟精义》,而不肯读文公《集注》;读《中庸集解》,而不肯读文公《章句》;或问读《河南遗书》,而不肯读《近思录》;读周子《通书》,而不肯读《太极图》;而《通书》只读白本而不肯读文公解本。[415]

而杨简在学术上的成就,也正表明了他读书问学方法的有效性。

袁燮在四先生中,是最强调读书的,他认为,学习前人就要从书本中去找寻,而且,"韦编三绝"般的苦读也是必要的:

> 前古哲人端可法,遗编退蹋尚堪寻。公余莫厌频翻阅,要使胸中广且深。[416]

> 圣贤有遗训,好古敏以求。韦编至三绝,发愤穷深幽。寝食俱相忘,此志何时休。矧今后生辈,未脱童卯俦。刻苦犹不足,讵可思悠悠。……轻璧惜寸阴,前哲勤进修。勉尔务谨重,戒尔无轻浮。[417]

而他本人更是"博览群书,自六经、诸子百家及前代治乱与兴亡之迹暨国朝故事,靡不该贯。"[418]袁燮这种为学的态度,往往被认为与程朱一派接近,因此,他所受到的批评也比杨简少得多。

第四节　批判与吸收

一、历史和现实

陆九渊对历史的总体评价继承了大多数宋代思想家的观点,即今不如古,无论是人的道德水准,还是社会的制度,都是如此。而对于南宋社会的现实的批评主要集中在科举制度和胥吏残害百姓方面。对此,"甬上四先生"的观点也基本相似,但也有自己独特的看法。

舒璘认为,虽然"道"本无古今之分,但却行于古而不行于今,所以必须以古人之心行古人之事:

> 窃惟天下有大公之道,行于古而不行于今,同俗合污之士皆曰:"诚如是。"君子则曰:"时有先后,道无古今。"使王公大人以古人之心,行古人之事,挈诸其上,以明示天下,孰不愿影随其后哉![419]

而士人事科举追求功名也是人心不古的具体表现:

> 古道浸邈,士风益衰,濡毫握管者夸文墨之场,发第决科者号进取之地,既本衰而源远,果言绝而义乖,浮华习成廉耻节丧。[420]

舒璘认为为文是为了科举和也不应追求浮华,而他自己也是这一思想的切实的实行者,学者都认为从为人到为文都以平实见长。舒璘不像其他一些学者认为科举制度一无是处,应该废除,他提出应该对命题加以改革,使之适应国家选才的需要:

某窃惟三岁大比,虽以文取士,要得实才,六经旨趣深长,苟平时学有根源,发之文辞,自不可掩,近主文往往欲务新奇,故命题多断章取义,不惟有失经旨,使士子投合有司,巧于穿凿,故辞达之文少,而巧说之语多。习以成风,争奇取胜,所得之士往往多轻浮躁露,殊乏器识,甚失明经取士之意,有如此先生经学源流,士子矜式,今兹提衡一道,若明以公文关牒,考官凡所出义题务要明经旨,勿为断章,使学者得吐所蕴,庶典实之士得预计,偕上以副国家选贤之意,未识先生以为何如?[421]

由于舒璘长期处于基层,对民间的了解很深,他对于胥吏的批评显然较为真实而并无偏见:

州县虽有奉法去处,然上司不曾申严颁示,往往胥吏不以告民间,多有疑惑。[422]

其实,胥吏之所以在南宋产生较大的危害,导致陆九渊等一批思想家的如此强烈的批判,更主要的原因是许多官员从内心里对百姓的轻视,凡事皆不愿亲民。因而舒璘强调对胥吏要加强管理:

勿纵吏胥乞觅,以所催成数为之分限,使如期催捉。[423]

与舒璘相比,沈焕对胥吏的态度则比较强硬,这应该与其个人的刚健的性格不无关系。但他的措施也不失为防患于未然之举:

驭下严纪律,毋得辄至乡井,不得已而遣,期以某日某时反命,毋敢蹉跌。访求版籍,得之胥吏家,曰:"是政本也,而此曹私之,不谨提防,何以经久?"[424]

身为太学录的沈焕对于科举取士的方法并未全盘反对,但他主张应参以其他因素:

先是舍法取士,行艺优劣,一决于试,拔其尤者,使职于学,君欲参以誉望,司议难之,君持议如初。[425]

杨简同样认为今不如古,而科举制度就是最明显的一个例子,所以他所提出的治务最急五条之中,第三条便是罢科举,而他的这种主张显然较为偏激而难以实行,《宋史》称杨简之学"施诸有政,使人百世而不能忘"显然过于高估。但是杨简对包括科举制度在内的南宋政治的种种弊端所提出的批评虽尖锐却也不无见地。他认为科举取士专尚虚文,大坏士子心术,而吏部注授专以资格,不考才德:

自汉以来古道滋丧,学徒陷溺于经说,琢坏道心,不务实德。唐鸟兽行,君臣相与其势,竞趋于粉饰华藻,十八学士以诗咏为事业,刘考功加进士以杂文,幼能就学,皆诵当道之诗,长而博文,不越诸家之集,六经未尝启卷,三史皆同挂壁。本朝虽不废经史,而虚文陋习尚踵余风,士子所习唯曰举业,不曰德业,高科前列,多市井无赖子弟,笃实端士反见黜于有司,何以德行? 为文华而尊荣相师成风,沦肌浃髓欲使事君,而君获其忠,使临民而民不被其害可得哉? 虽间得其人,而亦无几,仕宦大概惟群饮、惟求举、惟货、惟色、惟苟且,甚者民思寝处其皮而食其肉。[426]

不过,对于其他思想家所十分关注的胥吏害民的问题,杨简并不一概而论,他本人甚至曾为一位无罪的府吏作辩护:

一府史触怒帅,令鞫之,简白无罪,命鞫平日。简曰:"吏过诇能免,今日实无罪,必摘往事置之法,某不敢奉命。"帅大怒,简取告身纳之,争愈力。[427]

由于所处的地位,袁燮对历史和现实有着较多较深的思考,而他的一些观点显然也更接近社会现实,而没有杨简等人的那种学究气。古今相比,他总的来说也认为今不如古,但在具体的问题上却有具体的看法,而并不一味崇古贬今。比如袁燮对历代的兴衰的看法便以历史事实为准,认为汉唐是值得效仿的,而不是像大多数宋代学者那样贬低唐朝。他还说:"汉之宣帝、唐之太宗,虽未极纯懿,而能勉强振作兴起,治功烂然可观,而史皆以厉精称之,亦可谓英主矣。"[428]对历代的著名人物,袁燮多有评价,他不以成败论英雄,而是看是否符合"道",所以,对于管仲、商鞅等人有较多的批评,而对屈原、陆贽则给予了较高的评价,尤其对是陆贽的评价尤高:

> 三代而上,天下多全才,自秦汉而下偏矣。……虽然,天之生贤,非有古今之殊,岂可谓三代而后,终无全才耶!人惟安于浅陋,不能充而大之,故其不逮也。……如是,若唐陆宣公,其庶几于全者矣。[429]

对科举取士袁燮未明确表示反对,但在他为人所作的行状和墓志铭中,曾多次对不以科举为业的人表示赞赏。至于胥吏为害百姓,他认为是有制度上的原因:

> 古人任人不专任法,处吕刑多说得人,亦是此意。后世只缘任法,而不任人,所以胥吏得执其权。[430]

对于复行古道,袁燮的态度则比较慎重,比如他认为田制仍以井田最好,但是同时,他又感叹"岂古道难行,虽欲久远而不可得欤"。[431]

二、对佛老和各传统流派的态度

尽管包括朱门在内的诸多学者都认为陆学与佛老尤其是禅宗的思想是一脉相承的,但是陆九渊本人及其弟子对此说法并不同意,袁燮这样为陆九渊辩解:

> 义理之学,乾道、淳熙间讲切尤精,一时硕学为后宗师者,班班可睹矣,而切近端的、平正明白,惟象山先生为然。或谓先生之学,如禅家者流,单传心印,此不谓知先生者,先生发明本心,昭如日月之揭,岂恍惚茫昧、自神其说者哉?[432]

实际上,无论是陆学,还是宋代理学的其他派别,与佛老都有着割舍不去的联系,但是,学术思想上的吸收并不意味着他们迈进了异教的大门,相反,正是这种吸收,使得宋代学术获得了空前的繁荣。就现有材料所见,四先生与佛道中人多有交往。他们对佛道基本持批判的态度,但并未过于排斥。

沈焕所存的不多的文字之中,有一篇《净慈寺记》,文中沈焕对于佛教的态度较为客观和公正:

> 若夫自汉以后佛法入中国,国民靡竞求福利,上之人往往多倡导之,其来已久,岂特一净慈寺而已哉?民生不及三代远甚,其本安在宏师,不求余言,姑置勿道,独识其所以振作颓废之概如此。[433]

至于道家,沈焕认为其失之于偏:

> 道德仁义,浑然无偏倚之谓成。杨、墨之仁义,去道德而言之也。老子之道德,去仁义而言之也,二者皆有敝,以执一偏,不知礼也。道德仁义,理一而名二,体同而用殊。各行于

其所当行。而不偏于一曲。非礼不能也。[434]

鉴于佛老心思想的深刻性,杨简对佛老似乎有相当的好感,而对其批判也不那么有力,甚至在某些时候将佛道的思想与儒家的思想相混淆。如杨简这样解释他最经常提起"心之精神是谓圣"一语:

> 孔子曰:"心之精神是谓圣。"即达摩谓:"从上诸佛,惟以心传心。即心是佛,除此心外,更无别佛。"[435]

杨简也多次称老子是"入于道而未大通者"。不过,基于儒家的立场,杨简对这些学说的基本态度仍是与大多数学者是相同的,他认为,其错误在于出发点:

> 可笑禅流错用心,或思或罢两追寻。
> 穷年费煞精神后,陷入泥途转转深。[436]

尽管袁燮在《绍兴报恩光孝四庄记》一文中称"余惟佛教显行,缁徒日盛,高堂邃宇不耕而食,古盛时所无有,为吾儒者,纵不能庐其居、食其粟,又从而登载称美,以助发之,可乎?"[437]但就文字中所见,而在四先生中,他对佛老最有好感,而对其批判也最少。如他分别与僧人圆通及卜道人有诗唱和:

> 浮世营营只自私,谁参落叶与枯枝。
> 西来面壁原无语,却费圆通几首诗。
> 新诗的皪缀明玑,道行清通照碧溪。
> 尘绊无因到兰若,聊将两绝当留题。[438]
> 道人遍阅世间人,休咎先知若有神。
> 多少媸妍归藻鉴,只缘唐许是前身。
> 道人怪我年如许,宿债胡为未尽偿。

宁识吾心烈于火,得归林下便清凉。[439]

而袁燮所表现出的思想更与禅宗有些相似,如下面这首诗会让我们联想起那首六祖慧能的著名碣语:

吾儒根本在修身,恬淡无为乐性真。

此性本无尘可去,去尘犹是未离尘。[440]

而下面这段文字袁燮眼中的观音之心与儒者之心则没有任何区别:

观音入定,一念不萌,龙眠写之,浑然天成,非观音之心,至简至易、匪高匪深,或者神交默契,无间之可寻耶?[441]

第五节　思想异同和互动

四先生之间的交往情况,现在的确难以完全明了,但他们相互之间这种由于"师同门、志同业"而产生的非同一般的友情今天仍可以从他们的文字里追寻。

舒璘有五子,长子舒钘,字和仲,沈焕婿。三子舒铣,杨简婿。幼子镰,袁燮婿。借助婚姻的纽带加强彼此之间的联系,这是古人最为常用的方式。

舒璘之父逝世,沈焕作行状[442],惜已不存。沈焕逝世,杨简作祭文,袁燮作行状,并编《定川言行编》。舒璘在给吕祖俭的信中说:"叔晦没后曾得书,忧怀万状不能写去。"[443]舒璘逝世时,杨简作奠辞、墓铭,袁燮作祭文,后又作《舒元质祠堂记》。

对于四先生的学术风格,文天祥曾用十分优美的语句来描述:

舒沈杨袁,人皆名称;广平之学,春风和平;南轩发源,象山始亨;金华武夷,夜窗几评;定川之学,秋霜肃凝;瞻彼慈湖,云间月澄;瞻彼絜斋,玉泽冰莹。遡源皆从象山弟兄,养其气黪,出其光明。[444]

舒璘之为人,让人有如沐春风之感,舒璘之学,学者皆认为可以"平实"二字来概括,袁燮在《舒元质祠堂记》一文中便作如此说:

> 士生于世,以笃实不欺为主,对越上帝而无嫌,质诸古人而不怍,微有差焉,痛自惩艾,无复毫发之矫伪,是谓笃实。呜呼! 若乡友舒君元质者,真其人欤!
> 元质之贤行,可称述者多矣,要以笃实不欺为主。[445]

全祖望也说:"杨、袁之年辈后于舒、沈,而其传反盛,岂以舒、沈之名位下之与? 嘻! 是亦有之。然舒、沈之平实,又过于杨、袁也。"[446]沈焕之学,文天祥称其"秋霜肃凝",也可谓恰到好处。沈焕为人刚劲果断,也正因为如此,他在为官任上,屡次得罪同僚,对时政也口无遮拦,所以为太学录的时间极短,便被罢免,当有人对他说暂且安于现职,不要考虑什么行道,他说:

> 道与职岂有二哉? 因发策诸生,称孟子之言曰:"立乎人之本,朝而道不行,耻也,今赧然愧于中者,可无其人乎?"[447]

在四先生中,舒璘最长,而由于关系的密切,舒璘对待其他三位常常像兄长般直接地表达自己的想法,而没有太多的客套话。如他对杨简论及为教官与自我修养的不同之处:

> 敬仲为国子师如何? 端居静念,有治己之道,无治人之法,我若无亏,随处皆应,一或自蔽,万语皆空,某日来灼见此弊,不敢不勉,更望见教。[448]

他给袁燮的信则更可见兄长般的勉励：

> 学官之除，振起滞淹，况得敬仲为之僚，此不易得，更冀刳心勉力。时事得之传闻，令人耿耿，晦翁、子寿、德修诸贤去国，令人短气，未知侪辈能公尔忘家、协心谋国否也？……随物变迁，学问不见实地，吾侪正自可畏，相与勉进，以坚已道为幸。中都磨涅之地，鲜不磷缁，若敬仲似可砥柱，愿相与讲明之。[449]

沈焕在四先生中则有首开师友切磋之功，杨简称：

> 呜呼！念哉朋友道丧为日久矣，吾叔晦倡之，恁思义起。……某遂从求其人，遂得从其贤游，相与切磋讲肄，相救以言，相观而善，皆吾叔晦之赐。[450]

袁燮这样回忆沈焕给他的启发：

> 燮与君同在乡校，见君容貌巍然，笔端无俗气，心忻慕焉，然未尝相亲也。后君游太学，与四方贤俊居，既三年矣，予幸肄业焉，始与君还往甚熟。时予方务记览，耻一不知，穷日夜劳苦。君为予言："吾儒之学在植根本、识肩背，无以精神凋丧于陋巷偏僻之习。"予恍然异之。听君识议论宏大平直，坦乎如九轨通衢，而反视予所习者萦纡缭绕直荒蹊曲径而已，乃尽弃其旧业，精思一意求所谓根本肩背者。君为予言所与往来学校可为师为友者甚悉，予复因君得尽识之，周旋之间闻见日新矣。[451]

沈焕去世之后，杨简在祭文中用"三十年相与相切之情，三十年相与相切之义"[452]来概括彼此之间的关系。而袁燮在为舒璘所作的祭文中用了相似的语句:"某与吾兄金兰之契余三十年,义均兄弟。"[453]可见四先生之间情谊之深。

袁燮从个性到思想与杨简有很多的相似之处,彼此之间也十分欣赏,《鹤林玉露》载:

> 袁和叔云:"非木非石,无思无为。"杨敬仲深爱其语,故铭其墓曰:"和叔之觉,人所未知。非木非石,无思无为。"盖以为造极之语也。[454]

袁燮认为杨简之学,最初虽得自于象山先生,更多地还是来自于"自得",而这也正是他本人所孜孜以求的:

> 自象山既殁之后,而自得之学,始大兴于慈湖,其初虽有得于象山,而日用其力,超然独见,开明人心,大有功于后学,可不谓自得乎![455]

杨简以鉴比人心,作为其思想的重要基础,而袁燮其实也有同样的看法:

> 此鉴此心,昭晰无疑,鉴揭于斯,中涵万象,物自不逃,初非鉴往。人心至神,无体无方,有如斯鉴。[456]

至于杨简最长提及"心之精神是谓圣"一语,袁燮也有类似的说法:

> 臣闻古者大有为之君,所以根源治道者,一言以蔽之,曰:"此心之精神而已。"心之精神,洞彻无间,九州四海,靡所不烛。[457]

他们这里的思想表述,并非是由陆九渊那里继承而来,如此相似,既因为二人之间的相互影响,也根源于两人性格上的相似,杨简在为袁燮所撰的墓志铭中称袁燮"生有异质,凝粹端悫,髫龀不好戏弄"。而这种从小端庄、不好玩耍的性格杨简本人也何尝不是如此。杨简的性格内省而自信,因此,他的追求更多地体现于对内心世界的追求,虽然得享高龄,却不能老于世故,《四朝闻见录》中曾记载了这样一件关于杨简的轶事:

> 慈湖杨公简,参象山学犹未大悟,忽读《孔丛子》至"心之精神是谓圣"一句,豁然顿解。自此酬酢门人、叙述碑记、讲说经义,未尝舍心以立说。慈湖尝为馆职,同列率多讥玩之,亦有见其诚实而不忍欺之者。[458]

故而,他所提出了许多医治现实的主张,往往极富理想主义色彩却难于实行。在这一点上,舒璘和袁燮则完全不同,他们对于现实社会的认识似乎比杨简更为清醒,因而,提出的种种设想也更能切合现实。

全祖望在评价杨袁二人的学术时,认为杨简之学,不如袁燮严密,[459]袁燮之学仅以明心立本,自得之学为入门,"精思以得之,兢业以守之"才是其全力,而杨简之教则多以明心为言,即是说,杨简之学其实代表了槐堂之学的共同倾向,即以发明本心为全部。[460]以发明本心作为学术的入门,固然使学者免陷于功利和辞章,但若作为学术的全部,便会流于不读书,不问学的尴尬境地,显然是不合适的。

注　释

1　16　(元)脱脱:《宋史》卷四百三十四《陆九渊传》,第 12882、12880 页。

2　(元)方回:《送家自昭晋孙自庵慈湖山长序》,载李修生主编:《全元文》,第 7 册,江苏古籍出版社,1999 年,第 46 页。

3 (清)黄宗羲原著、全祖望补修:《宋元学案》卷七十七《槐堂诸儒学案》,陈金生、梁运华、李哲夫点校,中华书局,1986 年,第 2570 页。

4 (清)黄宗羲原著、全祖望补修:《宋元学案》卷七十七《槐堂诸儒学案》,第 2572—2573 页。

5 48 (宋)黎靖德编:《朱子语类》卷一百二十四,王星贤点校,中华书局,1994 年,第 2981、2973 页。

6 (宋)黄震:《黄氏日抄》卷五,文渊阁四库全书本,第 707 册,第 65 页。

7 (宋)陆九渊:《陆九渊集》卷一《与曾宅之》,钟哲点校,中华书局,1980 年,第 4—5 页。

8 10 31 39 46 51 52 68 79 84 113 268 298 299 300 (宋)陆九渊:《陆九渊集》卷三十四《语录上》,第 423、396、395、408、395、403、416、395—396、423、419、396、427、400、400、400 页。

9 (宋)陆九渊:《陆九渊集》卷十一《与李宰二》,第 149 页。

11 67 69 (宋)陆九渊:《陆九渊集》卷三十二《养心莫善于寡欲》,第 380 页。

12 21 22 23 24 25 27 28 29 30 33 34 38 40 61 80 81 83 (宋)陆九渊:《陆九渊集》卷三十五《语录下》,第 458、458、444、455—456、456、456、450、452、452、446、455、459、453、471、476、458、455—456、473 页。

13 77 78 (宋)陆九渊:《陆九渊集》卷一《与曾宅之》,第 5、5、4 页。

14 18 20 107 (宋)陆九渊:《陆九渊集》卷三十六《年谱》,第 487—488、483、491、487 页。

15 蔡元培:《中国伦理学史》,商务印书馆,1987 年影印 1910 年本,《第三期、宋明理学时代》,第 43—44 页。

17 参见冯达文:《宋明新儒学略论》,广东人民出版社,1997 年,第 174 页。

19 (日)岛田虔次:《中国近代思维的挫折》,甘万萍译,江苏人民出版社,2005 年,第 2 页。

26 参见黄进兴:《"朱陆异同"——一个哲学诠释》,池胜昌译,载田浩(Hoyt Cleveland Tillman)编:《宋代思想史论》,社会科学文献出版社,2003 年,第 433—435 页。

32 蔡仁厚:《宋明儒学·南宋篇》,吉林出版集团有限公司,2009 年,第 144—145 页。

35   36   201   牟宗三:《从陆象山到刘蕺山》,上海古籍出版社,2001 年,第 65、68、68 页。

37   (清)黄宗羲原著、全祖望补修:《宋元学案》卷五十八《象山学案》,第 1885 页。

41   (宋)朱熹:《晦庵先生朱文公文集》卷四十七《答占子约》,四部丛刊初编本。

42   (宋)陆九渊:《陆九渊集》卷一《与邵叔谊》,第 1 页。

43   徐梵澄:《陆王学述——一系精神哲学》,上海远东出版社,1994 年,第 31 页。

44   356 (唐)慧能:《坛经校释》,郭朋校释,中华书局,1983 年,第 40、37—38 页。

45   (唐)慧能:《坛经校释》,第 59 页。

47   (清)顾炎武著、黄汝成集释:《日知录集释》卷十八《朱子晚年定论》,秦克诚点校,岳麓书社,1994 年,第 664 页。

49   (宋)朱熹:《晦庵先生朱文公文集》卷三十五《与刘子澄》,四部丛刊初编本。

50   徐梵澄:《陆王学述》,上海远东出版社,1994 年,第 31 页。

53   (宋)陆九渊:《陆九渊集》卷十五《与吴斗南》,第 201 页。

54   (宋)陆九渊:《陆九渊集》卷十一《与朱济道》,第 142 页。

55   (宋)陆九渊:《陆九渊集》卷二十九《黄裳元吉黄离元吉》,第 338 页。

56   58 (宋)陆九渊:《陆九渊集》卷二《与朱元晦二》,第 28、28 页。

57   张立文《走向心学之路:陆象山思想的足迹》(中华书局,1992 年)对朱陆"极"字义之争作过分析,详见该书第 236—238 页。彭永捷《朱陆之辩:朱熹、陆九渊哲学比较研究》(人民出版社,2002 年)更有精湛的解析,详见该书第 123—126 页。朱伯崑《易学哲学史》(北京大学出版社,1988 年。)的见解早已如此。参见该书第 532 页。

59   (宋)陆九渊:《陆九渊集》卷二十一《易说》,第 257 页。

60   (宋)陆九渊:《陆九渊集》卷十《与黄康年》,第 132 页。

62   (宋)陆九渊:《陆九渊集》卷一《与赵监二》,第 10 页。

63   屠承先《陆九渊的本体功夫论》(《文史哲》,2001 年第 5 期)论述过象山融器成道,解气为理,混一理气的思想。董平《象山"心即理"说的本体论诠释》(《孔子研究》,1999 年第 2 期)对陆九渊道器本质圆融同一的思想作过更为深刻的阐析,且涉及华严宗法界缘起说。

64   (宋)陆九渊:《陆九渊集》卷十一《与李宰》,第 149 页。

65   (宋)陆九渊:《陆九渊集》卷一《曾宅之》,第 4—5 页。

66　（宋）陆九渊:《陆九渊集》卷十三《与李信仲》,第 173 页。

70　71　（宋）陆九渊:《陆九渊集》卷二十九《庸言之信庸行之谨闲邪存其诚善世而不伐德博而化》,第 335、337 页。

72　（宋）陆九渊:《陆九渊集》卷十九《荆国王文公祠堂记》,第 233 页。

73　87　（宋）陆九渊:《陆九渊集》卷二十九《圣人以此洗心退藏于密吉凶与民同患神以知来知以藏往》,第 340、340 页。

74　（宋）陆九渊:《陆九渊集》卷一《与赵监一》,第 9 页

75　（宋）陆九渊:《陆九渊集》卷十《与刘志甫》,第 137 页。

76　对陆九渊心学本体论特质的论著,可谓汗牛充栋,赵士林《心学与美学》(中国社会科学出版社,1992 年)与牟宗三《从陆象山到刘蕺山》(上海古籍出版社,2001 年)最为精彩。

82　（宋）陆九渊:《陆九渊集》卷五《与高应朝》,第 64 页。

85　（宋）陆九渊:《陆九渊集》卷十九《敬斋记》,第 228 页。

86　陆九渊对象数派易学的批评可参见朱伯崑:《易学哲学史》(中册),北京大学出版社,1988 年,第 541—544 页。

88　祁润兴《陆九渊评传》(南京大学出版社,1998 年)还剖析了陆九渊"洗心"说的思想渊源,认为是对北宋二程兄弟易学思想的体悟,"包含了对明道心学倾向和伊川易学系统的初步综合。"详见该书第 252—259 页。

89　（元）方回:《送家自昭晋孙自庵慈湖山长序》,载李修生主编:《全元文》,第 7 册,江苏古籍出版社,1999 年,第 46 页。是处《全元文》校点者句读有误,几不可解。笔者以己意正之。

90　（宋）黄震:《黄氏日抄》卷四十二《陆复斋文集·与刘淳叟》,文渊阁四库全书本,第 708 册,第 223 页。

91　（清）全祖望:《鲒埼亭集外编》卷十六《竹洲三先生书院记》,载《全祖望集汇校集注》,朱铸禹汇校集注,上海古籍出版社,2000 年,第 1042 页。

92　（清）全祖望:《鲒埼亭集外编》卷十六《竹州三先生书院记》,载《全祖望集汇校集注》,第 1043 页。

93　94　（元）脱脱:《宋史》卷四百《袁燮传》,第 12147、12289 页。

95　（清）黄宗羲原著、全祖望补修:《宋元学案》卷七十六《广平定川学案》,陈金生、梁运华点校,中华书局,1986 年,第 2543 页。

96　228　244　245　276　277　278　284　285　291　444　446　（清）黄宗羲原著、全祖望补修：《宋元学案》卷七十六《广平定川学案》，第 2543、2543、2550、2548、2554、2554、2555、2554、2554、2555、2554、2543 页。

97　101　191　192　193　203　（清）黄宗羲原著、全祖望补修：《宋元学案》卷七十五《絜斋学案》，第 2526、2525、2530、2535、2525、2529 页。

98　227　241　242　（元）脱脱：《宋史》卷四百一十《舒璘传》，第 12339、12340、12339、12339 页。

99　（宋）胡榘修、方万里、罗濬纂：《宝庆四明志》卷九《先贤事迹下》，载《宋元方志丛刊》，中华书局，1990 年，第 5106 页下。

100　258　（元）脱脱：《宋史》卷四百一十《沈焕传》，第 12338、12388 页。

102　（元）刘埙：《隐居通议》卷二《理学二·朱陆二》，文渊阁四库全书本，第 866 册，第 32 页。

103　（清）永瑢：《四库全书总目》卷九十六，子部六儒家类存目二《杨子折衷》，中华书局，1965 年，第 810 页上。

104　（清）永瑢：《四库全书总目》卷一百六十，集部十三别集类十三《慈湖遗书》，第 1377 页上。

105　243　246　274　（宋）胡榘修、方万里、罗濬纂：《宝庆四明志》卷九《先贤事迹下》，载《宋元方志丛刊》，第 5105、5106—5107、5106、5104—5105 页下。

106　257　（明）归有光：《震川集》别集卷二下《应制策? 浙省策问对二道》，文渊阁四库全书本，第 1289 册，第 476、476 页。

108　（宋）袁燮：《絜斋集》卷八《跋八箴》，文渊阁四库全书本，第 1157 册，第 98 页。

109　255　（宋）舒璘：《舒文靖集》卷上《竺硕夫妻舒氏圹志》，文渊阁四库全书本，第 1157 册，第 529、529 页。

110　225　（宋）舒璘：《舒文靖集》卷上《与楼大防（又）》，文渊阁四库全书本，第 1157 册，第 518、518 页。

111　（宋）杨简：《慈湖遗书》卷二《复礼斋记》，文渊阁四库全书本，第 1156 册，第 629 页。

112　（宋）杨简：《慈湖遗书》卷一《诗解序》，文渊阁四库全书本，第 1156 册，第 608 页。

114　198　401　（宋）袁燮：《絜斋集》卷十《建宁府重修学记》，文渊阁四库全书本，第 1157 册，第 118、118、118 页。

115　208　(宋)袁燮:《絜斋集》卷八《跋陈宜州诗》,文渊阁四库全书本,第1157册,第98、97页。

116　(宋)陆九渊:《陆九渊集》卷二十五《鹅湖和教授兄韵》,第301页。

117　(宋)杨简:《慈湖遗书》卷三《学者请书》文渊阁四库全书本,第1156册,第633页。

118　420　(宋)舒璘:《舒文靖集》卷下《通太守张伯垓》,文渊阁四库全书本,第1157册,第559、559页。

119　(宋)袁燮:《絜斋集》卷二《代武冈林守进治要札子》,文渊阁四库全书本,第1157册,第22页。

120　(宋)陆九渊:《陆九渊集》卷十一《与吴子嗣八》,第147页。

121　(宋)杨简:《慈湖遗书》卷十一《家记五·论论语下》,文渊阁四库全书本,第1156册,第798页。

122　(宋)杨简:《慈湖遗书》卷二《昭融记》,文渊阁四库全书本,第1156册,第614页。

123　126　(宋)杨简:《慈湖遗书》卷三《学者请书(一)》,文渊阁四库全书本,第1156册,第634、633页。

124　(宋)杨简:《慈湖遗书》卷七《家记一·己易、泛论易》,文渊阁四库全书本,第1156册,第687—688页。

125　(宋)《慈湖遗书》卷二《安止记》,文渊阁四库全书本,第1156册,第629页。

127　128　赵灿鹏:《"心之精神是谓圣":杨慈湖心学宗旨疏解》,载《孔子研究》,2013年第2期。

129　130　144　173　174　(宋)杨简:《杨氏易传》卷一《乾》,文渊阁四库全书本,第14册,第5、11、20、11、11页。

131　(宋)杨简:《杨氏易传》卷十四《姤》,文渊阁四库全书本,第14册,第155页。

132　(宋)杨简:《慈湖遗书》卷二《达庵记》,文渊阁四库全书本,第1156册,第614页。

133　参见(日)岛田虔次:《中国思想史研究》,邓红译,上海古籍出版社,2009年,第291—292页。

134　参见(日)岛田虔次:《中国思想史研究》,邓红译,第290—291页。

135　(元)陈栎:《定宇集》卷八《随录》,文渊阁四库全书本,第1205册,第273页。

136　(明)罗钦顺:《困知记》卷下,阎韬点校,中华书局,1990年,第36页。

137　(明)罗钦顺:《困知记》卷下,阎韬点校,第36页。

138　(清)张廷玉:《明史》卷二百八十二《何瑭传》,中华书局,1974 年,第7256—7257 页。

139　(明)崔铣:《洹词》卷三《右上篇》,文渊阁四库全书本,第1267 册,第422 页。

140　(清)黄宗羲编:《明文海》卷一百六十五,王渐逵《又与方西樵》,文渊阁四库全书本,第1454 册,第710 页。

141　(清)永瑢:《四库全书总目》卷五,经部五易类五高攀龙撰《周易易简说》,第31 页下。

142　(清)永瑢:《四库全书总目》卷一百七十三,集部二十六别集类二十六《学余堂文集》,第1521 页上。

143　(宋)朱熹:《晦庵先生朱文公文集》卷七十《记疑》,四部丛刊初编本。

145　(宋)杨简:《慈湖遗书》卷六《丁丑偶书》,文渊阁四库全书本,第1156 册,第673 页。

146　(唐)慧能著,郭朋校释:《坛经校释》,中华书局,1983 年,第15 页。

147　(元)马端临:《文献通考》卷二百一十《经籍考三十七·慈湖遗书》,中华书局,1986 年,第1728 页下。然今人蔡仁厚对慈湖之学却多有回护之意。在征引慈湖《己易》后,其云:"慈湖此处所说,皆不失儒门义理之矩矱。而实亦发挥象山'宇宙即是吾心,吾心即是宇宙'、'此心同,此理同'、'人心天地不限隔'、'能尽此心,便与天同'之义。天道不外人道而立,易道易理亦不外吾心而别有所在。生生之谓易,易道生生,人道亦生生。己之仁,己之本心,即是易也。故曰'己易'"。参见氏著《宋明理学·南宋篇》,吉林出版集团有限责任公司,2009 年,第188 页。

148　164　171　240　324　325　347　348　363　(清)黄宗羲原著、全祖望补修:《宋元学案》卷七十四《慈湖学案》,第2479、2479—2480、2467—2468、2468、2479、2466、2479、2479、2479—2480 页。

149　冯友兰:《中国哲学简史》,北京大学出版社,1996 年,第264 页。

150　冯友兰:《中国哲学简史》,第263—264 页。

151　(宋)陆九渊:《陆九渊集》卷十五《与陶赞仲二》,第194 页。

152　陈钟凡:《两宋思想述评》,"民国学术经典文库·思想史类丛",东方出版社,1996 年,第259—260 页。

153　(宋)杨简:《慈湖遗书》卷二《贤觉斋记》,文渊阁四库全书本,第1156 册,第625 页。

154 （宋）杨简：《慈湖遗书》卷二《申义堂记》，文渊阁四库全书本，第1156册，第611页。

155 （宋）杨简：《慈湖遗书》卷十《家记四·论论语上》，文渊阁四库全书本，第1156册，第767页。

156 （宋）杨简：《慈湖遗书》卷十四《家记八·论孟子、诸子》，文渊阁四库全书本，第1156册，第837页。

157 （宋）杨简：《杨氏易传》卷十九《未济》，文渊阁四库全书本，第14册，第209页。

158 （宋）杨简：《慈湖遗书》卷五《邹德祥尊人墓铭》，文渊阁四库全书本，第1156册，第658页。

159 （宋）杨简：《慈湖遗书》卷八《家记二·论书、诗》，文渊阁四库全书本，第1156册，第724页。

160 （宋）杨简：《慈湖遗书》卷三《日本国僧俊苈求书》，文渊阁四库全书本，第1156册，第638页。

161 （宋）杨简：《慈湖遗书》卷二《乐平县重修社坛记》，文渊阁四库全书本，第1156册，第631页。

162 163 312 陈钟凡：《两宋思想述评》，第273、274、276页。

165 （清）永瑢：《四库全书总目》卷三，经部三易类三《杨氏易传》，第13页上。

166 （清）永瑢：《四库全书总目》卷三，经部三易类三《杨氏易传》，第13页中。王宗传著有《童溪易传》，视其与杨简出于一系，恐未必确切。其学说较杂，思想来源决非陆象山一家，故其说后亦湮没无闻。参见朱伯崑：《易学哲学史（中册）》，北京大学出版社，1988年，第544页。

167 （宋）杨简：《杨氏易传》卷九《复》，文渊阁四库全书本，第14册，第97页。

168 （宋）杨简：《杨氏易传》卷四《需》，文渊阁四库全书本，第14册，第40页。

169 （宋）杨简：《慈湖遗书》卷二《著庭记》，文渊阁四库全书本，第1156册，第626页。

170 （宋）杨简：《慈湖遗书》卷二《永堂记》，文渊阁四库全书本，第1156册，第631—632页。

172 崔大华《南宋陆学》（中国社会科学出版社，1984年）曾简约叙述到这种思路历程，参见该书第142—148页。

175 （宋）杨简：《杨氏易传》卷二《坤》，文渊阁四库全书本，第14册，第24页。

176 （宋）陆九渊：《陆九渊集》卷十九《武陵县学记》，第238页。

177 （宋）杨简：《慈湖遗书》卷二《永嘉郡治更堂名记》，文渊阁四库全书本，第1156册，第622页。

178 （宋）杨简：《慈湖遗书》卷十八《炳师讲求训》，文渊阁四库全书本，第1156册，第898页。

179 362 （宋）杨简：《杨氏易传》卷九《无妄》，文渊阁四库全书本，第14册，第99、102页。

180 （宋）杨简：《杨氏易传》卷十四《益》，文渊阁四库全书本，第14册，第148—149页。

181 朱伯崑：《易学哲学史（中册）》，北京大学出版社，1988年，第548页。

182 （宋）杨简：《杨氏易传》卷十一《咸》，文渊阁四库全书本，第14册，第120页。

183 （宋）杨简：《杨氏易传》卷五《履》，文渊阁四库全书本，第14册，第55—56页。

184 （清）永瑢：《四库全书总目》卷三，经部三易类三《童溪易传》，第16页上。

185 （宋）袁燮：《絜斋集》卷二《代武冈林守进治要札子》，文渊阁四库全书本，第1157册，第25页。

186 219 （宋）袁燮：《絜斋集》卷六《革弊》，文渊阁四库全书本，第1157册，第60、60页。

187 408 455 （宋）袁燮：《絜斋集》卷七《书赠傅正夫》，文渊阁四库全书本，第1157册，第86、86、86页。

188 189 213 （宋）袁燮：《絜斋集》卷八《象山先生文集序》，文渊阁四库全书本，第1157册，第90、90、90页。

190 212 （宋）真德秀：《西山文集》卷四十七《显谟阁学士致仕赠龙图阁学士开府袁公行状》，文渊阁四库全书本，第1174册，第759、759页。

194 （宋）黄震：《黄氏日抄》卷八十五《回楼新恩》，文渊阁四库全书本，第708册，第883页。

195 （清）黄宗羲原著、全祖望补修：《宋元学案》卷七十五《絜斋学案》，第2526页。"每言人心与天地一本，精思以得之，兢业以守之，则与天地相似。"见于（元）脱脱：《宋史》卷四百《袁燮传》，第12147页。

196 （宋）袁燮：《絜斋集》卷九《丰清敏公祠记》，文渊阁四库全书本，第1157册，第111页。

197 （宋）袁燮：《絜斋集》卷十《韶州重修学记》，文渊阁四库全书本，第1157册，第

119 页。

199　205　（宋）袁燮：《絜斋集》卷十《盱眙军新学记》，文渊阁四库全书本，第 1157 册，第 120、120 页。

200　（宋）袁燮：《絜斋集》卷十《东湖书院记》，文渊阁四库全书本，第 1157 册，第 122 页。

202　参见崔大华：《南宋陆学》，中国社会科学出版社，1984 年，第 166—167 页。

204　（宋）杨简：《慈湖遗书》卷七《家记一·己易、泛论易》，文渊阁四库全书本，第 1156 册，第 687 页。

206　（宋）袁燮：《絜斋集》卷十《静斋记》，文渊阁四库全书本，第 1157 册，第 126 页。

207　（宋）袁燮：《絜斋集》卷七《张鲁川字说》，文渊阁四库全书本，第 1157 册，第 85 页。

209　428　457　（宋）袁燮：《絜斋集》卷一《都官郎官上殿札子》，文渊阁四库全书本，第 1157 册，第 4、4—5、4 页。

210　211　（元）马泽修、袁桷纂：《延祐四明志》卷四《絜斋袁先生》，载《宋元方志丛刊》，中华书局，1990 年，第 6187、6187 页下。

214　215　（宋）袁燮：《絜斋家塾书钞》卷一《虞书·尧典》，文渊阁四库全书本，第 57 册，第 630、630 页。

216　387　388　390　391　（宋）袁燮：《絜斋毛诗经筵讲义》卷一《诗序一》，文渊阁四库全书本，第 74 册，第 5、5、5、5、5 页。

217　389　（宋）袁燮：《絜斋毛诗经筵讲义》卷二《殷其靁篇》，文渊阁四库全书本，第 74 册，第 16、16 页。

218　（宋）袁燮：《絜斋毛诗经筵讲义》卷一《桃夭篇》，文渊阁四库全书本，第 74 册，第 9 页。

220　（明）黄淮、杨士奇编：《历代名臣奏议》卷一百四十八《用人》，上海古籍出版社，1989 年，第 1936 页。

221　（美）罗伯特·诺齐克（Robert Nozick）：《经过省察的人生：哲学沉思录》，严忠志、欧阳亚丽译，商务印书馆，2007 年，第 79 页。

222　223　（宋）袁燮：《絜斋毛诗经筵讲义》卷一《樛木篇》，文渊阁四库全书本，第 74 册，第 7、7 页。

224　（宋）舒璘：《舒文靖集》卷上《与吕寺丞子约（又）》，文渊阁四库全书本，第 1157

册,第 510 页。

226   (宋)史浩:《鄮峰真隐漫录》卷九《陛辞荐薛叔似等札子》,文渊阁四库全书本,第
1141 册,第 604 页。

229   (宋)舒璘:《舒文靖集》卷上《答赵通判公父》,文渊阁四库全书本,第 1157 册,第
526 页。

230   (宋)舒璘:《舒文靖集》卷上《与徐子宜》,文渊阁四库全书本,第 1157 册,第
521 页。

231   232   (宋)舒璘:《舒文靖集》卷上《答袁恭安》,文渊阁四库全书本,第 1157 册,
第 511、515—516 页。

233   (宋)舒璘:《舒文靖集》卷上《答叶养源(又)》,文渊阁四库全书本,第 1157 册,第
509 页。

234   304   (宋)舒璘:《舒文靖集》卷下《谢傅漕荐举札子》,文渊阁四库全书本,第
1157 册,第 535、535 页。

235   (宋)舒璘:《舒文靖集》卷上《答沈季父》,文渊阁四库全书本,第 1157 册,第
511 页。

236   237   方东美:《中国人生哲学》,中华书局,2012 年,第 43—44、47 页。

238   247   413   (宋)杨简撰、(清)冯可镛辑补:《慈湖遗书》补编《宜州通判舒元质墓
志铭》,四明丛书本,第四集,第十五册,广陵书社,2006 年。

239   303   445   (宋)袁燮:《絜斋集》卷九《舒元质祠堂记》,文渊阁四库全书本,第
1157 册,第 112、112、112—113 页。

248   (清)永瑢:《四库全书总目》卷一百七十三,集部二十六别集二十六《学余堂文
集》,第 1521 页上。

249   (宋)舒璘:《舒文靖集》卷上《答孙子方》,文渊阁四库全书本,第 1157 册,第
511 页。

250   (宋)朱熹:《晦庵先生朱文公文集》卷三十六《答陆子美》,四部丛刊初编本。

251   冯友兰特别地关注朱熹与陆九渊在本体论层面的分歧,他提到:"朱子言性即理,
象山言心即理,此一言虽只一字之不同,而实代表二人哲学之重要的差异。""盖
朱子所见之实在,有二世界,一不在时空,一在时空。而象山所见之实在,则只有
一世界,即在时空者。只有一世界,而此世界,即与心为一体,所谓'宇宙便是吾
心,吾心便是宇宙'。"参见氏著《中国哲学史》,下册,华东师范大学出版社,2000

年,第281页。余英时认为,鹅湖之会带出的是一个普遍性的问题,即智识主义(Intellectualism)和反智识主义(Anti‐intellectualism)的冲突。西方基督教传统中的"信仰"(faith)与"学问"(scholarship)的对立,便是这种冲突的一个例证。余英时氏以为,"这种对立并非两种截然相异的文化冲突的结果,而是起于儒学内部学者对'道问学'与'尊德性'之间畸轻畸重有所不同。"参见氏著《从宋明儒学的发展论清代思想史》,载《中国思想传统的现代诠释》,江苏人民出版社,1989年,第182—183页。劳思光指出,朱陆之争,是两种哲学理论之冲突。是"立客体实有"与"立主体实有"两种不同哲学形态之冲突。"在中国儒学史内部言,则可说为承孔孟与承《易传》及《中庸》二方向之冲突。此未可以工夫不同说之。世论多以为朱陆之工夫理论不同,为基本歧义所在;实则工夫理论之所以不同,正因双方对'心'之取'经验义'或'超验义'有基本态度之不同。"参见氏著《新编中国哲学史》三卷上,广西师范大学出版社,2005年,第283页。在此,我们无意专门讨论朱、陆思想分歧的实质及其影响,我们只是将这种分歧当做"甬上四先生"中数人折中与调和这类分歧的一个背景性的知识加以介绍。关于朱陆异同,下列几种著作都值得关注,陈来:《朱熹哲学研究》,中国社会科学出版社,1988年;刘宗贤:《陆王心学研究》,山东人民出版社,1997年;牟宗三:《从陆象山到刘蕺山》,上海古籍出版社,2001年;(美)田浩(Hoyt C. Tillman):《朱熹的思维世界》,陕西师范大学出版社,2002年;蔡仁厚:《宋明理学·南宋篇》,吉林出版集团有限责任公司,2009年。彭永捷的著作《陆陆之辩:朱熹陆九渊哲学比较研究》(人民出版社,2002年)是直接阐论这个主题的系统性作品。此外,钱穆、陈荣捷、张立文等人的论著也值得注重。

252 448 (宋)舒璘:《舒文靖集》卷上《答杨国博敬仲》,文渊阁四库全书本,第1157册,第509、509页。

253 (宋)舒璘:《舒文靖集》卷上《与汪清卿》,文渊阁四库全书本,第1157册,第520页。

254 (宋)舒璘:《舒文靖集》卷上《答徐子方》,文渊阁四库全书本,第1157册,第521页。

256 (清)永瑢:《四库全书总目》卷一百六十,集部十三别集类十三《絜斋集》,第1377页中。

259 289 290 314 322 424 425 447 (宋)袁燮:《絜斋集》卷十四《通判沈公

行状》,文渊阁四库全书本,第1157册,第199、199、202、199—202、202、200、200、200页。

260　262　(元)脱脱:《宋史》卷四百三十四《陆九龄传》,第12879、12879页。

261　(宋)吕祖谦:《东莱集》别集卷八《与朱侍讲元晦》,文渊阁四库全书本,第1150册,第242页。

263　270　271　272　273　(清)黄宗羲原著、全祖望补修:《宋元学案》卷五十七《梭山复斋学案》,第1862、1871、1871、1873、1875页。

264　(宋)黄震:《黄氏日抄》卷四十二《策问》,文渊阁四库全书本,第708册,第224页。

265　(宋)陆九渊:《陆九渊集》卷二十七《全州教授陆先生行状》,第316页。

266　267(清)黄宗羲原著、全祖望补修:《宋元学案》卷五十七《梭山复斋学案·鹅湖示同志诗》,第1873、1873页。

269　(宋)吕祖谦:《东莱集》别集卷十《与陈同甫》,文渊阁四库全书本,第1150册,第281页。

275　433　(宋)沈焕:《定川遗书》卷一《净慈寺记》,四明丛书本,第四集,第四册,广陵书社,2006年。

279　280　286　287　317　318　319　321　451　(宋)袁燮:《袁正献公遗文钞》卷下《沈叔晦言行编》,四明丛书本,第四集,第十九册,广陵书社,2006年。

281　282　283　(美)余英时:《中国知识分子的古代传统》,载氏著《中国知识分子论》,河南人民出版社,1997年,第14、7、9—10页。

288　(宋)沈焕:《定川遗书》卷二《训语三》,四明丛书本,第四集,第四册,广陵书社,2006年。

292　(宋)沈焕:《定川遗书》卷二《训语一》,四明丛书本,第四集,第四册,广陵书社,2006年。

293　294　414　(宋)朱熹:《晦庵先生朱文公文集》卷五十三《答沈叔晦(三)》,四部丛刊初编本。

295　296　张寿镛:《定川遗书》序,四明丛书本,第四集,第四册,广陵书社,2006年。

297　(宋)叶绍翁:《四朝闻见录》乙集《洛学》,中华书局,1989年,第48页。

301　(宋)史浩:《鄮峰真隐漫录》卷九《陆辞荐薛叔似等札子》,文渊阁四库全书本,第1141册,第604页。

302 （宋）舒璘：《舒文靖集》卷上《答叶养源（一）》，文渊阁四库全书本，第1157册，第509页。

305 （宋）舒璘：《舒文靖集》卷上《答袁恭安（一）》，文渊阁四库全书本，第1157册，第511页。

306 （宋）舒璘：《舒文靖集》卷上《答徐子宜书》，文渊阁四库全书本，第1157册，第515页。

307 （宋）舒璘：《舒文靖集》卷上《答袁恭安书（二）》，文渊阁四库全书本，第1157册，第515—516页。

308 （宋）舒璘：《舒文靖集》卷上《答叶养源（二）》，文渊阁四库全书本，第1157册，第509页。

309 （宋）舒璘：《舒文靖集》卷上《与汪清卿书》，文渊阁四库全书本，第1157册，第520页。

310 （宋）舒璘：《舒文靖集》卷上《与江司法书》，文渊阁四库全书本，第1157册，第514页。

311 （宋）舒璘：《舒文靖集》卷上《与楼大防（二）》，文渊阁四库全书本，第1157册，第518页。

313 （元）脱脱：《宋史》卷四百十《沈焕传》，第12339页。

315 （宋）袁燮：《袁正献公遗文钞》卷下《沈叔晦言行编》，四明丛书本，第四集，第十九册，广陵书社，2006年。《定川遗书附录》卷二《定川言行编》作："吾儒急务，立大本，明大义耳。大本不立，大义不明，虽讨论时务条目何为？"意思更明确一些。

316 （宋）《袁正献公遗文钞》卷下《沈叔晦言行编》，四明丛书本，第四集，第十九册，广陵书社，2006年。

320　450　452 （宋）杨简：《慈湖遗书》卷四《祭沈叔晦文》，文渊阁四库全书本，第1156册，第644、644、645页。

323 （元）郑玉：《师山集》卷三《送葛子熙之武昌学录序》，文渊阁四库全书本，第1217册，第25页。

326 （宋）袁甫：《蒙斋集》卷十四《乐平县慈湖先生书阁记》，文渊阁四库全书本，第1175册，第499页。

327 （宋）杨简：《慈湖遗书》卷二《临安府学记》，文渊阁四库全书本，第1156册，第618—619页。

328　(宋)杨简:《慈湖遗书》卷二《乐平县学记》,文渊阁四库全书本,第1156册,第
　　　617页。

329　330　332　(宋)杨简:《慈湖遗书》卷三《绝四记》,文渊阁四库全书本,第1156
　　　册,第637、637—638、637页。

331　337　342　343　344　345　346　(宋)杨简:《慈湖遗书》卷二《王子庸请书》,文
　　　渊阁四库全书本,第1156册,第616、615、615—616、616、616、616、616页。

333　(宋)杨简:《慈湖遗书》卷四《祖象山先生辞》,文渊阁四库全书本,第1156册,第
　　　642页。

334　(宋)杨简:《杨氏易传》卷六《泰》,文渊阁四库全书本,第14册,第58页。

335　(宋)杨简:《慈湖遗书》卷一《乡记序》,文渊阁四库全书本,第1156册,第610页。

336　(宋)杨简:《慈湖遗书》卷五《吴学讲义》,文渊阁四库全书本,第1156册,第
　　　661—662页。

338　(宋)杨简:《慈湖遗书》卷二《永嘉郡学永堂记》,文渊阁四库全书本,第1156册,
　　　第623页。

339　(宋)杨简:《慈湖遗书》附录,钱时撰:《宝谟阁学士正奉大夫慈湖先生行状》,文
　　　渊阁四库全书本,第1156册,第935页。

340　341　(宋)杨简:《慈湖遗书》卷十三《家记七·论大学、中庸》,文渊阁四库全书
　　　本,第1156册,第831、831页。

349　方东美:《中国哲学精神及其发展》,孙智燊译,中华书局,2012年,第399页。

350　(宋)杨简:《杨氏易传》卷六《大有》,文渊阁四库全书本,第14册,第65页。

351　352　353　(宋)杨简:《慈湖遗书》卷六《偶作》,文渊阁四库全书本,第1156册,
　　　第672、672、673页。

354　361　(宋)杨简:《慈湖诗传》卷十八《周颂》,文渊阁四库全书本,第73册,第
　　　283、284页。

355　(唐)佛陀多罗译:《大方广圆觉修多罗了义经》,《大正新修大藏经》,第17册,第
　　　914页上。

357　358　(宋)杨简:《杨氏易传》卷十三《睽》,文渊阁四库全书本,第14册,第136、
　　　137页。

359　(宋)杨简:《杨氏易传》卷十三《解》,文渊阁四库全书本,第14册,第142页。

360　(清)永瑢:《四库全书简明目录》卷十六《慈湖遗书》,四明丛书本,第四集,第六

册,广陵书社,2006 年。关于杨简心学与佛学的思想实质关系,可参见王心竹:《儒与禅:杨慈湖心学与佛家思想的关系》,载《哲学与文化月刊》,第 349 期,2003年6月。

364 (元)脱脱:《宋史》卷四百七《杨简传》,第12292 页。参见(清)嵇璜、曹仁虎等奉敕撰:《钦定续文献通考》卷五十《学校考·郡国乡党之学》,文渊阁四库全书本,第 627 册,第 394 页。

365 366 367 368 369 370 (清)全祖望:《鲒埼亭集外编》卷十四《淳熙四先生祠堂碑文》,载《全祖望集汇校集注》,第 1003、1004、1002、1003、1003、1004 页。

371 (宋)袁甫:《絜斋集》卷二十三《赠吴氏甥二首(一)》,文渊阁四库全书本,第1157册,第 309 页。

372 (宋)袁燮:《絜斋集》卷八《繁昌乡饮序》,文渊阁四库全书本,第 1157 册,第89 页。

373 417 (宋)袁燮:《絜斋集》卷二十三《赠吴氏甥二首(二)》,文渊阁四库全书本,第1157 册,第 310、310 页。

374 (宋)袁燮:《絜斋家塾书钞》卷二《大禹谟》之"人心惟危,道心惟微;惟精惟一,允执厥中"章,文渊阁四库全书本,第 57 册,第 674 页。

375 (德)叔本华(Arthur Schopenhauer):《伦理学的两个基本问题》,任立、孟庆时译,商务印书馆,1996 年,第 193 页。

376 378 (宋)朱熹:《四书章句集注》,中华书局,1983 年,第 14、14 页。

377 (宋)程颢、程颐:《河南程氏遗书》卷二十四,载《二程集》,中华书局,1981 年,第312 页。

379 (宋)袁燮:《絜斋家塾书钞》卷八《周书》之"聪明作元后,元后作民父母"章,文渊阁四库全书本,第 57 册,第 808 页。

380 (宋)袁燮:《絜斋家塾书钞》卷一《尧典》之"帝曰:?,命汝典乐,教胄子,直而温,宽而栗,刚而无虐,简而无傲"章,文渊阁四库全书本,第 57 册,第 655 页。

381 (宋)袁燮:《絜斋家塾书钞》卷三《皋陶谟》之"无教逸欲,有邦兢兢业业,一日二日,万几无旷,庶官天工,人其代之"章,文渊阁四库全书本,第 57 册,第 689 页。

382 (宋)袁燮:《絜斋家塾书钞》卷二《大禹谟》之"帝曰:来,禹,洚水儆予,成允成功"章,文渊阁四库全书本,第 57 册,第 673 页。

383 (宋)卫湜:《礼记集说》卷一百二十三《中庸第三十一》,文渊阁四库全书本,第

120 册,第 8 页。

384　(宋)程颢、程颐:《河南程氏遗书》卷二十二上,载《二程集》,第 292 页。

385　(宋)程颢、程颐:《河南程氏遗书》卷二十五,载《二程集》,第 318 页。

386　关于儒家与宋明理学对"性"、"情"的论述,可以参看张岱年:《中国哲学大纲》,
　　　中国社会科学出版社,1982 年,第 467—479 页。

392　393　(宋)袁燮:《絜斋毛诗经筵讲义》卷四《子衿篇》,文渊阁四库全书本,第 74
　　　册,第 36、36 页。

394　(宋)袁燮:《絜斋毛诗经筵讲义》卷二《江有汜篇》,文渊阁四库全书本,第 74 册,
　　　第 17 页。

395　(宋)袁燮:《絜斋毛诗经筵讲义》卷二《终风篇》,文渊阁四库全书本,第 74 册,第
　　　20 页。

396　(德)朋霍费尔(Dietrich Bonhoeffer):《伦理学》,胡其鼎译,魏育青、徐卫翔校,上
　　　海人民出版社,2007 年,第 198 页。

397　(宋)袁燮:《絜斋家塾书钞》卷三《皋陶谟》之"皋陶曰:都! 亦行有九德"章,文渊
　　　阁四库全书本,第 57 册,第 684 页。

398　(宋)袁燮:《絜斋家塾书钞》卷五《商书·太甲上》之"呜呼! 弗虑胡获,弗为胡
　　　成"文渊阁四库全书本,第 57 册,第 755 页。

399　(宋)袁燮:《絜斋集》卷二十四《赠史坑冶二首》,文渊阁四库全书本,第 1157 册,
　　　第 320 页。

400　(宋)袁燮:《絜斋集》卷十《直清亭记》,文渊阁四库全书本,第 1157 册,第 130 页。

402　(美)弗兰克纳(William k. Frankena):《伦理学》,关键译,孙依依校,三联书店,
　　　1987 年,第 130 页。

403　(美)弗兰克纳(William k. Frankena):《伦理学》,第 130 页。

404　(宋)袁燮:《絜斋集》卷十《是亦楼记》,文渊阁四库全书本,第 1157 册,第 131 页。

405　(宋)袁燮:《絜斋集》卷十一《资政殿大学士赠少师楼公行状》,文渊阁四库全书
　　　本,第 1157 册,第 149 页。

406　李弘祺:《宋代教育散论》,东升出版事业有限公司,1980 年,第 3 页。

407　(宋)袁燮:《絜斋集》卷十《德斋记》,文渊阁四库全书本,第 1157 册,第 129 页。

409　(宋)袁燮:《絜斋集》卷七《书赠张伯常》,文渊阁四库全书本,第 1157 册,第
　　　86 页。

410 411 （宋）袁燮：《絜斋集》卷十《通州州学直舍记》，文渊阁四库全书本，第 1157
册，第 117、117 页。

412 学术界对所谓的"自得"或"自得之学"的讨论，多限于对陈献章学说的阐发。对
"自得"的解释大致有三种：第一种是用现代西方主体思维来解释"自得"，将其说
成是主体的自我探索、自我发现和自我实现，甚至说是主体自由精神的显现。如
苟小泉：《从"道德"到"自得"：中国哲学本体论主体性维度的存在、展开与完
成》，载《华南师范大学学报》，2009 年第 4 期。姚文永、宋晓伶：《"自得"和"宗
旨"：〈明儒学案〉一个重要的编撰方法与原则》，《大连大学学报》，2010 年第 3
期。朱义禄：《怀疑原则与自得精神：明清之际启蒙学者的思维方式初探》，载《船
山学刊》，1994 年第 2 期。这种用现代理论对古代思想的阐释多方圆凿枘，并不
相符。第二种是对自得之学儒家思维特性的理解。如《论陈白沙的文论倾向和
山林散文艺术：从陈白沙"自然"、"自得"说谈起》，载《武汉大学学报（人文科学
版）》，2002 年第 4 期。张晶：《"自得"：创造性的审美思维命题》，载《哲学研究》，
2003 年第 1 期。第三种是对"自得"的含义有独特的领悟，但却只把它局限于某
个领域。如潘立勇：《"自得"与人生境界的审美超越：王阳明的人生境界论》，载
《文史哲》，2005 年第 1 期。贾庆军认为，白沙"自得"之学是一种整体之学，这也
是儒家圣学的本质特征。它既不是智识主义的，也不是反智识主义的，而是具有
超智识主义色彩的。说见《白沙自得之学刍议：兼论儒家思想之超智识主义倾
向》，载《江汉大学学报》（人文科学版），2012 年第 2 期。袁燮"自得之学"对白沙
学术究竟发生过何种样式的影响或启发？白沙对"甬上四先生"或袁燮的接受和
领悟何在？都是待考之问题。

415 （宋）陈淳：《北溪大全集》卷二十三《与陈寺丞师复（一）》，文渊阁四库全书本，第
1168 册，第 686 页。

416 （宋）袁燮：《絜斋集》卷二十四《赠京尹八首（七）》，文渊阁四库全书本，第 1157
册，第 321 页。

418 （宋）杨简撰、（清）冯可镛辑补：《慈湖遗书》补编《故龙图阁学士袁公墓志铭》，四
明丛书本，第四集，第十五册，广陵书社，2006 年。

419 （宋）舒璘：《舒文靖集》卷下《谢张守举状》，文渊阁四库全书本，第 1157 册，第
537 页。

421 （宋）舒璘：《舒文靖集》卷上《通都漕》，文渊阁四库全书本，第 1157 册，第 511 页。

422　(宋)舒璘:《舒文靖集》卷下《论义仓》,文渊阁四库全书本,第1157册,第542页。

423　(宋)舒璘:《舒文靖集》卷三《论保长》,文渊阁四库全书本,第1157册,第542页。

426　(宋)杨简:《慈湖遗书》卷十六《家记十·论治务、论治道、论封建、论兵》,文渊阁四库全书本,第1156册,第862页。

427　(元)脱脱:《宋史》卷四百七《杨简传》,第12289页。

429　(宋)袁燮:《絜斋集》卷七《陆宣公论》,文渊阁四库全书本,第1157册,第74页。

430　(宋)袁燮:《絜斋家塾书钞》卷十,文渊阁四库全书本,第57册,第867页。

431　(宋)袁燮:《絜斋集》卷六《田制》,文渊阁四库全书本,第1157册,第62页。

432　(宋)袁燮:《絜斋集》卷八《题彭君筑象山室》,文渊阁四库全书本,第1157册,第99页。

434　(清)王梓材、冯云濠编撰:《宋元学案补遗》卷七十六《广平定川学案补遗》,沈芝盈、梁运华点校,中华书局,2012年,第4372—4373页。

435　(宋)杨简:《慈湖遗书》卷十八《炳讲师求训》,文渊阁四库全书本,第1156册,第898页。

436　(宋)《慈湖遗书》卷六《偶作(五)》,文渊阁四库全书本,第1156册,第672页。

437　(宋)袁燮:《絜斋集》卷十《绍兴报恩光孝四庄记》,文渊阁四库全书本,第1157册,第124—125页。

438　(宋)袁燮:《絜斋集》卷二十四《和圆通禅老韵二首》,文渊阁四库全书本,第1157册,第322页。

439　(宋)袁燮:《絜斋集》卷二十四《赠卜道人二首》,文渊阁四库全书本,第1157册,第322页。

440　(宋)袁燮:《絜斋集》卷二十四《赠史坑冶二首(一)》,文渊阁四库全书本,第1157册,第320页。

441　(宋)袁燮:《絜斋集》卷八《题臧敬甫所藏李伯时画观音佛》,文渊阁四库全书本,第1157册,第104页。

442　(宋)舒璘:《舒文靖集》卷上《先君承议圹志》:"其行实则有友人扬州州学沈焕为状。"文渊阁四库全书本,第1157册,第531页。

443　(宋)舒璘:《舒文靖集》卷上《与吕寺丞子约(一)》,文渊阁四库全书本,第1157册,第510页。

449　(宋)舒璘:《舒文靖集》卷上《与袁学正和叔》,文渊阁四库全书本,第1157册,第

510 页。

453 (宋)袁燮:《絜斋集》卷二十二《祭通判舒公元质文》,文渊阁四库全书本,第 1157
册,第 300 页。

454 (宋)罗大经:《鹤林玉露》乙编卷六《无思无为》,王瑞来点校,中华书局,1983 年,
第 224 页。

456 (宋)袁燮:《絜斋集》卷二十三《以鉴赠赵制置》,文渊阁四库全书本,第 1157 册,
第 303 页。

458 (宋)叶绍翁:《四朝闻见录》甲集《心之精神是谓圣》,第 41 页。

459 参见(清)全祖望:《鲒埼亭集外编》卷十六《城南书院记》,载《全祖望集汇校集
注》,第 1043—1044 页。

460 参见(清)全祖望:《鲒埼亭集外编》卷十六《碧沚杨文元公书院记》,载《全祖望集
汇校集注》,第 1045—1046 页。

第 三 章

"甬上四先生"与学者间的互动

"甬上四先生"者,折服于象山"本心"之说,于陆氏心学之阐发与扩展居功至伟。杨简、袁燮、舒璘、沈焕四人,师同门,志同业,较之江西陆学"槐堂诸儒"更高一层,在南宋思想学术界占有显著的地位。他们发挥了陆九渊心学思想的核心要义,使陆学成为与朱熹学说分庭抗礼的一个学派,延续至明代,经陈献章、王阳明等人的接续和发展,陆王心学形成支配一代学术趋向的思潮洪流。在此之中,"甬上四先生"之间及其与同时代学者、思想家的知识与价值交流,促进了他们的思想成熟与学术体系完整性的建构,直接有助于四人的思想完型与地位确立[1]。

第一节　甬上四先生与同门之间的交往

以门派来划分学者,有时并不准确,大多数学者的确有明确的学术倾向,但也有学者的经历和思想十分复杂,并不能说他类属于某个门派。而四先生与学者间的交往,更多的是为了一个共同"道"而共同努力,对于他们来说,属于何种门派其实并不重要。所以他们相互之间的交流常以"吾道"为念,而没有后人所谓有门户之见：

> 若祖宗有灵，宗社无疆，惟休则否泰循环，吾道亦未穷也。[2]

> 门下忠诚笃实，遇事咸有端绪，必能为国家远图，凡可赞襄，愿竭所蕴，以光吾道，不胜幸望。[3]

> 某伏自前岁领湖外教字，一修谢幅，尔后闻归郎省，主道山载笔螭坳判花西掖，吾道浸亨，私切自庆。[4]

尽管"甬上四先生"并不存门户之见，但为了研究和表述的方便，我们还是不得不对四先生的交往人群做了阵营上的划分。

在陆学同门之中，与"甬上四先生"交往最密切的，当属孙应时。孙应时（1154—1206），字季和，宋两浙东路余姚县人，学者称为烛湖先生，学问深醇，行谊修饬。乾道八年（1172）入太学。时陆九渊入京会试，遂得以相识，孙氏又深为陆氏的学问所折服，拜以为师，所谓"乾道壬辰入太学，年方弱冠，从江西象山陆公九渊，悟存心养性之学"[5]，即此之谓也。孙应时心学、经济、文章并著，道德学问为一时之人望，实开后代姚江心学之先河，其《烛湖集》中有与沈焕、袁燮唱和的诗文数篇。袁燮为江阴尉时，孙应时送别，赋诗云：

> 底事书生用一官，强随时样着衣冠。
> 千年蠹简人情冷，百折羊肠世路难。
> 未必功名欺老大，且凭书信报平安。
> 秋风我亦淮东去，留取江山对眼看。[6]

另撰《寄别袁和叔》：

> 风帆晓影动行装，月淡芙蕖浦溆香。

正想双亲开色笑,不须千里叹凄凉。

随行书卷生涯在,省事官曹气味长。

便为君山问今古,一樽清啸满江乡。[7]

因为孙氏早中进士,而袁燮虽年近不惑,却初次为官,所以才会有这样的嘱托。也表达了孙应时对朋友的思念,但更多的还是对友人道德水准和政治能力的信任,相信他一定能有所建树,孙应时还有《送别袁公四诗》,其一云:

几年静镇绝喧嚣,百吏承风服教条。

惠养疲羸深保障,搜延英俊盛旌招。

忧先储粟千仓满,威詟边烽万里消。

已揭成规在藩屏,政须人望押班朝。[8]

孙应时和沈焕更是莫逆之交,沈焕曾为孙父作行状。沈焕逝世之后,孙应时作《哭沈叔晦墓》:

宿草遂如许,吾谁作九原。

堂堂那有此,凛凛尚能存。

日落松风迥,天清霜气暄。

百年知己泪,洒尽欲何言。[9]

孙应时逝后,杨简作圹志,称"简与季和承学于江西象山陆先生,季和由是信此心本善,方相与讲切进德,而开禧二年二月甲戌不禄"[10]。

徐谊也是与四先生有较多交往的一位陆学学者。徐谊(1144—1208),字子宜,一字宏父,宋两浙东路温州平阳县人,乾道八年(1172)进士,累官至太常丞,宁宗即位,进权工部侍郎、知

临安府,后卷入韩侂胄和赵汝愚的党争,被韩侂胄排挤去位。徐谊
有干才,常年历官地方,多有建树,在朝敢于直谏。[11]《陆九渊集》有
与徐谊的书信两封,称赞其"质性笃厚,行己有耻"。[12]而《宋元学
案》则认为他是象山同调。[13]叶适总结徐谊的学术特点时说:"公少
而异质,自然合道。天下虽争为性命之学,然而滞痼于语言,播流
于偏末,多茫昧影响而已。及公以悟为宗,县解昭彻,近取日用之
内,为学者开示。修证所缘,至于形废心死,神视气听,如静中震
霆,冥外朗日,无不洗然自以为有得也。"[14]由此,《宋元学案》的编
者以为"参玩兹语,似亦近禅,而当时诸儒学术亦因可见矣"。[15]从
年龄与资历上看,徐谊和陆九渊当在师友之间。在陆学中,他是政
治地位较高的一位,尤其是在光宁之际的政治变动中,曾发挥过较
大的作用。由于身在基层,共同出于对国家前途命运的关切,舒璘
给徐谊的书信最多:

> 某索居所知士大夫绝少,子宜游宦之久,当知四方贤士,
> 愿以气类相从,以奠邦基。朋友中最好吕子约,如彭子寿、章
> 茂献、黄商伯亦闻其贤,未知子宜所得者为谁? 有可告语,幸
> 详谕。[16]

> 冬初辱报书,竟未及再状。时闻中都事,不胜杞国野人之
> 忧,未知日来如何? 诸公合并何以为策,闻皆有志,食禄任事
> 之久,正所倚赖,若曰不得其职,洁己以退,缓急将谁任,且望
> 思前论后,国而忘家,万木扶持,大厦自固,但恐拔去枝撑,不
> 容着力耳。会同志望以已见商榷之。君举、大防、象先,不及
> 别状。[17]

而杨简得以从学于象山是由于徐谊的引见:

> 子先我觉,导我使复亲象山以学,某即从教,自是亦小觉,

虚明静莫,变化云为,不可射度,知及仁守。圣训具在,某尚欲
与子宜共讲仁守之力,道阻且长,而遽永寂,哭以遣奠,匪逯
匪远。[18]

第二节　舒璘的交游

舒璘的学术渊源十分复杂,也因此对各派之间产生的超出学
术之外的纷争并不赞同。他很尊重朱熹,当陆学中人有贬损朱熹
之言行时,他大不以为然:

> 晦翁当世人杰,地步非吾侪所及,其有不合者,姑置之。
> 向在新安,未尝与诸友及此,后有发明者,能自知之。后生未
> 闻道,吾侪之论一出,便生轻薄心,未能成人,反以误人。此言
> 不少,更冀思之。[19]

而在给朱熹的书信中,舒璘更是以极为尊敬的语气表达了对朱熹
所寄予的厚望:

> 念今所赖任重斯文者,咸以执事为首称。大抵属之重则
> 爱之厚,爱之厚则望之全。负后学既全之望,凡施为措置当以
> 圣贤事业自期待。固不可以毫厘之差为世所惜。惟执事以刚
> 大纯全之气,恢博贯通之觉,涵养成就又非一日之积。绥斯
> 来,动斯和,此愚智贤不肖所共敬仰,固不可少有如愚虑所及
> 者。然兢兢业业,惟尧舜不敢自已,望执事益进此道,以无负
> 四海祈向,实鄙夫惓惓之心也。[20]

当然,舒璘毕竟是陆学中人,他的这种尊重更多地表现出一名
杰出学者的博大胸怀,并不表示他对朱熹的学术观点完全同意,他

曾在给杨简的信中明确地表明自己的想法：

> 此间尊晦翁学甚笃，某不暇与议，暨良心既明，往往不告
> 而知。用是益知自反，不敢尤人，敬仲以为何如？[21]

舒璘在为徽州教官期间，还曾请朱熹门人滕璘帮忙邀请老儒，以充实教学队伍。[22]同时，他所请的人中也有朱熹门人，如汪清卿，在与汪氏的信里，舒璘谦逊地说：

> 幼不知学，及壮，游太学，藉师友发明，始知良心之粹，昭
> 若日月，无怠惰卤莽之念，则圣贤可策而到，虽进修有惭，寡过
> 未能，而大本之立，盖庶几焉。……思欲得渊源之友，相与共
> 明此道，以兴起士心，访之侪辈，居敬修已，勉焉不怠，诚后进
> 所矜式，故不量浅陋，妄意屈临，以庶几切偲之益。[23]

而在与其保持长期交往的学者及官员之中，还不乏二程后学，如陈士楚，字英仲，早年从林光朝游，林光朝则师从尹焞门人陆景端。舒璘曾多次与陈士楚论常平、茶盐、保长、荒政等事务，所留文字甚多。[24]

舒璘除了曾向吕祖谦本人问学之外，与吕学中人亦多有交游。如乔梦符，字世用，宋两浙东路婺州东阳县（今属浙江省）人，尝从东莱问学。当舒璘教授新安之时，乔梦符知歙县（今安徽省歙县，宋代为徽州州治所在），与舒璘算是同僚。舒璘从歙县教授调任平阳知县后，还与乔梦符有过书信往来，告知平阳县的情况，"赋入甚轻，岁发纸钱不过十万，与治境大相辽绝。土广人稠，词诉极多，每引放不下六七百纸，亦要人决遣，邑人幸相安，士子及寄居，亦未见挠政者"。[25]此外，吕祖俭与四先生的交往都很深厚，沈焕逝世之时，正是庆元党禁兴、理学处于低谷时，舒璘曾不无伤感地写信给吕祖俭：

　　　吾辈此身不过天地间数十年之物,而昭然理义盖千古不
磨耳,平时要著明处,断不可以数十年之物而失其所谓不磨
者。但欲酌义理之中,处之安然耳,此行甚善、甚当,更冀缉熙
学力,不磨不淄,以主盟斯道,若祖宗有灵,宗社无疆,惟休则
否泰循环,吾道亦未穷也。[26]

由于同属浙东,尽管在学术上有一些不同的意见,而同一地方
的人互相引荐而不论其学术倾向的情况往往较多。在与舒璘交游
的学者之中,薛叔似(字象先)、陈傅良等都是永嘉事功学派的重
要人物,还有楼钥,尽管是鄞县人,但历官温州教授、知永嘉县,在
思想风貌上也倾向于事功之学。而他们也多次向朝廷荐举舒璘。
由于他们身在朝廷,舒璘对他们都寄托了很高的期望,希望他们竭
尽全力,为国远谋:

　　　当今善类属望,如象先者益寡,望有以称斯责。[27]
　　　以某鄙见,当今如门下者(薛叔似)几人? 若皆相时而
去,国家将何赖焉? 且望勉游,毋为自全计,未审何如?[28]

在给陈傅良的信里,舒璘讲到了自己的志向,也表达了对朋友的
期许:

　　　某平生志虑,不敢自畔于圣贤。但学问空疎,欠缺甚多,
无以副其望,凡可告教及别后进德工夫,幸悉赐示,庶藉警策
也。徐祝守正毋挠力,全大节以植邦基,至祷至祷! 象先、子
宜志同气合,一时会聚,天也。不时讲究,为国远图否?[29]

对同乡楼钥,舒璘也表现出极大的期盼:

　　　某老矣,外境关心绝少,时见诸公举措,至有昏昏闷闷,时
自读前所论著,心目俱开,益见大防志操,爵禄甚轻,名义为

重,前此居是职者不知其几而批敕回天,卒无出李、张右者,愿大防尽瘁致身,为宗社计,毋令李、张专美有唐也。[30]

第三节　沈焕的交游

沈焕对程朱一派有相当的好感,《定川言行编》记载他"晚尤尊敬晦翁,曰:'是进退用舍,关时轻重者。且愿此老无恙。'既寝疾犹以为言,盖处心积虑,未尝不在斯世"。他与朱熹之间书信往来也是相当多的,虽然他的去信今已不存,但从朱熹的回信中能大致了解当时两人交往的情况。现存朱熹给沈焕的书信有五篇,内容从讨论读书、为学问道到地方事务、经界事宜等。可以看到,由于沈焕与朱熹在学术的观点上多有不同,这几篇答书中亦有很多论争。如第五篇书信中,朱熹便较为具体地对沈叔晦在理解《孟子》、《周易》、《论语》等文字上提出自己的意见:

> "浩然之气"一章,恐须先且虚心熟读《孟子》本文,未可遽杂它说,俟看得孟子本意分明,却取诸先生说之通者错综于其间,方为尽善。若合下便杂诸说混看,则下稍只得周旋人情,不成理会道理矣。近日说经多有此弊,……又"非义袭而取之"句内,亦未见外面寻义理之意,请更详之。横渠先生言观书有疑,当且濯去旧见,以来新意,此法最妙。[31]
>
> 凡言"易"者多只是指蓍卦而言,蓍卦何尝有思有为? 但只是扣著便应,无所不通,所以为神耳,非是别有至神在蓍卦之外也。曾子告孟敬子三句,不是说今日用功之法,乃言平日用功之效,如此有得,文义方通。来喻纠纷,殊不可晓也。[32]
>
> "不知其仁"之说恐未安。且未论义理,只看文势,已自不通。

若更以义理推之,尤见乖戾矣。盖智自是智,仁自是仁。孔门教人,先要学者知此道理,便就身上着实践履,到得全无私心、浑是天理处,方唤作仁。如子路诸人,正为未到此地,故夫子不以许之,非但欲其知理而已也。若谓未知者做得皆是,而未能察其理之所以然,则诸人者又恐未能所为皆是,固未暇责其察夫理之所以然也。[33]

但从书信的语气上来看,沈焕和朱熹之间显然是带着协商的态度来对待学术上的不同意见的,这与朱陆末流自立门户之见,相互攻击不可同日而语,即使与朱陆二先生的鹅湖之会及其后"无极"、"太极"之辩时相互之间的态度相比,也完全不同。因此,朱熹在给沈焕的答书中,除了对陆学一派的某些为学方法加以批评之外,也指出了包括他自己门人弟子在内的各家学派的不足之处:

> 帅幕非所以处贤者,然自我言之,亦何适而不可安耶? 前日务为学而不观书,此固一偏之论。然近日又有一般学问,废经而治史,略王道而尊霸术,极论古今兴亡之变,而不察此心存亡之端。若只如此读书,则又不若不读之为愈也。况又中年,精力有限,与其泛观而博取,不若熟读而精思,得尺吾尺,得寸吾寸,始为不枉用功力耳。鄙见如此,不审明者以为如何?[34]

> 大抵近年学者求道太迫、立论太高,往往嗜简易而惮精详,乐浑全而畏剖析,以此不见天理之本然。各堕一偏之私见,别立门庭,互分彼我,使道体分裂,不合不公。此今日之大患也。不识明者以为如何? 子约为人固无可疑,但其门庭近日少有变异,而流传已远,大为学者心术之害,故不得不苦口耳。近日一脉流入江西,蹴踏董仲舒而推尊管仲、王猛,又闻

有非陆贽而是德宗者,尤可骇异。所欲言者,甚众甚众。[35]

而同时,朱熹在诸多方面对沈焕的为学为人及其学术观点是十分欣赏的,沈焕逝世之后,朱熹撰写了祭文,充分表达了朱熹的对沈焕的去世的哀痛,并对沈焕给极高的评价:

> 呜呼!叔晦今果死与?气象严伟,凛若泰山之不可逾而情性端静,劬然蠹鱼之生死于书,家徒长卿之四壁而清恐人知。嗟吁叔晦!学问辨博,识度精微,官止龙舒之别乘而才实执政之有余。人皆戚戚,君独愉愉;人皆汲汲,君独徐徐。而惟以道德为覆载,以仁义为居诸,以太和为扃牖,以至诚为郊邪。至于大篇短章、铿金戛玉、钩玄阐幽、海搜山抉者,又特其功用之绪余也。[36]

对于沈焕来讲,也深以为笃实践履的道德修存工夫至关重要,沈氏的业师陆九龄曾教导过他:

> 与沈叔晦有终日谈虚空、语性命,而不知践履之实,欣然自以为有得,而卒归于无所用,此惑于异端者也。[37]

因而,沈焕终其身念念不忘于践履工夫的落实,自身品德的提升。

与沈焕有深交的,可属程朱一派的学者还有很多,其中不乏朝中高官,如史浩、汪大猷、周必大等人。不过这几位均以官位显赫而知名,他们在学术上的成就并不显著。如史浩师从张九成,而张九成为杨时弟子,在维护程氏之学方面出力甚多,但其学驳杂,朱熹认为他全是禅学,甚至视其为洪水猛兽:

> 此道寂寥,近来又为邪说汩乱,使人骇惧。闻洪适在会稽尽取张子韶经解板行,此祸甚酷,不在洪水夷狄猛兽之下,令人寒心。[38]

如子韶之说，直截不是正理，说得尽高尽妙处病痛愈深，此可以为戒而不可为学也。[39]

元人所编的《宋史》，有着强烈的程朱理学思想特质，评定张九成学术思想时，照着朱熹的意见说："九成研思经学，多有训解，然早与学佛者游，故其议论多偏。"[40]张九成尽管不入朱熹法眼，但九成的同门与同调如史浩等人，却是南宋政治舞台上的风云人物。作为一名学者型官员，史浩与诸多学者亦多有交往。他在朝期间，大量引荐人才，淳熙八年，他向朝廷推荐十五人，陆九渊、杨简、舒璘、袁燮等人皆在其中。而他与沈焕为同乡，相交最厚，曾让沈焕与沈炳兄弟二人在自己的府第中居住并教授生徒。史浩之孙就直接亲炙沈氏，他曾撰诗亲励孙儿：

> 吾孙年甫冠，抗志在青冥。
> 重趼轻千里，求师为一经。
> 功名适来去，器识是丁宁。
> 既得贤模范，归轪喜过庭。[41]

沈焕逝世之时，史浩也撰写了祭文：

> 得师深造，优入圣域，能窥闾奥。以言其材，知悟心开，何患事物，纷至沓来。以言其学，正而不驳，因流知源，横渠伊洛。以言其文，杰出桥门，两优上第，名亚省元。以言其状，修髯广颡，鹤立鸡群，咸知敬仰。[42]

在沈焕的交往对象中，还有一位汪大猷，字仲嘉，师从杨时弟子赵敦临，与沈焕也是同乡，曾共同于乡里举行义田。[43]

周必大为私淑洛学者，在给沈焕所写的墓志铭中，他称：

> 追思立朝不能推贤扬善，予愧叔晦；益者三友，叔晦不予

愧也。……嗟我叔晦,行高才全,学富于海,道直如绳。秀出周行,顾而俨然。[44]

周必大在嘉泰三年(1203)为沈焕写的《通判舒州沈君墓碣》,情真意切,对沈氏生平事迹与精神主张都做了详尽的叙说,还婉转地批评了当时朝廷对沈焕的态度,认为对不起这位"出师未捷身先死"的贤良之士:

> 《孟子》谓明善以诚身,诚身以悦亲,悦亲以信友,信于友乃获于上,若吾叔晦,所谓任重道远,诚其身以获乎上者,非耶?自厄间言,其志益坚,不幸五十三而没,使天假之年,成就岂易量哉!虽然,芝兰当户,锄之者人也;雷风振林,直木斯拔,兹岂人乎?天道难言,予复何咎![45]

全祖望说,沈焕曾游明招山,与吕祖谦、吕祖俭兄弟"相与极辨古今,以求周览博考之益,凡世变之推移,治道之体统,圣君贤相之经纶事业,孜孜讲论,日益深广,期于开物成务而后已"[46]。明招山在今浙江省武义县东,吕祖谦仰慕明招寺,也看中明招山的风光,便将自己的祖坟迁移到此,并先后两次为父母守墓。当时有很多学子都曾到明招山求学。在读书方法的问题上,沈焕的确也受到了吕氏的影响,而吕祖谦认为沈焕:"直谅确实,士人中极不易得。"[47]后来吕祖俭之子吕乔年还成为沈焕之婿。[48]又据近人冯可镛考证,大约在淳熙十年至十一年间,吕祖谦已经逝世,吕祖俭为明州仓监,与沈焕又一次相聚。[49]这段时间,杨简讲学于碧沚,沈焕讲学于竹洲,袁燮讲学于城南楼氏精舍,而舒璘为官在外,于是人们以吕祖俭代舒璘,亦称四先生。朱熹门人滕璘为鄞尉,朱熹对他说:

> 示问曲折具悉。大抵守官且以廉勤爱民为先,其它事难

预论。幸四明多贤士,可以从游,不惟可以咨决所疑,至于为学修身,亦皆可以取益。熹所识者杨敬仲(简)、吕子约、所闻者沈国正(焕)、袁和叔(燮),到彼皆可从游也。[50]

竹洲在鄞县(今宁波市鄞州区)西湖(即月湖)之南,为十洲之一。据全祖望《竹洲三先生书院记》,沈焕所讲学之地原是史浩宅地,其弟沈炳亦与他共同讲学于此。[51]吕祖俭官舍在城东,往来非常不便,于是买一舟由水路往还。每当祖俭来访,沈氏兄弟或与其讨论于讲堂,或一起泛舟于湖上,对此,祖俭有诗云:

> 湖光拍天浮竹洲,隐然一面城之幽。
> 中有高士披素裘,我欲从之恐淹留。
> 探囊百金办扁舟,又烦我友着意修。
> 微风一动生波头,飞棹来往倦则休。
> 兀兀坐曹如系囚,吏余只有万斛愁。
> 一生安坐无几求,今日栖迟如置邮。
> 脱帽露顶固狂流,俯首折腰亦可羞。
> 誓将入海登芝罘,弃置人间绕指柔。
> 苍然暮色下羊牛,出处语默两悠悠。
> 九原可起柳柳州,燕坐相与未始游。[52]

作为一名杰出的学者,交游广泛是不足为奇的,与沈焕相交的学者当然远不止这些,如薛叔似,乃是永嘉学派创始人薛季宣之侄,初入太学之时,人鲜能知之,沈焕一见大称之,以为学问识见在行辈中当为第一,可见两人相交甚深。《浪语集》有一篇薛季宣给沈焕的书信,据其中所提及沈焕授上虞尉,[53]可知应为沈焕刚中进士时所写,信中主要阐述了自己对于为学行道的一些态度,薛氏表白,他与沈焕有着共同的精神承继,就一定有着共同的价值观念,也一定有着相近的修养工夫：

> 自明明德以至于知所止，齐家、治国而天下平，其序端如
> 贯珠，不可易也。唐氏时雍之化，盖由此作焉。古人以为洒扫
> 应对进退之于圣人，道无本末之辨。《中庸》"曲能有诚"之
> 论，岂外是邪？学者眩于诚明、明诚之文，遂有殊途之见。且
> 诚之者，人之道，安有不由此而能至于天之道哉？今之异端言
> 道而不及物，躬行君子又多昧于一贯不行之叹。圣人既知之
> 矣，可与学者，未可适道，所以旷百世而莫之明也。……孟氏
> 之欲自得之也，果何物乎？[54]

这封信里也提及其侄薛叔似。[55]我们似乎可以认为，薛季宣与沈焕
之间的交往，应该是由其侄引见的。此外，同属永嘉学派的陈傅良
与沈焕亦有书信上的往还，他对沈焕可谓赞誉有加："六经之教，
与天地并，区区特从管窥，见得兢业一节，足了一生受用。"[56]沈焕
与范成大也有往来，范成大曾作《喜沈叔晦至》：

> 澹若论交味，嘤其求友声。江湖几鱼沫，风雨一鸡鸣。
> 旧事休重说，新诗莫细评。烦将忆勤梦，归对海山横。[57]

晚宋真德秀历数理学在南宋的发展脉络时说道，"乾道、淳熙
间，子朱子倡道南方，海内学士至者云集。"[58]又说朱熹唱道东南，
教诲学人，"既而往仕四明，又教之以亲仁择善为讲学修身之助，
且曰：'杨敬仲、吕子约、沈叔晦、袁和叔，此四人者，皆子所宜从游
者也。'"[59]从南宋中期始，象山后学就开始承继乃师教导及精神主
张，在学术与思想舞台上持续地发出光和热，成为南宋思想史上的
重要的学术流派，在理学史上具有显著的地位。

第四节　杨简的交游

在大多数研究者的眼中,由于杨简的地位较高、学术成果丰富、门人众多,无疑是陆九渊的所有弟子之中最为杰出的。而作为《象山行状》的撰写者,杨简在陆九渊心学一派中的地位不问可知。

作为一名杰出的思想家,杨简与学者间的交往十分广泛,其时间跨度从孝宗乾道、淳熙年间(1163—1189)直至理宗宝庆年间(1225—1227),在宣传和发展陆学上所作的贡献很大。与"甬上四先生"中的其他三位不同,杨简的学术背景比较单纯,他的心学倾向和精神实质也最强,更能坚持自己的学术主张。作为陆氏心学思想最为忠实的追随者,与之交往的一些学者,往往受到他的影响。

早在太学生时期,杨简的影响就显现出来,永嘉学派薛季宣曾给杨简写信提到:"某景向有年矣,侄子每自庠序归省,辄能具道问学之妙、行谊之美及所以提诲之甚宠顾,以未尝识面为恨。"[60]后来杨简的思想逐渐成熟之后,各派学者受其影响的很多,其中不乏佼佼者。仅《宋元学案》中记载的程朱一派的有韩宜卿、韩度父子,真德秀;吕学一派有叶秀发,张渭;湖湘学派有刘宰等。其他如蒋存诚、沈文彪、汤建等人无法确切弄清他们本属什么学派,但可以肯定的是,他们都服膺杨简的学术思想,受其影响极深,甚至可以说已成为杨氏心学的一员。而上面所说的各个学派的学者,尽管都学有所宗,因而不能称为陆学中人,其受到的影响却已远远超过了学者之间交往的范围。

韩宜卿是刘清之的弟子,属程朱一派,其子韩度,隐居讲学,旁参慈湖之说,风节尤高,世以蕺山先生称之,"父子皆师刘子澄,而友杨敬仲"。[61]全祖望说:"朱、张、吕三先生讲学时,最同调者,清江刘氏兄弟也。敦笃和平,其生徒亦遍东南。"[62]这里的刘氏兄弟,是刘靖之、刘清之,靖之"其教大抵以读书穷理为先,持敬修身为主"。[63]清之"登绍兴进士。因往见朱文公(熹),慨然有志于义理之学。以'力行切己者,省察性情为务;有志者,必如曾子用力于容貌辞气,颜子用力于视听言动,方为善学'"。[64]两人中以刘清之学养深粹,"先生孝友诚笃,质直好义,意广而心和,强敏而有立。初以进士得官,已欲应博学宏辞科,及见朱晦翁,即尽取所习辞业焚之,慨然志于义理之学。罢官严陵,亟至东莱吕公书院讲论经义,留数月乃去。广汉张公(栻)守严陵时,尚未识先生。已深知先生为人,其后书问往复,神交心契。先生天资既高,复从二三君子讲学,故所造日益超,而当世巨儒如玉山汪公(应辰)、巽岩李公(焘)皆敬慕之"。[65]可见刘氏兄弟是朱熹同调,韩宜卿之弟韩冠卿也在刘门,"清江之学,于晦翁、南轩、东莱如水乳。其教先生也,以一实字,盖即司马温公教元城以诚字之说"。[66]韩氏兄弟父子也属于朱门,但与杨简却有精神互动。"贯道先生(韩冠卿)志铭出于慈湖",[67]但已经散失。

真德秀与慈湖的关系,从他本人所撰的《慈湖先生行述》可略知大概:

> 窃伏惟念嘉定初元,先生以秘书郎召,某备数馆职,始获从之游。……一日见谓曰:"希元有志于学,顾未能忘富贵利达,何也?"某恍然莫知所谓,先生徐曰:"子尝以命讯日者,故知之。夫必去是心而后可以语道。"先生之于某可谓爱之深而教之笃矣。惜其时方谬直禁林役,役语言文字间,故于先生之学,虽窃一二,而终未获探其精微。忧患以来,粗知向道,思

欲一叩函丈,求其指归,而不可得矣。[68]

叶秀发(1161—1230),字茂叔,庆元(1195—1200)进士,婺州人,学者称南坡先生,师事吕祖谦、唐仲友。"极深性理之学","尝著《论语讲义》,发越新意,以诲诸弟子,且曰:'圣门授业之源,无过此书。然义理无穷,倘一切沿袭旧说,吾心终无所得,若欲见诸行事,是犹假他人之器以为用,用之于已,且惴惴焉,不以为便,况欲假人乎哉"?[69]明代宋濂撰《叶秀发传》称:"时巨儒楼钥、史弥巩、娄昉、郑性之、杨简、袁燮皆器秀发,与之交,而于简问难尤切,每至日昃忘食,简自谓有所启发,得边、詹、顾、叶四子为喜,叶盖指秀发也"。[70]

张渭(1172—1209),字渭叔;张汾,字清叔,新昌(今浙江省新昌县)人,始师事吕祖俭,后转向慈湖心学。杨简在给张渭所作的墓志铭中说:

> 某之为国子博士,以言事罢归也,韩侂胄方用事,时论诬善类曰伪学,举子文字由是大变,不敢为理义之言,如某见谓伪学之尤者,而渭叔不远数百里与其兄弟皆至,愿抠衣焉。从容数月,未尝一语及举子事业。某于是信其人。与之语无他,说大旨,惟本孔子之言,曰:"心之精神是谓圣。"《孟子》:"仁,人心也。人心即道。"故舜曰:"道心,日用平常之心即道。"故圣人曰:"中庸,庸常也。"于平常而起意,始差,始放逸。渭叔领会无疑。今其季汾清叔曰:"渭叔盖顿有觉焉。"后移书曩所师寺丞吕先生,先生甚善其有觉。[71]

由于二人虚心向学,使得杨简大为感动,于是对他们毫无保留地阐述自己在心学方面的感悟,然而十分可惜的是,张渭嘉定二年(1209)便去世了,年仅37岁。杨简所书写的墓铭是:"人心虚明,变化云为,不可度思,渭叔觉斯。"[72]

　　刘宰(1166—1239),字平国,号漫塘,宋江南东路常州金坛县(今江苏省金坛县级市)人。据《宋史·刘宰传》载:"诏仕者非伪学,不读周敦颐、程颐等书,才得考试,宰喟然曰:'平生所学者何?首可断,此状不可得。'卒弗与。"[73]表现出强烈的气节。刘宰所从游的范围相当广,既有朱熹弟子,亦有叶适的门人,不过据全祖望说,他最终乃以默斋先生游九言为师,游氏属张栻后学。详览张栻对刘宰所言,即可以觉察出刘宰的理学造诣极高,非寻常士大夫所能及:

> 　　垂谕识大本、除物欲之说。盖义理精微处,毫厘易差,故以吕与叔游伊川、横渠之门,所得非不深,而至论中处终未契,先生之意知未易至也。今学者未循其序,遽欲识大本,则是先起求获之心,只是想象模量,终非其实。要须居敬穷理工夫,日积月累,则意味自觉无穷,于大本当渐莹然。大抵圣人教人,具有先后始终,学者存任重道远之思,切戒欲速也。物欲之防,先觉所谨。盖人心甚危,气习难化,诚当兢业乎此,然随起随遏,将灭于东而生于西,纷扰之不暇,惟端本澄源,养之有素,则可以致消弭之力。旧见谢上蔡谓:"透得名利关,便是小歇处。"疑斯言太快。透得名利关,亦易事耳,如何便谓之小歇处?年大更事,始知真透得,诚未易,世有自谓能摆脱名利者,是亦未免被它碍着耳。[74]

又据史籍,刘宰也是旷放之士,他认为,"《论语》载子在川上一章,秦、汉以来学者所未喻,独程门以为论道体。"[75]这种旷放的情怀,在一个侧面表明,他对象山心学的主张会有一定程度的接受和兼容。刘宰与陆九渊相识,有过一定的交往。[76]至于慈湖,刘宰曾经亲自登门拜访过,亦究心于其说。观刘宰所作《漫堂集》,确有许多对杨简表达崇敬之心的文字,其作《杨慈湖赞》云:"水之澄,月之明,先生此心,沉寥太清。"[77]在慈湖生前,刘宰曾作诗讲到过杨简心学的魅力:

> 学诗常拟邵尧夫,问道曾谒杨慈湖。
> 尧夫之诗呈大朴,慈湖之学澄太虚。
> 羡君优游两者间,傲视轩冕如蘧庐。
> 何时从我山中居,绝胜泛绿依红渠。[78]

尽管刘宰对杨简及其学问高看一眼,但绝不是意味着刘宰无条件地服膺慈湖心学,刘宰在给魏了翁的信里,表示出他对时代风云人物的看法:"近时叶水心之博,杨慈湖之淳,宜为学者所仰。而水心之论,既未免误学者于有;慈湖之论,又未免诱学者于无。"[79]他对陆九渊学术及其后学在时代学术史上的地位评价甚高,已经觉察出象山心学所具备的独特的魅力及其精神影响力:

> 乾道、淳熙间,东莱先生在婺,晦庵先生在建,从之游者常数百人。其学成行修者,多去而为名卿才大夫,下亦不失于乡党自好之士。其后杨慈湖在四明,叶水心在永嘉,户外之屦常满,盖其师友相从,尽有乐地,故虽多去乡辞家,关山夐隔,岁时恨别,花鸟惊心,亦徘徊而不能去。年来道丧,诸老凋零,学者怅怅然无所归。竹㘽黄云夫胸次洒落,句律清道,使得及四先生门,所至岂易量?顾仅为诗酒社中人,此韩文公所以悲醉乡之徒不遇也。[80]

这就等于在说,如果黄云夫能够及门"四先生",则有可能成为涵养深厚的"学人",而现实是未及得见,所以黄云夫不过是位醉乡中的"文人"。

"甬上四先生"与学者间的交游在很多情况下似乎与地理位置有关,主要是和两浙东路区域的士大夫有着频繁的往来,如史浩,吕祖谦、吕祖俭兄弟、永嘉学派的楼钥、薛叔似、陈傅良等都与四先生相交颇深。史浩一门数代有多人成为杨简的门人,仅直接从学于杨简并列入《慈湖学案》的便有史弥忠(浩弟渐之子,史嵩之父),史弥坚(浩幼子),史弥巩(渐子),史弥林(浩弟涓子),史守之(浩孙,弥大子),史定之(浩孙,弥正子)等,后来成为权相的史弥远也是杨简弟子。[81]宋元之际的名士戴表元表彰道:"夫生而贵,有德而禄,命也。不必以不仕然后为贤,而况富贵,人之常情,二君(指史弥巩、史弥林)于此,顾能有所不为,辞逊之节,植于一门,非讲之而习,履之而察,有以养其心而不乱,殆不至此此,固尚德君子,成人之美者之所愿闻也。"[82]吕祖俭曾在明州为官,与沈、杨、袁三先生相知尤厚,庆元二年(1196),杨简在为吕祖俭所作的奠辞中说:

> 哀哀子约,我心则同。问学虽略异,大致则同。所同者何?其好善同,见义忘利同,学不以口而以心同。夫天下惟有斯义而已矣,是故子约诚意笃志,深知乎某之心。某敬子约,敬子约不以利夺其义之胸中夫。是以承讣望哭,如对清明之神、雅正之容。[83]

杨简与沈焕、袁燮对吕祖俭的感情非常地深厚和诚挚。

不过,需要指出的是,乾淳诸老大多与杨简之间的学术观点不太一样,许多学者认为他的学说已成为禅学。朱熹便多次论及此事,他的弟子陈淳也说:

> 颇觉两浙间年来象山之学甚旺,由其门人有杨、袁贵显,据要津唱之,不读书、不穷理,专做打坐工夫,求形体之运动,

知觉者以为妙诀,大抵全用禅家宗旨,而外面却又假托圣人之言牵就释意,以文盖之,实与孔、孟殊宗,与周、程立敌。慈湖才见伊川语,便怒形于色,朋徒至私相尊号其祖师,以为真有得尧、舜、孔子千载不传之正统。每昌言之,不少怍,士夫晚学,见不破,多为风靡,而严陵有詹喻辈护法。此法尤炽,后生有志者,多落在其中。其或读书,却读《语》、《孟》精义而不肯读文公集注,读《中庸》集解而不肯读文公章句、或问,读《河南遗书》而不肯《近思录》,读周子《通书》而不肯读《太极图》,而《通书》只读白本而不肯读文公解本。平时类亦以道学自标榜,时官里俗多所推重,前后无一人看得破。[84]

这样的抱怨,反过来说明象山心学、慈湖学派及其相关的学术群体在当时已经具备了相当大的影响力和相当广的思想覆盖面。尽管连陆九渊都认为杨简的学术思想的确有些禅气:"杨敬仲不可说他有禅,只是尚有气习未尽。"[85]但却不妨碍心学在南宋中后期的广泛传播以及思想在社会精英中的渗透。杨简的弟子分布在社会各个层面,许多是社会名流,除史氏家族外,还有如苏州叶元吉、秀州(今浙江省嘉兴市)沈元吉,"叶元吉,名佑之。仪矩峻洁,癯然玉树之清。家素贫,典衣买书,读悟性理之学,诵谱尊宿语录,先后次序数百言,洒洒可听,有《同庵文集》二十卷"。"嘉禾有沈巩,字元吉,相颉颃于苏、秀二州,皆为慈湖先生上弟"。[86]杨简的上弟,还有赵与时,"以《宋史》宗室世系考之,盖太祖七世孙也"。[87]"方弱冠已荐取应举,宁考登宝位,补官,右选调管库之任,于婺于泰于衢者三。又监御前军器所,司行在草料场。蹉跎西阶,逾三十年,未尝一日忘科举业也。故自丁卯迄乙卯,以锁厅举而试者亦三,春闱率不偶,积阶至忠翊。今上皇帝赉赐,予换文阶"。[88]赵与时"从慈湖先生问学,盖杨简之门人"。[89]慈湖高弟子还有钱时(1175—
1244),字子是,号融堂,宋严州淳安县人,"幼奇伟不群,读书不为
世儒之习。以《易》冠漕司,既而绝意科举,究明理学。江东提刑
袁甫作象山书院,招主讲席,学者兴起,政事多所裨益。郡守及新
安、绍兴守皆厚礼延请,开讲郡庠。其学大抵发明人心,论议宏伟,
指摘痛快,闻者皆有得焉。丞相乔行简知其贤,特荐之朝,且曰:
'时凤负才识,尤通世务,田里之休戚利病,当世之是非得失,莫不
详究而熟知之,不但通诗书、守陈言而已'"。[90]浙江上游与徽州一
带的区域文化深受钱时的影响,"自融堂钱氏从慈湖杨氏游,而
(洪)本一之族祖衢州府君梦炎亦登其门,淳安之士皆明陆氏之
学"。[91]据说钱时"受学于慈湖杨丈元公之门,及归,弟子千人"。[92]
上文提到的洪梦炎,"字季思,号然斋,淳安人。宝庆二年进士,历
官武学博士,出知衢州,有集"。[93]现载于《慈湖遗书》中的重要文献
《黙斋记》,就是杨简应洪梦炎请求书写的,"季思请名其斋,某名
之曰黙"。[94]陈壎(埙)作为杨简的学生,在晚宋学术史和政治史上
也有一定的地位。他与杨简有同乡之谊,"长受《周官》于刘著,顷
刻数千百言辄就。试江东转运司第一,试礼部复为第一。嘉定十
年,登进士第。调黄州教授。丧父毁瘠,考古礼制时祭、仪制、祭器
行之。忽叹曰:'俗学不足学。'乃师事杨简,攻苦食淡,昼夜不
怠"。[95]陈壎对史弥远当权颇不以为然,史氏亡故后,上书道:"天下
之安危在宰相。南渡以来,屡失机会,秦桧死,所任不过万俟卨、沈
该耳。侂胄死,所任史弥远耳。此今日所当谨也。"[96]曲折地表达
了他对史弥远专权所造成局面的失望态度。即使史弥远生前,陈
壎也获敢言之号,林希逸曾说:"向者近臣惟真德秀、魏了翁,小臣
惟蒋重珍、陈壎敢与故相(史氏)异论。"[97]从游者多是一时豪杰名
士,如张端义,"少苦读书,肆举子业,勇于弓马,尝拜平斋项先生

于荆南,如慈湖、说斋(唐仲友)、鹤山(魏了翁)、菊坡(崔与之)、习庵(陈壎)皆从之游"。[98]陈壎既从学于杨简,与象山学派其他人物亦有过从,"象山之门人傅琴山(子云)与陈习庵书云:'朱晦庵得象山奏篇,极其赏音,而其终则有曰:但向上一路,未曾拨着'"。[99]前辈学者袁甫对陈壎甚为抬爱,"亭在山巅,气象巍然。山从何来,蜿蜿蜒蜒。我坐亭上,极目一望。群峰毕朝,尊无与抗。我抚亭下,万状难写。——分明,入我醉髯。有时携筇,偕我朋从。莫知我心,独抚孤松"。[100]这是暗示陈壎及象山、慈湖学派中人用心纯粹,气象高洁,在知识界有鹤立鸡群之感受。杨简的门人还有桂万荣,桂氏亦与杨简同里,字梦协,世称石坡先生。庆元二年(1196)进士,历余干尉、建康司理参军,以知常德府致仕。慈湖曾遗书桂万荣,解释"心之精神是谓圣":

> 梦协谓心之精神是谓圣。此圣人之言,何敢不信。但学者所造有浅深。简谓道无浅深。先圣曰改而止,谓改过即止。无庸他求,精神虚明,安有过失。意动过生,要道在不动乎意。[101]

桂万荣是一位实践的司法工作者,所著的《棠阴比事》是南宋重要刑事诉讼、断案的著作,[102]在中国刑事诉讼断案史上有重要地位。这是一位将"不动于意"运用于司法实践中的能吏。全祖望论曰:

> 慈湖弟子遍于大江以南,《宋史》举其都讲为融堂钱氏。予尝考之,特以其著述耳。若其最能昌明师门之绪者,莫如鄞之正肃袁公蒙斋(甫)、侍郎陈公习庵及慈之桂公石坡。顾袁、陈以名位著,而桂稍晦。今慈湖东山之麓有石坡书院,即当年所讲学也。桂氏自石坡以后,世守慈湖家法,明初尚有如容斋之敦朴,长史之深醇,古香之精博,文修之伉直,声闻不

坠,至今六百余年,犹有奉慈湖之祀者,香火可为远矣。石坡
讲学之语,实本师说,曰明诚,曰孝弟,曰颜子四勿,曰曾子三
省。其言朴质无华叶,盖以躬行为务,非徒从事于口耳,故其
生平践履,大类慈湖。《宋史》言:"慈湖簿富阳,日讲《论语》、
《孝经》,民遂无讼;石坡尉余干,民之闻教者耻为不善。慈湖
守温州,力行《周官》任恤之教,豪富争劝勉;石坡在南康,感
化骄军,知以卫民为务。慈湖,史氏累召不出;石坡方向用,力
辞史氏之招,丐祠终老,……慈湖之心学,苟非验之躬行,诚无
以审其实得焉否。今观石坡之造诣,有为有守,岂非真儒也
哉! 石坡晚年,最为耆寿,东浙推为杨门硕果,并于蒙斋、习
庵,盖其道之尊如此。"[103]

　　杨简的弟子中,最为特别的要数史弥远,史弥远(1164—
1233),字同叔,鄞县人。南宋四大权臣之一。开禧三年(1207),
槌杀韩侂胄,独相宋宁宗朝17年,后又定策拥立理宗,前后主国柄
27年。史弥远乃孝宗朝名相史浩次子。淳熙十一年(1184),史浩
家居,讲道东湖,设碧沚讲舍和城南书院,[104]延请袁燮、杨简主讲,
当时史弥远尽管只有21岁,但已经处事干练,知识渊博,三年即进
士及第。理宗即位后的第二年,宝庆二年(1225),已经被废黜的
故太子赵竑在湖州发动"霅川之变",史弥远极力打压,之后,为平
息矛盾,史氏力推真德秀等理学名士,已经85岁高龄的杨简也在
推荐之列,但是,杨简对史弥远的态度似乎不太友好,"穆陵即位,
慈湖以列卿召对。上问曰:'闻师相幼受教于卿。'慈湖对曰:'臣
之所以教弥远者,不如此。'上曰:'何谓?'对曰:'弥远视其君如弈
棋。'上默然。罢朝以语弥远,对曰:'臣师素有心疾,乞放
田里。'"[105]

第五节　袁燮的交游

在"甬上四先生"中,袁燮在政治上应该是最为成功的,他在朝时间最长,并经常向皇帝进言,对宋宁宗嘉定时期的政治产生了较大影响。与袁燮所交往的人中,各派学者均有,其中除了陆学人物之外,多为其同乡。在这一点上,四先生有共同之处。"甬上四先生"这一学者群体的产生本身也与地域密不可分。

与袁燮同乡,并且关系最为密切的学者是属于永嘉学派的楼钥。楼钥虽曾师从永嘉学派的学者,但就其个人的学术来看,并无明显的倾向,他与朱、陆、吕三派的诸多学者都保持着密切的联系,尤其与"甬上四先生"关系更为紧密,而这种关系很大程度上来自楼氏与袁氏的世交,袁燮在为楼钥撰写的行状中说:"然我高祖父光禄公实师事正议先生,源流相续,以至于今。公又不以众人遇我,嘉泰、开禧间从公于寂寞之滨,数以安于命义、保全名节之语勉我,斯意厚矣。"[106]正议先生即庆历五先生之一的楼郁,袁燮的高祖袁毂曾从之学,而袁燮和楼钥少时曾共同求学。袁燮在未中进士之前,曾在城南楼氏精舍讲学。袁燮中进士后为江阴尉,楼钥赋诗送别,诗的最后说:

> 要在弹压潢池兵,簿书期会勤经营。
> 人物酬应审重轻,一言行之可终身。
> 谨毋失己毋失人,赠人以言岂吾能。
> 颇尝于此三折肱,举以送君君试听。[107]

黄宽重认为,楼钥经由袁氏父子,得与四明最活跃的陆学人士建立密切的关系。[108]虽然,四先生与楼钥亦为乡,相互之间的交往是否完全以袁氏父子为纽带,值得商榷,不过,楼氏与袁氏这种密切的从家族到个人的学术及不仅限于学术的联系则是无可怀疑的。

另一位永嘉学派的重要人物陈傅良,则被《宋元学案》明确地列入袁燮讲友。残存的《絜斋集》有三首《上中书陈舍人》,都对他给予了极高的期望,最后一首曰:

> 重明丽宸极,万国熙王春。
> 翘首望德政,从今斯一新。
> 当年羽翼客,休戚一体均。
> 致主欲尧舜,规模戒因循。
> 古来王佐才,宇宙归经纶。
> 期公继前作,百世称伟人。[109]

而陈傅良的《止斋集》中则仅在一篇制词中提及袁燮。[110]因此,两人具体的交游情况今已无法真正弄清。

不过,袁燮为另一位永嘉学者黄度作行状,似乎可以让我们发现一丝端倪。黄度,字文叔,新昌人,与陈傅良为学侣,他与陈傅良的交往情况,袁燮在行状中多次提及,而在行状的最后,袁燮称:

> 然受知于公既三纪矣,某亦知公最详。公之笃学精思,胸中富有,取之不穷,发于事业,炜然可纪。立朝大节,始终无玷,固某之所心服也。"[111]

袁燮既然自称知黄度最详,他与黄度的学侣陈傅良之间有一定的交往是可以推知的。真德秀在为袁燮所作的行状中也说:"东莱吕成公,接中原文献之正传,公从之游,所得益富;永嘉陈公傅良,明旧章、达世变,公与从容考订,细大靡遗。"[112]

与其他三位学者相类似,袁燮所交游的学者群体之中,除同门之外,吕学一派也是最多的。他提及自己与吕祖俭的关系时便称"东莱吕君子约,某之畏友也"[113]。由于吕祖俭的《大愚集》今已不存,故而我们只能从袁燮方面大致了解他们二人的交往情况。袁燮《絜斋集》中现存的直接与吕祖俭交往的证据仅有诗三首。一首为《枕上有感呈吕子约》,探讨读书的重要性:

> 俗学浅无源,涧谷才咫尺。
> 志士务广深,沧溟渺难测。
> 俗子一作吏,书几尘土积。
> 志士虽莅官,群书玩无数。
> 废书固俗子,既俗又奚责。
> 嗜书苟不已,无乃旷厥职。
> 臧谷均亡羊,孰为失与得。
> 古人有大端,后学宜取则。
> 有余不可尽,不足在所益。
> 努力求至当,毋蹈一偏失。[114]

《和吕子约霜月有感》二首则主要探讨为学为人。[115]而一些间接证据则可见于袁燮为他人所作的行状之中,如《蕲州太守李公墓志铭》中提及:"李公茂钦,东莱吕成公之高弟也。淳熙中,成公之弟子约为四明仓官,茂钦不远数百里访焉,余因是识之。"[116]这里所涉及的事实,在上文讨论沈焕的交游情况时已经说到。再如袁燮为其弟子舒衍和其弟袁樗作行状时说到他们曾向吕祖俭问学:"又从东莱吕君子约,质疑请益,闻见日广,智识日明而践履不倦。"[117]"喜交贤士大夫,游君诚之、吕君子约,官于吾乡,木叔时请益焉,讲切精当,共图不朽。"[118]

　　或许是由于吕氏弟兄的关系,袁燮与吕学中人多有交往,吕祖俭之子乔年自不必说,还有李诚之、石范,袁燮都曾为他们作墓志铭。另外,还有叶秀发,宋濂作《叶秀发传》时曾提到叶秀发与袁燮的交往,上文论述杨简的交游情况时也已谈到。

与朱熹的交往,袁燮在《题晦翁帖》一文中有所提及:

> 淳熙己丑之岁,[119]四明大饥,某待次里中,晦翁贻书郡守谢侯,谓救荒之策,合与某共讲之。某虽心敬晦翁,未之识也。久而吕子约为仓官,晦翁屡遗之书,未尝不拳拳于愚不肖。自念何以得此,或者过听,以为可教耶?后七年,子约为大府丞,表对鲠切,权臣恶之,贬谪以死,晦翁痛伤之,与曾君道夫帖,言之不置。夫君子之善善恶恶,岂有私意,优于天下而喜,邦家殄绝而忧,根诸中心,形于翰墨。道夫宝藏之,时时览观,有所感发,其用力于斯道者耶![120]

可知,袁燮得以与朱熹有所交流大概得益于吕祖俭,不过,二位学者究竟交流情况如何,我们已见不到书信的证据,不过二人之间互相尊重应该是可以肯定的。袁燮在给朱门一位弟子所题写的文字中称:"朱公胸次清绝尘,吴公当日心相亲。风流蕴藉接前辈,寥寥斯世能几人?"[121]而朱熹给弟子滕璘的书信上文已经引用:"幸四明多贤士,可以从游,不惟可以咨决所疑,至于为学修身亦皆可以取益。熹所识者杨敬仲、吕子约,所闻者沈国正、袁和叔,到彼皆可从游也。"[122]由于程朱一派人数众多,因此袁燮与这一派学者的交往也相当多,如赵师渊、真德秀等。此外,也有如孙枝、朱元龙等既学于陆学,又学于朱门的学者,袁燮对他们的好学都表示赞赏,如他称赞孙枝"初谓子善为文,不意造理乃尔"[123]。

也由于在朝为官时间很长,与袁燮有交往的学者和官员之中,更多的我们很难把他们归入某个学派,甚至有些人在庆元党禁中充当了反"伪学"的角色。如赵善坚帅沿海时,曾请袁燮摄参议官,然他在庆元党禁中则充当韩侂胄的党羽,不遗余力地攻击"伪学之党"。当然,袁燮与这类官员的交往多停留在官样层次上,并无多少的学术和思想上的交流,无须进一步的探讨。但我们也不能否认,其中有一些人也对袁燮产生过相当的影响。如袁燮在为赵善待撰写的《朝请大夫赠宣奉大夫赵公墓志铭》自称:"虽然,早登公门,屡获亲炙,心服其贤,兹得附托以垂不朽,固所愿也。"[124]再如《运判龙图赵公墓志铭》中称:"四子时授从政郎,监江淮等路都大提点,铸钱司金银场。……某不才辱公荐举,遂为知己,又获从公之长子游,契分不薄矣。"[125]

这些从事实际事务的众多官员一定曾对袁燮的有所启发,因而袁燮更多地倾向于将他的学术思想与现实的政治与经济等结合。

袁燮的学生在"甬上四先生"中也属于比较多的一位,除四明史氏家族中既从学于杨简,又从学于袁燮的青年才俊外,较为有才具、见识,并成器者,大略还有朱元龙,

> 字景云,义乌人。嘉定十六年(1223)进士,选除宗正丞,兼权左司郎官。宦官陈恂益求建节,事下都司议,元龙拟曰:"优异内官,宠赉节钺,虽出于特恩,主张国是,爱惜名器,必由于公论,不可。"宰臣传旨,令改拟,对曰:"吾职可罢,笔不可改也。"有宗室与民讼争田,众莫敢决,元龙曰:"于法,品官不许佃民田,奈何天子属籍之亲,乃争田讼耶?"毅然决之。时议括两淮浮盐,元龙谓朝廷而行商贾之事,庙堂而踵诸国之规,使史氏书曰:括浮盐,自今日始。不可。又两上封事,自宫禁、朝廷以及百官、万民,皆痛切言之。先是,史嵩之在督府,

元龙劾其杀富民王伦为非,已而嵩之入相,遂斥去予祠。[126]

明代王祎追述"郑清之再入相。清之尤素恶公切直,或告公有可以回宰相之意者,则应之曰:'吾生为正人,死为正鬼耳。'于是家食十年,卒老以死矣。"[127]从是处可见,朱元龙正色立朝,危言峻行,不苟于世俗,王祎以为,这是从学于象山学派的结果,"始公受学乡先生毅斋徐公侨,既又从四明絜斋袁公燮游。徐公,考亭朱子门人;袁公,象山陆氏弟子。公之学,盖会朱、陆之异以为同,是以著于大节,表表如是"。[128]袁燮重要的学生还有胡谦、胡谊兄弟,胡谦,"字牧之,别号东斋,奉化人,与弟谊师事正献袁先生燮,传陆象山学,著《易说》、《易林》若干卷。谊,字正之,号观省佚翁,著《尚书释疑》十卷、《观省杂著》三十卷,兄弟文学为乡仪表"。[129]胡谊亡故后,袁燮为之撰《胡君墓志铭》,称许胡谊是"修谨士也",[130]"立身处事,未尝不以前言往行为准,尚气节,重然诺,或以义举告,跃然从之,无难色。每曰:'吾无他长,惟信义二字,终身不敢违。'……晚筑室于莱山之麓,下瞰碧泉,取大易山下出泉之象,榜其堂曰:'育德'。朝夕观省,涵养此心。又将招致贤师,日与子若孙讲肆其间,如已所以自警?者,其志念深矣"。[131]胡氏兄弟在学术上未有大推进,在政治事业上也没有成功,是属于自我励志的那一类乡居士人。袁甫铭其墓曰:"癯儒精神,乐哉一贫;是为絜斋先生之弟子,不辱师门。"[132]出仕显赫的袁燮弟子有袁韶,"字彦淳,庆元府人。淳熙十四年(1187)进士"。[133]嘉定十三年(1220),"为临安府尹,几十年,理讼精简,道不拾遗,里巷争呼为'佛子',平反冤狱甚多。绍定元年(1228),拜参知政事"。[134]"卒年七十有七,赠少傅。后以郊恩,累赠太师、越国公"。[135]全祖望在权衡袁氏一生出处进退与大节后评价说:

　　袁越公韶为执政,世皆指为史氏之私人,而卒以史氏忌其逼己而去,盖尝考其事而不得也。《延祐志》云:"李全反山阳,时相欲以静镇,公言:扬失守则京口不可保,淮将如崔福、卞整皆可用。适崔以阃命来,枢府公夜与同见。故事相府无暮谒者。公力言崔可用,相疑不悦,卒罢政归。"是传出于越公曾孙清容之手,《宋史》亦本此。及读《清容集》,则公尹行都,筑射圃,以冯将军射法,每旬校阅。山阳弄兵,公责时相不发兵坐视,以至去国。于时领兵殿岩者几欲承受风旨,袭夏震事以报私恩,然则史、袁相逼,果有不可言者,读《宋史》者所不知也。越公少为絜斋之徒,不能承其师傅,呈身史氏,以登二府,其晚节思扼其吭而代之,进退无据,虽所争山阳事,史屈袁申,然以越公之本末言之,要非君子也。[136]

据于此,乡处之君子固有高迈于衮衮诸公者。

黄宗羲曾经感慨地说:"真西山言与袁肃同年,视絜斋为丈人行,而于其德学则愿师焉。是絜斋门人之盛亦可知也。"[137]然而,尽管袁氏门人甚多,能克绍絜斋学术并发扬光大、转进一层者,却数之寥寥,"甬上四先生"之后,均有此种忧虑。

注　　释

1　总体而言,学界对南宋陆学的关注,主要集中于陆象山及其与弟子的思想本身之阐发及承继之上,对四先生与学界互动的关系注意不够。孙齐鲁《陆象山与杨慈湖师弟关系辨证》认为,慈湖与象山固有师生之谊,然慈湖之学,并非主要得力于象山,而是在其父亲的教诲下研治《周易》,并深造自得的结果。慈湖对象山学之贡献,更多体现为对陆门声势的壮大。慈湖、象山师弟之授受关系,不啻为儒家心学史一大误会(载《现代哲学》,2010 年第 2 期)。赵灿鹏《杨慈湖与南宋后期的儒学格局》指出,慈湖心学在南宋后期儒学格局中的主导地位,一方面与南宋中后期掌握政局枢机的史氏家族的支持有相当的关系,另一方面则是因为慈湖心学在政治、文化中心地域的广泛传布。慈湖去世之后,在浙江一带兴盛一时的陆学,逐渐失势让位于朱学(载《湖南大学学报》,2009 年第 4 期)。崔大华《南宋陆学》(中国社会科学出版社,1984 年)也多未涉及此项专题研究。

2 26 (宋)舒璘:《舒文靖集》卷上《与吕寺丞子约(二)》,文渊阁四库全书本,第 1157 册,第 511、510 页。

3 (宋)舒璘:《舒文靖集》卷上《通陈郎中英仲》,文渊阁四库全书本,第 1157 册,第 523 页。

4 29 (宋)舒璘:《舒文靖集》卷上《与陈中书傅良》,文渊阁四库全书本,第 1157 册,第 525、525 页。

5 (宋)张淏撰:《宝庆会稽续志》卷五《人物·孙应时》,载《宋元方志丛刊》,中华书局,1990 年,第 7153 页下。

6 (宋)孙应时:《烛湖集》卷十八《送袁和叔赴淮阴尉》,文渊阁四库全书本,第 1166 册,第 740 页。

7 (宋)孙应时:《烛湖集》卷十八《寄别袁和叔》,文渊阁四库全书本,第 1166 册,第 739 页。

8 (宋)孙应时:《烛湖集》卷十九《送别袁公四诗》,文渊阁四库全书本,第 1166 册,第 745 页。

9 (宋)孙应时:《烛湖集》卷十七《哭沈叔晦墓》,文渊阁四库全书本,第 1166 册,第 723 页。

10 (宋)孙应时:《烛湖集》附编卷下,杨简撰:《孙烛湖圹志》,文渊阁四库全书本,第 1166 册,第 775 页。

11 《宋史》卷三百九十七《徐谊传》:"孝宗临御久,事皆上决,执政惟奉旨而行,群下多恐惧顾望。谊谏曰:'若是则人主日圣,人臣日愚,陛下谁与共功名乎?'及论乐制,谊对以'宫乱则荒,其君骄;商乱则陂,其官坏。'上遽改容曰:'卿可谓不以官自惰矣。'"载《宋史》,第 12083 页。

12 (宋)陆九渊:《陆九渊集》卷五《与徐子谊》,钟哲点校,中华书局,1980 年,第 67 页。

13 参见(清)黄宗羲原著、全祖望补修:《宋元学案》卷五十八《象山学案》,第 1928 页。又,"徐子宜与先生同赴南宫试,论出天地之性人为贵。试后,先生曰:'某欲说底,却被子宜道尽。但其所以自得受用底,子宜却无。'曰:'虽欲自异于天地,不

可也。此乃某平日得力处。'"载《宋元学案》,第 1915 页。这是说,徐谊在看法上
尽管与象山相近,但在人生格调和人格修养的实际践履处,陆九渊自以为还是比
徐氏高出一格。

14　(宋)叶适:《水心文集》卷二十一《宝谟阁待制知隆兴府徐公墓志铭》,载《叶适
　　集》,刘公纯、王孝鱼、李哲夫点校,中华书局,1961 年,第 405 页。

15　(清)黄宗羲原著、全祖望补修:《宋元学案》卷六十一《徐陈诸儒学案》,第
　　1968 页。

16　(宋)舒璘:《舒文靖集》卷上《答徐子宜书(二)》,文渊阁四库全书本,第 1157 册,
　　第 515 页。

17　(宋)舒璘:《舒文靖集》卷上《与徐子宜书(三)》,文渊阁四库全书本,第 1157 册,
　　第 515 页。

18　(宋)杨简:《慈湖遗书》卷四《奠徐子宜辞》,文渊阁四库全书本,第 1156 册,第
　　643 页。

19　(宋)舒璘:《舒文靖集》卷上《答孙子方》,文渊阁四库全书本,第 1157 册,第
　　511 页。

20　(宋)舒璘:《舒文靖集》卷上《答朱晦翁》,文渊阁四库全书本,第 1157 册,第
　　508 页。

21　(宋)舒璘:《舒文靖集》卷上《答杨国博敬仲》,文渊阁四库全书本,第 1157 册,第
　　509 页。《舒文靖公类稿》卷一《答杨国博敬仲书》无"此间尊晦翁学甚笃,某不暇
　　与议"句。参见《四明丛书》,四明丛书本,第四集,第一册,广陵书社,2006 年。

22　参见(宋)舒璘:《舒文靖集》卷上《与滕德粹》,文渊阁四库全书本,第 1157 册,第
　　520 页。

23　(宋)舒璘:《舒文靖集》卷上《与汪清卿》,文渊阁四库全书本,第 1157 册,第 520—
　　521 页。

24　参见(宋)舒璘:《舒文靖集》卷上《通陈郎中英仲》,文渊阁四库全书本,第 1157
　　册,第 523 页。《舒文靖集》卷下《与陈英仲提举札子》,文渊阁四库全书本,第
　　1157 册,第 543—544 页。按:据(清)李清馥:《闽中理学渊源考》卷八《侍讲陈英
　　仲先生士楚》:"陈士楚,字英仲,莆田人,从学林公光朝,登乾道八年进士,调临江
　　户曹,摄新喻县,政化大洽。改秩调侯官。丞相周必大荐之,以国子监簿召。对孝
　　宗,奖其诚实。绍熙初,除宗正丞,兼嘉王府直讲。一日,百官已趋班,雪大作,宰

相索表称贺,援笔立就,朝士称叹。青宫开经筵,讲《周书·无逸章》其解'稼穑艰难'曰:'百谷丽于土,荄萌既敷,方有实;三农力于田,莠草既除,方有秋。'以讽小人妨君子之意。寿皇(孝宗)传谕曰:'陈直讲说书,议论精详,理致深奥,得师儒之道。'"载文渊阁四库全书本,第460册,第134页。

25　(宋)舒璘:《舒文靖集》卷上《答乔世用》,文渊阁四库全书本,第1157册,第527页。

27　(宋)舒璘:《舒文靖集》卷上《答薛大卿象先》,文渊阁四库全书本,第1157册,第525页。

28　(宋)舒璘:《舒文靖集》卷上《答薛大卿象先(二)》,文渊阁四库全书本,第1157册,第525页。

30　(宋)舒璘:《舒文靖集》卷上《与楼大防(三)》,文渊阁四库全书本,第1157册,第518页。

31　(宋)《晦庵先生朱文公文集》卷五十三《答沈叔晦(五)》,四部丛刊初编本。

32　33　(宋)朱熹:《晦庵先生朱文公文集》卷五十三《答沈叔晦(五)》,四部丛刊初编本。

34　(宋)朱熹:《晦庵先生朱文公文集》卷五十三《答沈叔晦(二)》,四部丛刊初编本。

35　(宋)朱熹:《晦庵先生朱文公文集》卷五十三《答沈叔晦(三)》,四部丛刊初编本。

36　(宋)沈焕:《定川遗书》附录卷二,朱熹:《祭南山沈公文》,四明丛书本,第四集,第四册,广陵书社,2006年。

37　(宋)黄震:《黄氏日抄》卷四十二《读本朝诸儒书十·陆复斋文集》,文渊阁四库全书本,第708册,第222页。

38　(宋)朱熹:《晦庵先生朱文公文集》卷四十二《答石子重》,四部丛刊初编本。

39　(宋)朱熹:《晦庵先生朱文公文集》卷三十九《答许顺之(四)》,四部丛刊初编本。

40　(元)脱脱:《宋史》卷三百七十四《张九成传》,第11579页。

41　(宋)史浩:《鄮峰真隐漫录》卷三《送安之往依沈叔晦师席》,文渊阁四库全书本,第1141册,第552页。

42　(宋)史浩:《鄮峰真隐漫录》卷四十三《祭沈叔晦国录文》,文渊阁四库全书本,第1141册,第869页。

43　南宋元代四明乡曲义田维持得非常长久,贡献最大的就是史浩、汪大猷、沈焕三人,参见(元)马泽修、袁桷纂:《延祐四明志》卷十四,王应麟:《义田庄先贤祠记》,

载《宋元方志丛刊》，中华书局，1990年，第6344页下—6345页下。史浩、汪大猷、
沈焕三人因创设义田而获建祠祀奉，正是他们因致力于地方公益而取得社会声望
的说明，而此一声望在他们死后由于乡人的祀奉达到顶点。先贤祠的存在，同时
具有社会教化的意义。关于南宋元代四明地区义田及其社会与教育作用的影响，
可以参考梁庚尧：《家族合作、社会声望与地方公益——宋元四明乡曲义田的源起
与演变》，载《中国近世家族与社会学术研讨会论文集》，中央研究院历史语言研究
所，1998年。还可参考梁庚尧：《南宋的社仓》，载氏著《宋代社会经济史论集》，允
晨文化实业股份有限公司，1997年。

44   45 （宋）周必大：《文忠集》卷七十八《通判舒州沈君墓碣》，文渊阁四库全书本，
第1147册，第816、818页。

46 （清）全祖望：《鲒埼亭集外编》卷十六《竹洲三先生书院记》，《全祖望集汇校集
注》，朱铸禹汇校集注，上海古籍出版社，2000年，第1042页。

47 （宋）吕祖谦：《东莱集》别集卷九《与周丞相子充》，文渊阁四库全书本，第1150
册，第261页。

48 参见袁燮：《絜斋集》卷十四《通判沈公行状》，文渊阁四库全书本，第1157册，第
202页。

49 （宋）沈焕：《定川遗书》附录卷四《定川言行汇考》，四明丛书本，第四集，第四册，
广陵书社，2006年。

50 122 （宋）朱熹：《晦庵先生朱文公文集》卷四十九《答滕德粹（十一）》，四部丛刊
初编本。

51 （清）全祖望：《鲒埼亭集外编》卷十六《竹洲三先生书院记》，《全祖望集汇校集
注》，第1042页。

52 （宋）沈焕：《定川遗书》附录卷一，吕祖俭：《泛舟至竹洲叔晦所居诗》，四明丛书
本，第四集，第四册，广陵书社，2006年。

53 54 55 （宋）薛季宣：《浪语集》卷二十五《抵沈叔晦焕》，文渊阁四库全书本，第
1159册，第397、398、397页。

56 （宋）陈傅良：《止斋集》卷三十七《与沈叔晦》，文渊阁四库全书本，第1150册，第
793页。

57 （宋）范成大：《石湖诗集》卷二十五《喜沈叔晦至》，文渊阁四库全书本，第1159
册，第785页。

58　59　(宋)真德秀:《西山文集》卷四十六《朝奉大夫赐紫金鱼袋致仕滕公墓志铭》，文渊阁四库全书本，第1174册，第729、730页。

60　(宋)薛季宣:《浪语集》卷二十五《抵杨敬仲简》，文渊阁四库全书本，第1159册，第397页。

61　(清)黄宗羲原著、全祖望补修:《宋元学案》卷五十九《清江学案》引王梓材语，第1947页。

62　63　64　65　66　67　(清)黄宗羲原著、全祖望补修:《宋元学案》卷五十九《清江学案》，第1938—1939、1939、1940、1943、1946、1950页。

68　(宋)真德秀:《西山文集》卷三十五《慈湖先生行述》，文渊阁四库全书本，第1174册，第549页。

69　70　(明)宋濂:《文宪集》卷十《叶秀发传》，文渊阁四库全书本，第1223册，第523—524、524页。

71　72　(宋)杨简:《慈湖遗书》卷五《铭张渭叔墓》，文渊阁四库全书本，第1156册，第653、653页。

73　(元)脱脱等:《宋史》卷四百一《刘宰传》，第12168页。

74　(宋)张栻:《南轩集》卷二十六《答刘宰》，文渊阁四库全书本，第1167册，第637页。

75　(宋)周密:《癸辛杂识》别集上《刘漫塘》，吴企明点校，中华书局，1988年，第243页。

76　参见(宋)陆九渊:《陆九渊集》卷十五《与薛象先(一)》，第199页。

77　(宋)刘宰:《漫堂集》卷二十五《杨慈湖赞》，文渊阁四库全书本，第1170册，第632页。

78　(宋)刘宰:《漫堂集》卷二《赠陈内机》，文渊阁四库全书本，第1170册，第313页。

79　(宋)刘宰:《漫塘集》卷十《通鹤山魏侍郎了翁》，文渊阁四库全书本，第1170册，第409页。

80　(宋)刘宰:《漫塘集》卷十九《送黄竹硼序》，文渊阁四库全书本，第1170册，第540—541页。

81　(清)王梓材、冯云濠编撰:《宋元学案补遗》卷七十四《慈湖学案补遗》，沈芝盈、梁运华点校，中华书局，2012年，第4290—4293页。

82　100　101　(清)王梓材、冯云濠编撰:《宋元学案补遗》卷七十四《慈湖学案补遗》,第 4293、4297、4298 页。

83　(宋)杨简:《慈湖遗书》卷四《奠吕子约辞》,文渊阁四库全书本,第 1156 册,第
　　646 页。

84　(宋)陈淳:《北溪大全集》卷二十三《与陈寺承复书一》,文渊阁四库全书本,第
　　1168 册,第 686 页。

85　(宋)陆九渊:《陆九渊集》卷三五《语录下》,中华书局 1980 年。

86　(宋)张端义:《贵耳集》卷上,李保民校点,上海古籍出版社,2012 年,第 104 页。

87　(宋)赵与时:《宾退录》附录三《四库全书·总目·子部·杂家类》二,齐治平校
　　点,上海古籍出版社,1983 年,第 158 页。

88　89　(宋)赵与时:《宾退录》附录三《四库全书·总目·子部·杂家类》二,第 158、
　　159 页。

90　(元)脱脱:《宋史》卷四百七《钱时传》,第 12292—12293 页。

91　(元)郑玉:《师山集》卷七《洪本一先生墓志铭》,文渊阁四库全书本,第 1217 册,
　　第 59 页。

92　(明)乌斯道:《春草斋集》卷四《吊钱融堂先生》,文渊阁四库全书本,第 1232 册,
　　第 172 页。

93　(清)厉鹗:《宋诗纪事》卷六十四《洪梦炎》,文渊阁四库全书本,第 1485 册,第 330
　　页。洪梦炎之事迹,参见(宋)袁甫:《蒙斋集》卷十八《承务郎致仕洪君墓志铭》,
　　文渊阁四库全书本,第 1175 册,第 543 页。

94　参见(宋)杨简:《慈湖遗书》卷二《默斋记》,文渊阁四库全书本,第 1156 册,第
　　630 页。

95　96　(元)脱脱:《宋史》卷四百二十三《陈埙传》,第 12638、12640 页。

97　(宋)林希逸:《竹溪鬳斋十一藁》续集卷二十三《宋龙图阁学士赠银青光禄大夫侍
　　读尚书后村刘公状》,文渊阁四库全书本,第 1185 册,第 781 页。

98　(宋)张端义:《贵耳集》卷上,李保民校点,第 104 页。

99　(宋)黄震:《黄氏日抄》卷四十二《轮对札子》,文渊阁四库全书本,第 708 册,第
　　212 页。

102　"棠阴"指"棠荫",源自《诗经·召南·甘棠》。甘棠是一种树木,树形高大,古代
　　常种植此树于社前,故甘棠又称为社木。社,即听讼断案场所,亦是敬地神、谷神
　　之处。据传召伯曾在社前甘棠之下听讼断案,公正无私,民有《甘棠》之歌颂扬纪

念召伯。"比事",据桂万荣在《前序》中解释,取"比事属词"之义,即"排比事类,
连缀文辞"的意思。

103　(清)黄宗羲原著、全祖望补修:《宋元学案》卷七十四《慈湖学案》,第2491页。

104　参见(宋)孙应时:《烛湖集》卷首,司马述:《原序》,文渊阁四库全书本,第1166
册,第523页。

105　(明)高宇泰:《敬止录》卷三北京图书馆"古籍珍本丛刊",北京图书馆出版社,
2000年,第28册,第248页。

106　(宋)袁燮:《絜斋集》卷十一《资政殿大学士赠少师楼公行状》,文渊阁四库全书
本,第1157册,第151—152页。

107　(宋)楼钥:《攻媿集》卷一《送袁和叔尉江阴》,文渊阁四库全书本,第1152册,第
267—268页。

108　黄宽重:《宋代四明士族人际网络与社会文化活动——以楼氏家族为中心的观
察》,《中央研究院历史语言研究所集刊》,第70本第3分,1999年9月。还可以
参见黄宽重:《宋代四明袁氏家族研究》,载中央研究院历史语言研究所出版品编
辑委员会主编:《中国近世社会文化史论文集》,中央研究院历史语言研究所,
1992年。两文均修改后收入黄宽重:《宋代的家族与社会》,国家图书馆出版社,
2009年。

109　(宋)袁燮:《絜斋集》卷二十三《上中书陈舍人三首》,文渊阁四库全书本,第1157
册,第305页。

110　参见(宋)陈傅良:《止斋集》卷十八《袁燮除太学正》,文渊阁四库全书本,第1150
册,第649页。按:袁燮除太学正,是在宁宗登基后的庆元元年(1195),在这篇陈
傅良所拟的外制中,对袁燮的评价还是比较高的。"敕具官某:今周行之士,可以
为人师者不乏,而朕取诸远,至于一再,尔燮亦喻此指乎? 夫行修于家而未施用
于世,名闻于州里而未有著于朝列,此人主之所务白也,宜益懋官,以副朕不遐遗
之意。可。"

111　(宋)袁燮:《絜斋集》卷十三《龙图阁学士通奉大夫尚书黄公行状》,文渊阁四库
全书本,第1157册,第189页。

112　(宋)真德秀:《西山文集》卷四十七《显谟阁学士致仕赠龙图阁学士开府袁公行
状》,文渊阁四库全书本,第1174册,第760页。

113　(宋)袁燮:《絜斋集》卷二十《居士阮君墓志铭》,文渊阁四库全书本,第1157册,

第 273 页。

114　(宋)袁燮:《絜斋集》卷二十三《枕上有感呈吕子约》,文渊阁四库全书本,第 1157
　　　册,第 310 页。

115　参见(宋)袁燮:《絜斋集》卷二十三《和吕子约霜月有感》,文渊阁四库全书本,第
　　　1157 册,第 310—311 页。

116　(宋)袁燮:《絜斋集》卷十八《蕲州太守李公墓志铭》,文渊阁四库全书本,第 1157
　　　册,第 247—248 页。

117　(宋)袁燮:《絜斋集》卷二十《舒君仲与墓志铭》,文渊阁四库全书本,第 1157 册,
　　　第 277 页。

118　(宋)袁燮:《絜斋集》卷二十《亡弟木叔墓志铭》,文渊阁四库全书本,第 1157 册,
　　　第 284 页。

119　按:孝宗淳熙凡十六年(1174—1189),并无己丑年,朱熹任提举两浙东路常平茶
　　　盐公事,浙东赈荒是在淳熙八年(1181),是年乃辛丑年。此处书"己丑"者,乃袁
　　　燮误记。

120　(宋)袁燮:《絜斋集》卷八《题晦翁帖》,文渊阁四库全书本,第 1157 册,第 104 页。

121　(宋)袁燮:《絜斋集》卷二十三《题吴参议达观斋》,文渊阁四库全书本,第 1157
　　　册,第 316 页。

123　(元)王元恭修,王厚孙、徐充纂:《至正四明续志》卷二《孙枝传》,宋元方志丛刊
　　　本,中华书局 1990 年。

124　(宋)袁燮:《絜斋集》卷十七《朝请大夫赠宣奉大夫赵公墓志铭》,文渊阁四库全
　　　书本,第 1157 册,第 235 页。

125　(宋)袁燮:《絜斋集》卷十八《运判龙图赵公墓志铭》,文渊阁四库全书本,第 1157
　　　册,第 253—254 页。

126　127　128　(明)王祎:《王忠文集》卷五《朱左司集序》,文渊阁四库全书本,第
　　　1226 册,第 92、92、92 页。

129　(清)曾筠纂修:乾隆《浙江通志》卷一百七十五《人物五·儒林上·宁波府·胡
　　　谦、胡谊》,文渊阁四库全书本,第 523 册,第 590 页。

130　131　(宋)袁燮:《絜斋集》卷二十《胡君墓志铭》,文渊阁四库全书本,第 1157
　　　册,第 272、272 页。

132　(清)王梓材、冯云濠编撰:《宋元学案补遗》卷七十五《絜斋学案补遗》,第

4351 页。

133 134 135 （元）脱脱：《宋史》卷四百十五《袁韶传》，第 12451、12451、12451 页。

136 （清）黄宗羲原著、全祖望补修：《宋元学案》卷七十五《絜斋学案》，第 2537—2538 页。

137 （清）黄宗羲原著、全祖望补修：《宋元学案》卷七十五《絜斋学案》，第 2536 页。真西山，即真德秀（1178—1235），南宋中后期之理学巨子。袁肃，乃袁燮次子。

第 四 章

"甬上四先生"的理想和实践

第一节　政治理想和实践

　　象山学说和"甬上四先生"的思想成就不仅在于确立和阐发了道德超验的心学本体论,而且以此为认识基点,在社会政治方面亦颇多创见。其政治哲学和历史学说倾向于在解释世界的同时向社会提供改变世界的可行性方案。他在批判社会不合理现象的同时,提供出解决问题的一些设想,设计出一些新的蓝图,构造出社会历史的理想模式,冀图一劳永逸地解决现实社会的种种政经难题。因此,类似"金溪学问真正是禅",[1]"子静一味是禅",[2]"陆子静之学,自是胸中无奈许多禅何。看是甚文字,不过假借以说其胸中所见者耳"[3]的嘲讽,实不足以涵括象山学派之全部。"陆子静之学,只管说一个心,本来是好底物事,上面着不得一个字,只是人被私欲遮了。若识得一个心了,万法流出,更都无许多事。他却是实见得个道理恁地,所以不怕天,不怕地,一向胡叫胡喊",[4]也不足以概括象山学派及其后学的人文与社会关怀的博大胸襟。

一、对国家命运和现实政治的关注

治国平天下始终是传统中国社会精英的最大理想,"甬上四先生"活跃于孝宗中期至光宗、宁宗、理宗初年,这段时间是南宋中后时段,统治集团内部利益分配复杂化,皇权交替矛盾重重,政治斗争激烈。经济上因为外部压力过大,课税繁重。国家内部则官吏腐化,百姓生活艰难,内忧外患突显,作为优秀的学人,他们对自己个人的荣辱并不在意,时刻挂念的是国家的安危:

> 某窃惟当今事势,官爵之崇卑,皆不足为吾党贺,而国本之安危,则深有可虑者。[5]

因而,不管身在高位,还是位处"冷官",[6]他们关注国家前途命运的态度完全相同:

> (杨简)臣愿陛下即此虚明不起意之心以行,勿损勿益,自然无所不照,贤否自辩,庶政自理,民自安自化,四夷自服,此即三王之道,即尧舜之道,愿陛下无安于汉唐规模。[7]

> (袁燮)臣一介疏庸,遭逢盛际,误蒙拔擢,寝历清华,每自念无以称塞,惟有罄竭愚忠,庶几仰酬天造。[8]

> (舒璘)某衰拙安分,足乐余生,但杞国之念未忘,若得善类同升,国家缓急有赖,诚所愿望。[9]

> (沈焕)爱国忧君发于至诚,语及时事,少不合意常颦蹙不乐,深以善类凋零为忧。[10]

因为政治理想的一致,所以思想家们在对待国家大事时会完全抛开门户之见,如上文舒璘给各派在朝的学者的书信即是如此。然而现实的政治却不容乐观,对此,"甬上四先生"十分清醒。宁宗初即位,由于赵汝愚的举荐,任用了一批理学人士,杨简、袁燮也都得以入朝,"今则集贤(赵子宜也)总百官,晦翁侍讲席,君子推重于一时者,虽未尽集,亦次第位乎朝矣。宜设施光明,大慰人望。"[11]但是不久,赵汝愚罢,韩侂胄为打击异己兴"庆元党禁"。理学家们的美好政治理想再次落空,舒璘深刻地认识到这一问题的严重性:

> 盖事以百君子辑理之后,不幸而值一小人,则一扫而废。幸而复得贤者绍之,虽典刑尚可究,而纲纪条画则已紊乱,非积年不能复。况君子少而小人多,将何以慰民心而固国本耶?此某所目击而隐忧者。[12]

但同时,他仍认为不应放弃希望,作为士大夫更应承担起救国于危难的重担,他数次去书这样要求身处政治斗争之中的徐子宜、薛象先等人,要求他们不要追求因个人的得失而生退却之心,使国家无所倚赖。嘉定更化之后,袁燮长期任经筵,在宁宗朝的政治生活中起了较大的影响,他多次上书,对所谓更化的效果表示怀疑,更表达自己对国家的深深隐忧:

> 今陛下求治不为不久,而稽其效验,尚尔迟迟,何可不思其故欤! ……陛下视今之治具已毕张乎未乎? 民生已举安乎未乎? 更化以来,招延俊彦,随才授职,责其成效,治具似已张矣,而颓纲未至于尽举,宿弊未免于犹在,则难以谓之毕张。都城之内财货疏通,米价至平,闾阎熙熙,远过曩日,民生似亦安矣,而远方之民凋瘵乎财赋之烦,愁苦乎刑戮之惨,虽当丰岁,犹不聊生,则难以谓之举。[13]

故此他多次要求宁宗在对待内政和外交种种问题上都能自强不息,以振作朝纲,提高国力,虽然效果不佳,但也表现出一名优秀学人的爱国情怀,最终袁燮因为在朝廷上与受权相史弥远主使力主和议的胡榘争执,史载,史弥远废济王,立理宗,"独相九年,用余天锡、梁成大、李知孝等列布于朝。最用事者:薛极、胡榘、聂子述、赵汝述,时号'四木'。弥远出入禁苑,擅权用事,台谏争言其非"。[14]而胡榘此人,犹如时任参知政事的曾从龙所言,是"憸壬,排沮正论"[15]的小人。嘉定十二年(1219)五月,"太学生何处恬等伏阙上书,以工部尚书胡榘欲和金人,请诛之以谢天下。"[16]袁燮击胡榘事发生于此年六月,"嘉定间,外患交攻,廷臣有以和、战、守三策为言者,谓战为上策,守为中策,和为下策。是时胡榘侍郎专主和议,会入朝时,四明袁燮侍郎与胡公廷争,专主战守议,仍以笏击胡公额,遂下侍从台谏集议,后袁君以此辞归,太学诸生三百五十四人作诗以送袁君。"[17]袁燮的举动固然有一些出格,但他为实现治国平天下的理想而所做的一切,真正可以无愧于心:

> 人生一世间,当为一世杰。
> 琐琐混常流,有愧古明哲。
> 努力求至道,毫发无差别。
> 伟哉平常心,光明配日月。[18]

太学三百五十四人作诗送别袁燮,其中之一曰:

> 天眷频年惜挂冠,谁令今日远长安?
> 举幡莫遂诸生愿,祖帐应多行路难。
> 去草岂知因害稼,弹乌何事却惊鸾。
> 韩非老子还同传,凭仗时人品藻看。[19]

理宗即位,四先生中仅杨简一人还在世,被召入朝,史弥远是杨简的学生,杨简入朝也是他的荐举,但杨简对史的所作所为十分不满,据载:

> 穆陵（理宗）即位，慈湖以列卿召对。上问曰："闻师相幼受教于卿。"慈湖对曰："臣之所以教弥远者，不如此。"上曰："何谓也？"对曰："弥远视其君如弈棋然。"上默然。罢朝，以语弥远，对曰："臣师素有心疾。"[20]

史弥远固然可以用尴尬的语言掩饰内心的不满与不屑，但反过来，杨简的直言反映得是他本人对现实政治的批判和权相政治格局的否定，折射的是杨简的现实关怀和深深的社会责任感。

二、治国方略，军事筹划

宋代士大夫往往议论多，实际方略少，因此往往理想高远却难见实效。这一点身处基层的舒璘看得最为清楚：

> 某尝思之，事固不可以骤致，然今日诸贤大概回护之功多，而诚实之意少。上焉者谈论不切事情，下焉者又只相安于无事，故虽咸有忧国之心，而未有善后之计，窃恐日复一日，机不再来，又成虚度，此则深可忧也。[21]

四先生中，杨简、袁燮二人由于地位较高，因此提出了一些较为宏观的治国措施，而舒璘所提出的一些措施则对改善南宋社会的底层状况很有帮助，这将在下一节重点论述，而沈焕由于其文字几乎无存，我们所知他的一些看法仅有寥寥数语，下面是一例：

> 天子必有谏官，今世牧守遂无谏者，天子不得自行一事，而牧守皆擅喜怒无敢问者，录事参军自汉至唐专掌弹劾，此职可复修也。[22]

杨简秉承物我无二的思维方式，将《周易》中所阐释的"易"理解为"己"，将"易"这种外在的变化解读为内在主观的生成变化，

"易者已也,非有他也。以易为书,不以易为己,不可也;以易为天地之变化,不以易为己之变化,不可。天地我之天地,变化我之变化,非他物也,私者裂之,私者自小也。"[23]万物皆是"我"化,变化亦是"我"之变化,由此,"我"就完全超越了肉身的存在,转而进入精神状态的存在,"天地吾施生,四时吾继续。日月吾光明,变化吾机轴。夫人同此机,宇内皆吾族。"[24]精神之我把握一切枢机,凌越一切价值,成为绝对的主宰者。精神之我也可以用"心"来替换,在"心"这壹终极本体上,所有的差异都能获得本质上的一致性,从这一本质上的一致性出发,表象的差异是不过是本质上的外化形态,"心"才是一切的统摄者,"人心非血气,非形体,精神广大无际畔,范围天地,发育万物,何独圣人有之,人皆有之。时有古今,道无古今。"[25]杨简用"心"代替了程朱理学那里的"理",作为自然、社会的公理与法则,它具有普遍性、贯通性的特质,它彻上彻下,具备着伦理的内涵,以纲常伦理为主体的道德形上实存注入自然、政治和历史的各个层面,"夫所以为我者,毋曰血气形貌而已也。吾性澄然清明而非物,吾性洞然无际而非量。天者,吾性中之象。地者,吾性中之形。故曰:在天成像,在地成形,皆我之所为也。混融无内外,贯通无异殊。"[26]"心"即是一种伦理性的实存,道德行为即为这个实存的本质表现,心与理合,则此"心"与"理"一样,同是宇宙万物的终极本体;心与理等。则充塞宇宙的万物之理即在心中。心即理。则道德实践的最后依据便植根于主观内在的心灵世界。心世界就是理世界。而道德实践的任务,就在于不断地剔除"心"不粹然合"理"之处,将心铸造为纯然天理的道德灵明:

> 惟精惟一,允执厥中,方可为至论。吁!尧、舜、禹、皋、益,有二心乎?临民出政时有一心,穷深极?时又一心乎?人

有二心,且不能以为人,而可以为尧、舜、禹、皋、益乎?……惟识此心者,方知此心之存不存。不识此心者,安知之也? 不知者,胡不于戒谨恐惧时,而黙察其所以然乎? 方戒谨恐惧时,此心放乎? 不放乎? 纷扰乎? 不纷扰乎? 有计较乎? 无计较乎? 支离乎? 不支离乎? 此时之心,可谓尧、舜、禹、皋、益之道心矣,可谓精一矣,可谓中矣,可谓天下之所同然者矣。是心也,无私好,无私恶,无私喜,无私怒,无私取,无私去,可谓无偏无党,王道荡荡,无反无侧,王道正直。庶政庶事,皆建此极。设官分职,莫匪尔极。[27]

基于这种认识,杨简提出了一个政治理想的标准,那就是,在这个社会中"自天子一至于庶人",人人均怀有一颗彻底克除私欲,粹然至善的"心",也就是已彻底改造了的道德心灵。而培育这样的道德心对于建构政治理想是至关重要的,尤其是对统治者而言,要实现合乎伦理原则的理想境界,关键在于政治领导者个人的资质,即内在之善的充育:

　　帝王之道,初无甚高难行之事,不过克艰一语而已,而遂可致庶政之咸义,遂可致黎民之速化。于德可以使野无遗贤,可以使万邦咸宁。其道甚易,其功甚大,又甚敏。然则后世何惮而不为? 学士大夫往往多归过于人主,而不知过在于士大夫之不学也。……士大夫学术如此,而遽议人主之难辅,未可也。道之不明也,我知之矣。道在迩而求诸远,事在易而求之难。人心自善,人心自明,人心自神,学士大夫既不自知己之心,故亦不知人主之心。舜、禹之心,即是心已。是心四海之所同,万古之所同。克艰云者,不放逸之谓也。不放逸则不昏,不昏则本善、本明、本神之心无所不通、无所不治、无所不化,此道至易至简。[28]

这样,所谓保有内心之善,被化约为"不放逸"一语。在陆九渊那里,恢复唐、虞三代之治的根本途径首先在于"收拾精神",凸现具有根源性的伦理精神实体的"本心",当然,这主要是对政治领导人说的,"为政在人,取人以身,修身以道,修道以仁。仁,人心也。人者,政之本也;身者,人之本也;心者,身之本也。不造其本,而从事其末,末不可得而治矣"。[29]杨简接过了乃师的理念,也认为:"心不轻肆放逸,则道固未尝不在我。"[30]"夫直心而行者,即道之在我者也,非道之外复有德也。所谓直心而行,亦非有实体之可执也"。[31]"性即心,心即道,道即圣,圣即睿。言其本谓之性,言其精神思虑谓之心,言其天下莫不共由扵是谓之道,皆是物也。孩提皆知爱亲,及长皆知敬兄,不学而能,不虑而知,非圣乎? 人惟不自知,故昏,故愚"。[32]杨简认为,理想社会的构造实赖于社会伦常秩序的建立,而社会伦常秩序的建立又有赖于道德心灵的完成。道德心灵的形成,自然使社会人伦关系趋于平衡。儒家思想即以仁、义、礼、智、信等道德行为作为文明共同体的标准,这些道德行为反映了人心的理性精神,而物质利益只不过是感性的需要。理性精神自应高于感性要求。如果人无道德理性精神,不仅社会不能有秩序,人也会堕落成禽兽。这样,人要成其为人要建立一个理想的社会,就必须节制物质利益的需求,崇尚道德理性,让这种道德理性牢固地植根于每个个体,尤其是政治领导人的心中。于是,杨简特别肯定和弘扬"圣贤意识",肯定圣贤在政治活动中的突出功用,圣贤能够"终一日意虑不作,澄然如镜,如日月之光,无所不照"。[33]犹如"文王之德,之纯永也,维天之命,于穆不已。"[34]犹如孔子,"志学之初,虽已知天性之本然,而习气间起,未纯乎天,日用应酬,人为未尽释。至五十始知皆天命,无俟乎人为。六十而耳顺,无所不顺,有顺无逆,纯乎天矣".[35]尽管圣贤也不是生而知之者,但一旦进入圣贤之境域,就能达到常人难以企及的思想深度和广度,他们能够洞察世间的一切,"此心未常不圣,精神无体质,无际畔,无所不在,无所不通。《易》曰范围天地。果足以范围之也。《中庸》曰发育万物,果皆心之所发育也".[36]范围天地、发育万物,圣贤的思虑云为有着无穷的创造力,所以圣贤是理想政治的主宰者,以圣贤治理的社会政治模式是一种"心政",[37]在杨简看来,理想政治实现的可能,其依据就在于"人性自善,人心自仁,其于父自能孝,其于君自能忠,其于天下事自能是是非非、善善恶恶,此之谓天下同然之心。孔子曰:心之精神是谓圣、言乎人心之灵与圣人同也"。[38]与圣贤不同是,常人"偶为利欲所昏,遂迷遂乱,遂唯利是从,而不顾夫大义也。"[39]因此,在杨简那里,提高精神境界和道德修养的伦理实进工夫和政治理想的落实,是合而为一的工作,都是圣贤的神圣职责。"人心易感化,以其性本善故也。曩宰乐平,政事大略如常,间有施行,而人心率向于善,由是知人心果易感化。若先谓民顽不可化,则必无可化之理"。[40]人心容易被感化,其原因正在于心之"同然"。人心皆善,人人都先天地被赋予纯然至善之性,人人拥有一颗至善至灵、自神自明的本心,这种"善性"是一切伦理教化和政治措施得以实施的根本。因为"善性"的存在,才与同样由善而发的伦理教化和政治措施获得一种内在的共通性,使这种外在的客观化的运作,获得一种内在的主观化的认同。这种认同感,使得人们自觉而自愿地服从政治治理,从而使政治理想得到落实。所以,人心之善能够为政治理想提供理论依据。

　　当然,非常重要的是,杨简认为,政治理想得到落实的关键,是君主的善心必须得到彰显,如果君主之心有不尽合于圣贤之心者,必须"格君心之非"。"治天下之道,本诸君心":

治天下之道,本诸君心。古圣王以我所自有之本心,感天下所自有之本心。《书》曰:"若有恒性,克绥厥猷惟后。"礼乐刑政,皆所以维持斯事。今《周礼》一书可观也。士大夫不知道,故不识礼乐刑政之原。是故礼非礼,乐非乐,刑非刑,政非政,岂无善者,大体失之,皆非所以若恒性绥猷也,失上帝所以命君司牧斯民之本职矣。[41]

因此,重要的工作在于教育人民,感化民众,使民众获得一种对政治理想和具体运作模式的认同感,而君主的灵明之心的培育和提升,是最为关键的,"一正君而国定矣":

人君无德而欲为政,无一可者。然汉、唐治绩亦有可称者,亦其君不至于全无德也。是德之在人心,人皆有之,非惟君天下者独有也。圣人先得我心之所同然耳。得其所同然者,谓之德。同然者,天下同此一心,同此一机。治道之机,缄总于人君之一心,得其大总,则万目必随。一正君而国定矣。选任自明,教化自行,庶政自举,如水之有源也,何患其无流?如木之有本也,何虑其无枝叶?凡后世君臣之所忧,不足忧也,不知后世何为不及此,而为是纷纷。[42]

基本原理既定,还需有具体的制度来促成理想社会的实现。当政者要深切地体认传统儒家"民为邦本"的思想意蕴,像陆九渊所说的那样,"天生民而立之君使司牧之,张官置吏,所以为民也。'民为大,社稷次之,君为轻'。'民为邦本,得乎丘民为天子',此大义正理也"。[43]"凡张官置吏者,为民设也,无以厚民之生,而反以病之,是失朝廷所以张官置吏之本意矣"。[44]"张官置吏,所以为民,而今官吏日增术以竣削之,如恐不及。蹶邦本,病国脉,无复为君爱民之意,良可叹也"。[45]杨简也有同样的认识,他说:

　　天之所以命人君者,非为君者设也。天以降衷于民,民有
之,是为常性,率此常性而徃,谓之道,亦谓之猷,又谓之大猷,
又谓之极。不率此常性以徃,则为奸,为宄,为?贼,为大乱之
道。古先哲王知天之所以命我者在此,知民之所以为治为乱
者在此,故夫一政一令之出,无一不为乎此。曰五礼,所以防
万民之伪而教之中。曰六乐,所以防万民之情而教之和曰刑。
刑者,所以使民协于中。曰政,政者所以使民无不正也。中、
和、正,皆极也。故唐、虞、三代盛时,利用、厚生,无非正德,
礼、乐、刑、政,无非大道。[46]

建构理想政治的根本方法固然是要"先立其大者",使君主和
官员都培育出一颗恻隐怵惕之善良的"本心",同时也可以用制度
来框架模铸之,杨简明确地指出过:

　　曰:政者,君之所以藏身也,未晓政何以藏身?先生曰:圣
人言此政,即礼也,故曰礼者,君之大柄,所以治政安君也。夫
天生蒸民,有欲无礼则乱,而君据其崇高富贵,岂容废礼以危
其身,周以礼废,故衰;鲁以礼废,故乱。惟礼行义明,而人心
安于礼义,乃有尊君敬上之心,无犯分干正之意,故谓政者,君
之所以藏身也。经曰:安上治民,莫善于礼。[47]

　　礼仪三百,威仪三千,皆自道心中流出,人皆有道心,苟不
明而徒执迹,必至失道。[48]

在这里,"礼仪三百,威仪三千"就是指制度的创设和安排,杨
简首先认为这种制度设置必须符合"道心"的要求,如若不然,制
度则反而会起到反作用,伤害到人民和国家的利益。其次,杨简坚
定地认为,合理的制度有时必需的,因为人的政治与经济及社会行
为唯有遵循制度,才能保持可持续性,才能兼顾公平和效率平衡的

原则,才能保持文明共同体所需要的各种秩序。"设官分职,以为民极。极者,大中至正,天地人所同之道,故庶官所职所施,无非天地,有毫厘不与天地相似,则为逆天"。[49]这个"极",我们可以解读为一种根本性的原则以及由这个原则所生发出来的制度,它是"天地人所同之道",最大程度地符合最大多数人的利益和愿望,而违反最大多数人的利益和愿望的行为就是"逆天"。因此,利用、厚生是儒家政治理念题中应有之意:

> 唐、虞之际,六府以养民,三事以教民,秦汉而降不复闻三事之教矣。《大禹谟》具言正德、利用、厚生为三事,而解者已不知其说。利用言器用之便利,厚生言养生,凡民切身日用之事,无越斯二者,即斯二者,而皆有正德焉。如茅茨、瓦器、建造、漆器、权量、均一之类,是利用之有正德也。老者衣帛食肉,斑白不负戴于道路之类,是厚生之有正德也。生民日用,非利用则厚生;非厚生则利用。今也咸有正德,则斯民耳目之所见,手足之所用,心思之所关,无非正德之事,不知其所以然而黙化于德矣。欲化民而不由三事,未见其可。后世为国者,大概兵、财而已,文、物而已,教化无闻焉,故三事之说不传。唯晏子曰:夫民生厚而用利,于是乎正德以福之,此稍不失旨。[50]

杨简将"正德"、"利用"、"厚生"三者作为一个整体统一起来,让经济行为与伦理原则统一起来,与一般理学家鄙视功利,空谈心胜义理不同,杨简并不卑功利,他倡议"欲化民而不由三事,未见其可",他当然不同意违背"德"的逐利行径,但绝对不将道德与功利对立起来。"民苟无食,虽有常性,饥困迫之,必至斩丧,故舜先食。《洪范》八政,一曰食。孔子亦曰:所重民食。孟子曰:救死不赡,奚暇治礼义？百亩之田,勿夺其时,数口之家,可以无饥,为王道之始。"[51]就像他的老师一样,"世儒耻及簿书,独不思伯禹作贡成赋,周公制国用,孔子会计当,《洪范》八政首食货。孟子言王政亦先制民产、正经界,果皆可耻乎？"[52]这里陆九渊援引儒家经典与权威人物来证明所声称的功利与伦理不相矛盾,杨简的说法,如出一辙。

　　儒家讲求内圣外王,内圣不是目的,它目的性地指向外王;外王不是终点,它经验性地证明内圣。内圣的完成,只是个体修养的实现;外王的成就,才是人格整体的辉煌。杨简要求政治领导人和实际的参与者,都能够完成内圣的人格修炼,都能自觉地践履外王的事业。"人心即道心,心本常,故合乎天下之公心而为政为事,则其政可以常立,其事可以常行。不合乎天下之公心而为政为事,则其政不可以常立,其事不可以常行。箕子曰:'无偏无颇,遵王之义;无有作好,遵王之道;无有作恶,遵王之路。无偏无党,王道荡荡;无党无偏,王道平平。'荡荡平平之道,即常道也。无深无奇,不怪不异,平夷简易,而天下之道无越乎此。由古到今,有失此常典平夷之道,而能有济者,未之前闻也。"[53]"君心""公心"在实质内涵上有着高度的一致,杨简认为,只有"合乎天下之公心而为政为事",其政才可以常立,其事才可以常行,否则大谬不然。政治领导人的内圣品质,首先要在"公心"上体现出来。心是第一要紧的元素,"心即道心。道心者,无所不通之心。以之修身则身修,以之齐家则家齐,以之治国则国治,以之平天下则天下平,以之济大险则无所不济。"[54]对内圣纯洁度的反复强调以及对达到这种纯度的"道心"的教诲又是杨简政治学说念兹在兹的永恒话题。

　　而对于南宋中后期政治的主要设想,杨简也贴近现实地指出过:最急者有五,次急者有八:

一曰谨择左右大臣,近臣、小臣;二曰择贤以久任中外之官;三曰罢科举而行乡举里选;四曰罢设法道涅;五曰治伍法,修诸葛武侯之正兵,以备不虞。其次急者有八:一曰募兵屯田,以省养兵之费;二曰限民田,以渐复井田;三曰罢妓籍,从良;四曰渐罢和买、折帛暨诸无名之赋及榷酤,而禁群饮;五曰择贤士教之大学,教成,使分掌诸州之学,又使各择井里之士聚而教之,教成,使各分掌其邑里之学;六曰取《周礼》及古书,会议熟讲其可行于今者行之;七曰禁淫乐;八曰修书以削邪说。[55]

杨简所提出的这些急务,有些的确是南宋社会相当严重的问题,如择贤久任、训练军队、罢无名之赋等,但这些问题时人都有所见,但积弊已久,一时很难以解决,或是南宋政府也根本无力甚至不愿解决。另外一些,则并非急务,或失之迂腐,如罢科举、复井田、罢妓籍之类,这反映了杨简作为一名思想家,而不是政治家,对社会的道德氛围更为重视,而他所提出关于社会教化方面的措施也占了很大比重。

与杨简相比,袁燮所提出的一些施政措施,更切合实际,涉及范围更广,有法度、用人、财政、军事等各方面的内容,对南宋社会面临的种种问题几乎都发表了富有建设性的看法,尤其是事关国家生死存亡的军事边防问题,袁燮更是给予特别的关注。袁燮关于国家大政的观点集中于《代武冈林守进治要札子》,其主要内容是:

一代之兴,自有规模,书称成宪,诗歌旧章,遵先王之法而过者,未之有也,作遵法。言路四辟,则下情无壅于上闻,作求言。搜选不遗,则贤能争奋于岩穴,作举贤。民者,邦之本也,固其本则邦宁,作安民。风俗,国之脉也,其脉不病,虽瘠不害,作正俗。官,所以治事也,在得其人,毋取于繁,作省官。兵,所以卫国也,贵其可用,徒多无益,作省兵。官与兵省,而财不匮矣,作裕财。刑者,侀也,一成而不可变,作恤刑。居安思危,有备无患,古之善经也,作制敌。臣之区区,虽不能尽知天下之利害,然蚤夜以思,妄论天下之要务,无出于此十者。[56]

显然,与杨简所提建议相比,遵法、求言、举贤、安民、正俗、省官、省兵、裕财、恤刑、制敌,每一条都切中南宋社会的要害,也确实是急务。尽管是一名文人,袁燮却对军事上的事务相当了解,当面临金人的威胁时,大多数人都能认识到两淮地区的重要性,袁燮看得更远,他意识到西蜀的重要地位,连上二札论蜀地防务,提出六条建议:

夫阶、成、和、凤,蜀之垣墉也。其地险绝,为吾障蔽,则关内诸郡虽不立城壁,自然安固。焚荡以来,外无垣墉之可恃,内无城壁之可依,表里俱虚,寇宁不益肆其毒乎?人情岌岌避难而逃者,无复归志,非小故也。毋惮大费,亟为之图,度僧鬻爵,费广不靳,而责成于郡邑,视其多寡以为殿最,磨以岁月,庶可渐复,此其急务一也。自古巴蜀号称多士,诸葛亮奋于隆中,豪杰归之如水赴壑,勋名烂然,前后相望,可以今日而无其人乎? ……搜扬简拔,推诚而任用之,何由不济,此其急务二也。自古立国,赏必以信,况捐躯犯难,尤为可念者乎? 故曰:军赏不逾时,欲民速得为善之利也,……多难之秋,正藉其力,庸可抑乎? ……此其急务三也。巴蜀天险,民生其间,类多劲武,勇于战斗,其天性也,然聚而不教,与无兵同,教而无别,与不教同,择其杰异者,丰其犒赐,养其力,精其艺,而励以忠义之节,则有勇而知方矣。推之田野之间,因农隙以习战,若雄边子弟,所以著称于唐者,则民兵亦精矣,此其急务四也。蜀之境土与群蛮邻,非我族类,未易调伏,今残寇敢尔凭陵,安知蛮之不吾窥乎?昔李德裕之节度剑南也,建筹边楼而图其形势,复邛峡关以夺其险阻,威望赫然,数年之内,犬吠不惊,其所施设必有深服其心者矣,已然之效,足以为法,此其急务五也。蜀本富饶之地,自折估之法严,财益匮,民益贫,重以金人之扰,穷悴无聊,何所越诉。所宜选择良吏抚摩爱养,如保赤子,如烹小鲜,仁民之政,务在必行,逋负之物,蠲以惠下,以纾民力,以结人心,以为手足捍卫头目之备,不亦善乎?此其急务六也。兼此六者,推而广之,则今日之蜀,犹往时之蜀也。如其不然,溃裂四出,不可复救矣。[57]

对于各地的边备,袁燮更是忧心忡忡,多次向宁宗皇帝进言,他的主要的经国略边之策集中于《边防质言论十事》,其十事是:"论战""论守""论招募""论横烽""论军阵""论训习""论民兵""论军法""论将帅""论重镇"。[58]显然,袁燮并不是空言说教,而是设法将自己对现实军事和政治事务的观察与了解整理成系统完整的方略,提供给最高政治领导人,说服他们按照自己的方案和对策处理当下的实际事务,强兵备边,治国理政,凝聚民心,涵养士气,保证国家的长治久安。

必须指出的是,袁燮的这类时务对策,是有着他长期一贯的政治哲学理念作支撑的。在宋代的儒者看来,政治理念的基点在于首先使最高统治者具备超乎常人的道德责任心,犹如司马光所说的:"夫以天地之广大而人心可以测知之,则心之为用也神矣。一者,思之始也。君子之心可以钩深致远,仰穷天神,俯究地灵,天地且不能隐其情,况万类乎!"⁵⁹心之功用是如此的广大,最高统治者理应以高度的政治责任感来培育、扩充这纯然至善的道德心灵,"古圣人之治天下也,正心以为本,修身以为基,闺门睦而四海率服,朝众和而群生悦随。"⁶⁰"正心"成为圣人"治天下"的起点。显然,这种论调与程朱理学和象山心学的政治说教有异曲同工之妙。在传统儒家看来,政治的最终目的不过是要创造合乎伦理原则的社会秩序,而这种秩序的建立需要社会成员都能善始善终地恪守他们所担任的角色的伦理责任。个人,尤其是政治领袖的道德理性与合理的社会秩序,无论在观念或现实的层面都是不可分割的。理想社会的出现,端赖于当权者所具备的超乎常人的道德责任心,执政者若具有完善的道德资质,政治举措必然是善的。同时,由于执政者的政治行为是一种权威性的行为,会产生影响许多人的重大后果,所以执政者所具备道德心灵就成为执政者政治行为合理性的最好说明,有见于此,袁燮政治理念的基石,很大程度上建基于执政者的道德素养之上:

　　物有本末,事有终始,自古为天下国家者,未有不以君德为本。⁶¹

　　古之人主,造次颠沛,无顷刻不在天下。所谓念,只是要勿忘了。德惟善政,人主之治天下,皆政也,然必根源于德,方是善政,只是外面做事有不本于德者,未足言善政也。所谓善政,只在养民。养之一字,意味甚深长。使天下皆在生育之中,如天地之养物。且万物盈于宇宙间,皆天地养之之功也。圣人之治,天下无一物不得其所,亦犹天地之于万物然。匹夫匹妇、鳏寡孤独有一人不能自遂,不可以言养。《易》曰:圣人养贤以及万民。⁶²

　　人心未易感也,而感人之深者,其惟盛德之君子乎!……人之为政,悦人心于一时者易,得人心于悠久者难。……心纯乎天发而为政,皆与天合,以我之心感民之心,民之不能忘,由我之不可忘也。[63]

　　在袁燮政治理念的深处,毫无疑问地,政治领导人"德"的品质的培育和"仁"的信念的确立,是合而为一的,都是至治之世以出现的最深层的依据。这种品质的培育又可以从"内而修己"、"外而用人"两端同时进行,"内而修已,外而用人,二者既尽,治道大端复有何事? 人主之修已当如尧之修已,人主之用人当如尧之用人。盖这个方才是朴实头处。"[64]修己是克己自律,用人是选贤用能,两者相辅相成。作为中国传统社会主流意识形态的儒家思想,在政治哲学层面上的要求是无论在何种情况下,现实之政治状况只能向纯粹至善的方向转进,需牢固地将"仁义"确认为人类历史之本位价值。"仁"固然是人之所以为人所应具有的品德,更倾向于对执政者博施济众的胸怀与品质的要求,"仁"是一种情感及其所表现出来的行为,执政者方能够最大限度地发挥这种情感的社会效用。只要执政者能躬行仁义,仁民爱物,视民如伤,社会自然会趋于圆融和谐。这便是"内圣外王"政治理念的确切内涵,理想的社会政治秩序和德性至上的"仁者"(即王者)之间存在着由现象展现本质的直接关联。质言之,儒家主流政治学说可作如下表述:执政者个人所具备的道德感是造就雍容盛世的前提与先决条件。用理学家的话说,这种道德感就是那种生动活泼、怵惕恻隐的仁心。怀有仁心的统治者,将自己的情感与利益完全融解于被统治者之中,两者之间德性相与,浑然无间。袁燮的政治理念显然为此种儒家主流政治学说所控制,他认为,政治治理的最关键要素在于人君之德性和仁心,解决了此二者,则其余可以迎刃而解:

　　　　天下有大体,人君有大德,先其大者,而众善从之,则天下

可以大治。闇于大而明于小,难乎其致治矣。陛下视今之治
效为何如哉! 以言乎财计则未裕,以言乎兵力则未强,以言乎
人才则忠实可仗者寡,以言乎民生则愁苦无聊者众,明圣在上
而是数端者,未满人意如此,人皆疑之,以臣管见,或者君人之
大节,犹有可议欤!⁶⁵

人君的"大德"袁燮有时直接用心之灵明洞达来表述,表现出十足
的心学色彩:

今陛下求治不为不久,而稽其效验,尚尔迟迟,何可不思
其故欤? 臣闻古者大有为之君,所以根源治道者,一言以蔽之
曰:此心之精神而已。心之精神洞彻无间,九州四海靡所
不烛。⁶⁶

在宋代"与士大夫共治天下"理念的影响下,袁燮当然也非常重视
人君的用人。而所任之人又理应是德才兼备之人,"天下有一日
不可不明者,正道也。天下有一日不可不用者,正人也。用正人则
正道明,用邪人则正道郁。正道明则黜陟有序,而治本立;正道郁
则是非颠倒,而权纲紊。"⁶⁷"正人"是天地间阳气的承担和传承者,
是君王盛德大业的分担者,是政治治理实际的张持者,选贤用能有
着极其正面的政治效用,"天生贤固欲人君用之也,以天下之贤,
为天下之用,所以万邦无一不宁。人主不能用贤,则不能用天下,
既不能用天下,何以能使万邦之咸宁? ……野无遗贤,是田野之间
无一贤之或遗也;万邦咸宁,是天下之大无一民之不得其所也。"⁶⁸
这样,君主和贤良之间的关系就不应该是一种对立的关系,而应该
是相辅相成的关系,"君无臣不得,臣无君不得。人君虽有此欲,
然无臣下辅佐,何以达于天下? 至于人臣,若非人君主张,亦无可
为之理。所以禹、皋陶不得舜,自以为己之忧,人主之忧只忧此

耳。"[69]袁燮的这种认识,在今天看来,未必合理。任何人,包括"才德全尽"的"圣人"也应在法制的范围内行使民众赋予他的权力。罗素就曾指出:"道德学家们习惯于敦促被称为'无私的'行为,而且把道德描述为主要是由自我克制构成的。"而问题却在于,现实世界里,"每个人都必然由他自己的愿望所驱使,不管这些愿望会是什么。但没有理由说明为什么他的愿望都将是以自我为中心的。与更具自我中心的愿望相比,关系到其他人的愿望也并非总是导致更有益的行为。"所以,"人们必须承认,绝大多数人都有一种赞成自我满足的偏见,道德的目的之一就是削弱这种偏见。"[70]因此,罗素在谈到"伦理制裁"的同时,也提到制度设置的功效,唯有严格执行的制度,才能有效地控制统治者的愿望。更早的休谟也有同样的认识,"如果每个人都有足够的洞察力(Saga city),以至于在任何时候都能察觉使他奉行正义和平等法则的强大利益,并且每个人的意志力(Strength of mind)足以使他坚定不移地追求普遍的和长远的利益,抵御眼前的快乐和暂时的利益的任何诱惑;假如真是这样的话,就从来不会有像政府或政治社会这类东西存在了。"[71]而政治社会一旦建立起来后,"立即就会有一套新的规则被发现是有用的。"[72]自律不能代替规则,维护规则的尊严和有效性的意义应当是与道德自律等值。但是,在人治的传统社会,"德"确实具有特殊的效力,可以在相当程度上保持权力在较为理性的规道上运行,减少全社会为之付出的成本。在贤能之士的辅助下,在明君的领导下,国家的治与安应该是顺理成章的事,因为那样行事,最得人心:

> 保邦之策,其威声在备御,其根本在人心。人心有胶漆之固,则国势有嵩岱之安。何忧乎外裔之不服,何虑乎奸雄之窃窥,此保邦之善策也。夫所谓结人心者当如何哉?孟子有言:

> 得其民有道,得其心,斯得民矣。得其心有道,所欲与之聚之,
> 所恶勿施尔也。政令行乎上,而欲恶因乎民,无所撄拂,岂有
> 不感悦者哉?感悦益深,则根本益固矣。[73]

他所说的"人心"和"众心"、"民心",同"天心"在很大程度上连接
在一起的:

> 推广天心,大施仁政,则垂绝之命续,而作乱之萌折矣。
> 其四曰,臣闻广谋从众则合于天心,聪明明畏,皆自乎民,所以
> 为天;畴咨乎众,舍己从人,所以为圣。……凡事关利害,皆广
> 咨博访,是为至公,是为天心,岂复有不当者哉?[74]

三、实践经历和成效

杰出人物与常人最大的不同不在于他们的地位和成绩,而在
于无论他们身处何地,都会尽自己最大的努力去做到最好。"甬
上四先生"就是这样的优秀人物,尽管沈、杨、袁三人都曾立朝为
官,杨、袁更曾位居高位,但他们的实际功绩却更多在基层官员任
上。沈焕为两浙东路安抚司干办公事时的话很能表现这群优秀学
者的共同心声:

> 干办浙东安抚司公事,帅属少事,同列颇以闲冷自逸,因
> 曰:"设官分职,安有闲冷者?"[75]

作为学者,最令人担心的是他们往往言论迂阔,在实际的工作中不
一定能取得很大的成绩。沈焕为上虞尉时便曾经受到这样的
怀疑:

> 既登第,得尉上虞,人谓君儒者,世故未必周知,抑有所不

屑。而君吏道通明,应酬整暇,终日廨宇,抵暮而后返室。[76]

沈焕无论是在太学录的任上,还是在地方任上,他都兢兢业业,既因此受到称赞,也因此受到一些庸庸碌碌,只求保身的官僚和小人的排挤,最终未得展尽其力,但并不说明他是一位终日高座,空谈心性的"冬烘先生"。

与同时代的儒家学者一样,"甬上四先生"有着某种过于美好的理想,但在处理实际事务时的,所表现出的能力却非一般学者所及。舒璘担任教官多年,到了庆元二年(1196),他已年过花甲,才因众人举荐知平阳县。尽管他并没有高官厚禄的愿望,但他认为"受其责者当任其事"[77]。到任后,听断讼狱,人服其平。与舒、沈二先生相比,杨、袁二人在政治实践上有较大的施展空间,也取得了较多的成绩。

杨简虽然议论显得迂阔,在处理实际政务时却一点也不比其他三位先生逊色,这一点,四库馆臣说得很清楚:

> 金溪之学,以简为大宗。所为文章,大抵敷畅其师说。其讲学纯入于禅,先儒论之详矣。其论治务最急者五事,次急者八事。大抵欲罢科举以复乡举里选,限民田以复井田,皆迂阔不达时势。然简历官治迹,乃多有可纪,又非胶固鲜通者。盖简本明练政体,亦知三代之制至后世必不可行。又逆知虽持是说以告世,世亦必不肯用,不虑其试之而不验。故姑为高论、以自表其异于俗学霸术而已。及其莅官临事,利弊可验而知者,则固随地制宜,不敢操是术以治之,故又未尝无实效也。[78]

对于杨简处理实际政务的能力,时人也都表示肯定,包括朱熹、史浩在内的许多官员都曾举荐过他。杨简29岁中进士,与大

多数学者相比算比较早的,初授官富阳主簿,《宝庆四明志》记载
他"慕象山陆九渊,九渊长二岁,简师事之,自为一家之学,施之政
事,人笑其迂,而自信益笃。"[79]淳熙十一年(1184),杨简任两浙西
路安抚司属官,以诸葛武侯正兵法操练军队,取得很好的成效。50
岁后,杨简任乐平知县,此时他的学术和为政水平都有很大提高,
他治理地方,采用教化与刑罚两手并用的措施,兴学训士,还感化
了两名恶少。洪迈的一首诗记述杨简离任时乐平县人相送的情
景,可以让我们从一个侧面认识杨简在乐平任上所取得的政绩:

> 杨君解墨绶,去作国子师。
> 邑人十万户,遮道婴儿啼。
> 曩岁天旱苦,赤地无余遗。
> 饥殍千百辈,上山争采薇。
> 采薇有时尽,讵能救长饥?
> 慨然顾自任,舍我将告谁。
> 昧爽出厅事,日暮忘旋归。
> 大家贮陈粟,出粜不敢迟。
> 偷儿纷狗鼠,锄治如平时。
> 一意摩手抚,如子得母慈。
> 明年䄆麦登,比屋无流移。
> 史牒载循吏,于今亲见之。
> 我亦受一廛,惜哉轻语离。
> 桥山未迄役,酌饯疏酒卮。
> 聊述路人颂,持作送君诗。[80]

此后,杨简除短期在朝外,多无实际职务,而主要讲学于家乡。
到了嘉定三年(1210),已经70岁高龄的杨简知温州,在温州任

上,现有记载主要是关于他如何化民成俗的,但"闾巷雍睦,无忿争声","家家肖像祀之"。[81]可想政绩斐然,当他离任时,又一次受到倾城相送。

袁燮对军事颇有研究,这在学者之中是不多见的。他自己说:

> 窃惟当今之务,备边为急,而兵机将略,非儒者所当言。故孔子曰:"军旅之事,未尝学也。"而孟子亦云:"善战者服上刑。"呜呼!信斯言也,不曰我战则克,君子有不战,战必胜乎?然则兵机将略,乃儒者所当讲也。[82]

淳熙八年(1181),袁燮中进士之后首任江阴尉,其主要成绩便是在军事方面。他招募弓兵,严加训练,建兵营,以保伍之法组织周边百姓,大大改善了江阴的地方防卫。他的《江阴尉司新建营记》对当时的情况有所反映:

> 始予得尉兹邑,或曰阻江而盗多,予甚忧之。既至,而考弓兵之籍,多阙不补,询武艺之教,亦复久废,乃多方招募,营葺射亭,谨阅习法,而至者常先后不齐,察其故,则远者居数里外,近者犹二三里,而家于尉曹之旁者才数人。予喟然叹曰:"此曹之设,本以备不虞尔,群焉而居,犹惧弗及,散而不聚,如缓急何?"欲择便地为营。……于是向之散处于外者,合而为一。[83]

开禧二年(1206),宋金战事再作,两淮大震扰,袁燮称海道通山东宜谨备,而内地盗贼尤不可不务防。赵尚坚、傅伯成先后任沿海制置使,以袁燮为参议官,谋划了备御大略,及团结乡兵事宜,视察属邑,一切事务都安排得井井有条,再一次表现出袁燮突出的军事和为政能力。

第二节　经世致用的思想

无论是身处基层还是朝廷,对于南宋社会现实,"甬上四先生"都有着清醒的认识,他们对社会的观察至深至悉,所见所闻令人触目惊心:

> 自外而观,今民命病极矣,到歙觉其民贫益甚,土既瘠而供公上者大半,酒税之禁无毫发漏,民几无生理,况今岁淫潦,麦无半收,蚕又不登,水潦洊至,所望秋成,未知善后计,冷官虽无预,触目伤怀,自不能已。[84]

> 此邦(徽州)去岁自六月不雨至于十月,旱可知矣。其间虽阵雨沾濡,绝长补短,仅有半入。然民病至骨,往往偿租之外,便以绝粮告。矧此邦山多田少,贫民下户仰给于陆种者尤众,而旱势如此,为之一空,以故民食倍艰。冷官虽不能周知六邑之详,而歙与祁门某得之最审。自九、十月以来,郊原之民便食蕨根,穷日夜之力,仅足充枵腹,亦甚可怜矣。而自冬历春,搜索殆尽,不免流移狼狈,如此而反不沾惠,岂长民者不以告? 抑告之不尽其实耶?[85]

> 旱蝗相仍,民大饥困,上轸渊衷,多方赈恤,可谓仁矣,然长民之吏,虑蠲放太多,未必能以实告,故饥民不可胜计,而济粜不能遍及,或转于沟壑,或轻去乡井,或群聚借粮,或肆行剽掠,无所得食,势固宜然。今春既分矣,而艰食犹众,不知其饥饿而死,抑有以虐我而雠其上者乎? 昔者东晋之末,李雄、李特之流,初起不过流民,寖盛乃能据蜀,监观往事,可为寒心。[86]

出于对国家前途命运的忧虑和对人民的深切同情,"甬上四先生"提出了很多切实可行的有利国计民生的措施。

一、社会管理及经济措施

宋代基层设保长,保长的主要责任是催缴赋税,一些较为奸猾的保长便利用自己的权力苛剥百姓,其他一些却因常常不能按时完成,只好自己垫付,甚至有人因而弄得倾家荡产。于是安分守己者都不愿做保长,"国家自免役之法行,民户输钱在官,官愿耆户长以催科,自后庸钱不除,差役如故,今之保长复以等第执役州县,税籍不整,驾虚为实,指无为有,凡倚阁,凡逃亡,凡死绝,凡没籍,凡竭产,如此等,无一蠲除,尽责保长,一都之内,夏税二人,秋粮二人,又坐甲二年而后替,二年之间,充保正者二,充保长者八,保正既取上户,而保长中下之家,一都之内,中产几何?二年既取其八,循环而差,无户可应,往往千百税钱,便须应役者。村民不惯,官司吏辈得以虐取。"[87]于是有的地方便打算增加保长人数,每保十人,每人催缴一甲,以为这样便可解决问题,舒璘对此十分反对:

> 窃谓此事有大害存焉。且如徽之歙县言之,县三十七都,每都税二人,则一岁不过七十四人,转而为十,则一岁将差三百七十人。虽曰催科稍便,填纳差少,然期会之奔走,吏胥之乞觅,拥遏于庭下而情不通,拘系于官司而身不脱,点对之费用,比较之棰楚,人人所不能免。纵使令长有宽恤之心,深加抚劳,然上下势严,内外情隔,非委之吏,事必不集,集事在吏,非贿不行。矧令长迭更未必皆贤,贤者尚不能尽察万一,非贤吏辈诛求宁有纪极。是向也一税之内以七十四家而受此祸,而今也以三百七十家而受此祸。[88]

　　他认为原先的保长之法本来没有什么不好,只是实行的措施不够完善,因而造成了如此之多的不便,所以他提出自己的设想:

> 要之,此事只在令长得人宽恤抚劳,勿装虚数使填纳,勿纵吏胥乞觅,以所催成数为之分限,使如期催捉,勿比较,勿监系,约为期限,使自赍呈。及所催,则纵之;不及数,则勉之、戒之,使之补过;或不及数,然后取其怠慢之尤者以警之,若令长推诚揣摩,委曲劳来,小言必信,使熙熙然赴官如归,则保长之祸自可息。保长之法不必变,法未尝弊,而人自弊之。今不求诸人,而求之法,法变而弊益甚也。[89]

　　包括"甬上四先生"在内的许多宋代学者均认为最理想的田制仍是井田制,杨简便曾经提出复井田的建议,他在"方今治务其最急者五"的建议里就有"限民田以渐复井田"的设想,[90]杨简本人对此有一个解释,"何谓限民田以渐复井田? 诸儒言井田详矣。田不井,则贫富不均,贫民仰不足以事父母,俯不足以育妻子,乐岁终身苦,凶年不免于死亡,救死不瞻,奚暇治礼义? 无礼义则乱,乱则国危。限田,井田之渐也。初限以宽。在限外者可减不可增,民析产异户,无时无之,渐析则渐均矣。再立限,渐减又几年,则又渐析渐均矣。"[91]但是,这种粗疏的一厢情愿的限田措施一旦真的付诸实践,往往会导致灾难性的后果,南宋晚期贾似道的"买公田"就是鲜明的史例。袁燮在论述历代田制时虽然也认为周代的井田制最为完备,但在当代还是难以实行,所以他感慨"秦人废井田,开阡陌,天下之人宜不胜其害,而不出数年,乃有国富兵强之大利,遂使先王之制一废而不可复,秦岂能过于古欤? 汉氏之兴,可以复古矣,因陋就简,卒莫之复。公私之积,宜乎匮乏,而鸡鸣犬吠,烟火万里,田租之轻,至于三十而一,其极也,尽除之,乃有三代所不能为者。"[92]。袁燮意识到，井田制度的废除，是历史选择的结果，不能完全归结为时人的认知水平和统治者的道德良心，"古者井田之法，自十夫有径，等而上之，为畛，为涂，为道，为路，至万夫而止，所以通车徒便，往来不得不若是详也。（商）鞅起而更之，并其千为一而谓之阡，并其百为一而谓之陌，阡陌之法行，则道路少而田益多，谷粟不胜其富，而井田虽废不恤也。"[93]所以他们还是努力根据现实状况行事。如沈焕在担任上虞尉时，便十分注意控制记载户口及当地土地情况的版籍。而袁燮于淳熙十四年（1187）受浙西提举常平罗点委任，负责江阴的赈灾事宜时，他让人每保画一图，田畴、山水、道路、桥梁、寺观，均在其中，而以民居分布其间，每户人口老幼几人，及产业是哪里，皆附见之。这样，合保为都，合都为乡，合乡为县，正疆界、稽户口、起徒役，一切相关事务披图一见可决。[94]

南宋时茶盐税是国家收入的一个很大的来源，但也是弊病丛生，私贩不绝，甚至发展到武装斗争，问题十分棘手，舒璘指出之所以会产生这一弊病，完全是因为官府定价过高，使商民无利可图。因此，若想解决这一问题，只有"少加宽假，使商贾乐出于途，亦不至于亏常课"。[95]在处理商税的问题上，袁燮与舒璘有相似的看法和做法。江州商业比较繁荣，商税是官府收入的主要来源，袁燮知江州时，他降低税额，以吸引商旅，收到良好的效果：

> 郡仰征税以给，公谓薄征所以来商旅，益损税额，择僚吏以董之，舳舻相衔，无苛取、无濡留，至者大悦。[96]

对于财政和经济，袁燮有着一般人所不及的真知灼见。嘉定初，朝廷患楮多钱少，令淞江八郡通用铁钱，袁燮看出这一做法的荒谬，他说"此令一出，铜钱将益闭藏，姑缓揭榜，将力言之"[97]，果

然,不久后,江南东路的铁钱与铜钱相比只能以二当一了,最终此事未能实行。袁燮之所以能有此预见,源自他对楮法的深刻思考:

> 臣窃观当今州郡,大抵兼行楮币,所在填委,而钱常不足,间有纯用铜钱不杂他币者,而钱每有余。以是知楮惟能害铜,非能济铜之所不及也。[98]

故而他赞成认为应适时回收,使楮币不至贬值过低:

> 盖楮之为物也,多则贱,少则贵,收之则少矣。贱则壅,贵则通,收之则通矣。[99]

袁燮以为,有些经济目的的达成,需要运用法律和政治的手段,"夫法有常守,则观听不惑而民有定志法;不一定,则前后相戾而人无信心。守铜楮相半之法,悠久不变,而异时谋利挠法之蠹荡涤无余,尚何忧铜钱之寡而楮币之轻乎?此当今之急务也。"[100]杨简也认为,当时的楮币滥发,盐法屡改,均已大失民心,各地却所以他在知温州时与其他官员不同,采取较为缓和的手段,反而使楮价自增。有感于士大夫轻视实际事务,造成南宋社会百敝丛生的情况,舒璘对于事的大小难易曾有一段精辟的论述:

> 尝谓天下之事,初无难易之辨,处得其要,则大而难者犹将转而为易,况于小而易处者乎?夫大而难者,人必精心竭虑,思有以处之,故皆不劳而办。至于小而易处,人心必忽而不经意,以易处之,则难将至矣。[101]

舒璘本人曾对一个一般人从不留心的事提出一个解决方案:运河水运的重要性在宋代的作用不言而喻,但当时管理混乱,大量船只在过闸时争先恐后,时常发生翻船事故,损失极大,对此舒璘提出:"则今日之事在使台可以责之有司,以次第先后给之木牌,重纲先入,余舟次之,欲出之舟又次之,越次者重刑以绳之,苟如是而处之,则一日二日,出者入者皆可济矣。"[102] 这一方法看起来十分简单可行,可能任何人都能想到,但却未有实行,可见当时南宋政治决策水平和社会管理的状况如何。因此,不管包括"甬上四先生"在内的有识之士的思想多么高妙深邃,也不管各种解决问题的方法多么切实可行,最终也不会受到重视,更挽救不了南宋江河日下的国势。

二、救荒之法

常平之法北宋时便以实行,是一项利国利民的好事,但是,随着年代日久,制度僵化,存米易坏,又将损失转嫁给百姓,故此不但未能发挥应有作用,反而常常成为人民的额外负担。对此,舒璘参考史籍,提出易米为谷解决方案,他说:

> 窃尝考诸前史,如汉时赵充国论湟中谷八钱,谓耿中丞籴三百斛,则古之积贮在谷不在米,验之于今,藏米者四五年而卒坏,藏谷者八九年而无损。[103]

对于稻谷的品种,他建议使用在南宋时期已得到广泛推广的占城稻,因为这一品种产量高、易种植,而且又耐储存。虽然质量不如其他品种,但常平仓本是为救灾所设,储藏占城稻倒是十分适合。袁燮在知江州时曾基于常平的原理平易粮食价格,由于数年歉收,造成粮食价格过高,袁燮向朝廷"贷椿管钱九万缗为籴本,告籴旁郡,计口以粜,循环相因,市直顿平"[104]。常平仓设于州县,数量有限,因此限制了其惠民的效果,因此,便有所谓社仓,袁燮在论及社仓与常平仓的区别和益处时说:

> 社仓之设,其常平之辅乎? 有余则敛,不足则散,与常平

无以异。然常平衰聚于州县,而社仓分布于阡陌,官无远运之劳,民有近籴之便,足以推广常平赈穷之意,此所谓辅也。[105]

由于社仓设立与常平仓一样利国利民,又更加灵活,切合实际,所以袁燮称赞其"真良法也"。[106]与社仓一样惠及面较广而属于民间自发创立的有义田。沈焕晚年,有感于地方上一些百姓生活困难,婚丧嫁娶无力承担,征得史浩、汪大猷二人赞同,倡行义田,获得成功,为地方上做了一大好事。[107]与以上这些设施方法相似但作用不同的还有药局,药局与普通药铺不同之处在于不以谋利为目的,因此使一些贫苦百姓生病时也能得到及时的治疗。袁燮的《建昌军药局记》赞扬了一位四明籍官员(侯有俊)于知建昌军(今江西省抚州市南城县)任上创立药局的善举:"捐钱三百万,创两区,萃良药,惟真是求,不计其直,善士尸之,一遵方书,不参己意。""愈疾之效立见,人竞趋之而不取赢焉。"[108]袁燮高度评价这种无私的行为:"视民如子,牧守职也。子疾,父母疗之,真情之发,自不容己,岂曰利之云乎哉?"[109]认为牧守都应该仿效。

由于对自然极度依赖,在南宋这样的古代农业社会,虽有常平、社仓、义田、药局之设,其防灾能力仍是十分有限的,加之管理的缺失,官吏的无能和腐败,一遇灾害,百姓的生活便难以维持,因此,救荒便成为南宋官员的经常事务之一,"甬上四先生"都曾在救荒中有杰出的表现。舒璘在徽州任教官时,虽然救灾事务与他没有什么关系,但出于对百姓深切的同情,在多次向上级官员反应,以求减免税赋的同时,还积极地出谋献策。他强调要注意核实受灾情况,让真正困难的百姓受到救助,而不是流于表面形式:

> 又闻宁国府颇有流离,见行煮粥,传闻虽未必尽实,然煮粥虽是救荒一法,又当施之于其所宜。事不早计,民已流离,

不得已之下策。况闻煮粥之声一出,山谷之民襁负而出。一则失业,二则暴露,三则忍饥以待哺,死于道路,职此之由。切计煮粥之费,欲为一日之饱,人亦不下一升,若广钞札以一升之米给诸其家,纵有死亡亦免在沟壑。今若急早如前措置,则凡乡土之民皆可使之奠枕,唯外邑流离方用临时安集,既境内奠枕,则外来者亦可钞札姓名,就宽闲寺院安着,或给米或煮粥不至拥塞无措。[110]

这种煮粥救荒的措施虽似仁政,实际难以取得长久的效果,还使得社会极不稳定。杨简在乐平知县任上时,便十分重视维持稳定。绍熙四年(1193),乐平发生饥荒,杨简对为盗者采取极为严厉的手段,以起到警示作用,使得乐平保持安定。为使奸民与滑吏不能狼狈为奸,从救灾中获利,而真正受灾的百姓得到救助,舒璘建议采取"经界"的办法:

窃见经界之法,每都分为十保,保各自有字号。为今之计,不若令检踏官先排定都,分取见各都经界字号,将每都田亩随字分而为十,其一号之内如皆丰熟,则不须检视。若其荒歉去处,一号之内,虽有丰凶不等,若履亩而视,决不能遍,设分为数等,则是寸量铢度,繁碎又岂能周故。莫若就一号之内,令检视官对众量度,绝长补短,可得几分。其人户诉荒状内又各有字号亩步,却俟检踏之后,取其所诉之号,视元检踏实荒及几分,为之除放。其高下丰凶,虽不能尽得其实,大率人户置田必散在诸处,既得其大纲,则以彼易此决不至大有侥幸,亦不至大有枉抑。至四等五等之家,在荒法及五分便与赈济。[111]

经界之法原为朱熹所提倡并首先实行,主要是为了查出瞒报的土地,提高国家赋税收入,减轻下户负担,但由于受到大量占有土地的官员和地主的极力反对和阻挠,最终失败。舒璘提出在救灾中所用的"经界"之法,方法相似,但目的不同,不失为一个比较可行的举措。

第三节　教育理论和贡献

一、论教育的重要性

得天下之英才而教之,是任何一位思想家的最大乐事,舒璘说"某窃谓士君子之为学,非徒以独善其身"。[112] 所以,"甬上四先生"都十分重视教育,所到之处,讲学授徒;为官之地,下车即修庠序。培养了大批人才。四先生和他们的后学,兴办了许多书院,对南宋的书院教育作出了较大的贡献,也使陆学得到更为广泛的传播。[113]

教育的重要意义不言而喻的,四先生对此认识比常人更为清醒。舒璘认为"某窃惟学之不讲,士失趋向,知道者鲜。国有学、郡有庠、邑有序,正所谓讲明斯道,使人心不昧,以复其初"[114]。袁燮也说"某惟学校之立,所以存人心也"[115],他强调设立和维修学校的重要意义说:

> 择师儒、群俊秀,朝夕讲切,发其精微,秉彝之懿,若揭日月,而人心岂有不存乎?此学校之立所以不可缓也。既立矣,岁久必坏,物理之常,葺而复之,轮焉奂焉,常若其初,真有助于风教,因循弗葺,颓弊日甚,谋食者,苟焉居之,而嗜学者,懑焉去之,其何以崇化励俗,此学校之修所以不可缓也。[116]

也就是说,学校是教化人心之地,而不是传授知识,培养文学之士、科举之士等,杨简便说"某惟先圣所以佑启后学之意,岂徒事文貌,为讲说而已"[117]。李弘祺(Thomas H. C. Lee)曾专论宋明时代书院、社会及地方文化的发展,认为在书院的刺激作用下,区域共同体内的教育发展和文化生活的丰富才有可能,区域共同体才有可能凝聚成一个在知识及信仰上与国家主流思想连为一体的社会,地方精英、家族组织的健全发展由此有了一个坚实的基座。就书院所发散的公共交往、学术传承与社会教化的功能而论,它是中国中古时期极为重要的文化媒介。他讲过:"如果没有地方精英的参与,教育的进步就不会那么快。"[118]反过来,"教育的导致了文化生活的丰富和社会的兴盛,而教育只能在一个相对独立的文明生活环境中才能得以发展。"[119]这样,地方精英、书院和教育普及、人才增长之间的联结链条就由此完成了。尤其是书院作为一种新的教育制度的最终确立,使传统的教育发生了质的方面的深刻变化。其作用不仅推动了教育由上层贵族垄断向下层社会的普及,促进了社会阶层的流动,而且与宋代理学这一新兴的学术思潮互为依托,形成一种良性互动的关系,强化了二者的存在价值与生命力,亦有利于理学精巧高深的经典解释学术体系的建构与最终绝对主导性的意识形态地位的确立。[120]在这绵延的过程中,"甬上四先生"的努力是值得关注的。

二、教育方法及成绩

杰出的学者往往不但应自己在学术上的取得成就,还要能有效地指导后学,这才能使自己的学术成果得到进一步的发扬光大,故而舒璘在杨简担任了国子博士后,便提醒他不能"端居静念,有治已之道,无治人之法"[121]。四先生在启发后学上的成就也是相当突出的,这既由于他们对教育的重视,又因为长期担任教职,积累了许多实践经验,而他们的许多做法在今天也不无借鉴意义。

心学的基本思想是人心本明,因此,人与人之间并无本质的区别,这就为教育提供了基础,教育的重要意义也就在于可以使本与常人相似学人,经过师友的启发和自身的努力,可以从内在到外在都有一个质的飞跃。袁燮说:

> 余往者承乏成均,日延四方俊秀,与之款语,质美者甚众,乃知人才之生,何世蔑有? 惟先王盛时,训迪有方,良心着明,所以人有士君子之行。今虽教养不至日以沦胥,而美质犹在,未有不可启发者。[122]

因此,作为优秀的学者,无论是什么人,都应以同样的态度去教导他们。"甬上四先生"便是这样,在他们的学生中,从官宦之家的子弟到普通百姓的子弟都有。高门出身的如史氏弟子,从袁燮及杨简学。而如竺大年,家中世代务农,其父竺顾令大年从沈焕学,不久其父高兴地对舒璘说:"诸子自得师,粗粝之习,变而为儒雅;暴慢之气,转而为温厚;事父母、处兄弟非曩日比。"[123]对此,黄宗羲评价说:"盖顾之意亦浅鲜矣,而岂知追源学脉者,乃及大年哉! 然则,人亦何必羡夫贵仕也。"[124]

陆学中人的修养十分强调在日用平常之中磨砺,而这也是四先生在教导后学之中所采取的主要方法。沈焕一再强调,学者工夫,当自闺门始,孝敬父母,常存婴儿之心,便是最重要的学习方法和内容。而这些,仅靠言传显然是不够的,还需要以身传道,既要言传,也要身教。沈焕为太学录时,常正衣冠,虽盛暑时亦然。他的行为连同僚也受到影响。为了避嫌,很多学官都不敢与诸生语,这种情况显然对于教导太学生是十分不利的,正如沈焕所说的:"将不知兵,兵不知将,情意不接,不可之大者。"[125]因此,他本人非常勤奋地频繁接见太学生,对他们进行教导。虽然他在职仅八十余日,但当他离职之时,诸生送别有泣下者。舒璘在教导后学方面最有经验,他的方法总的来说,也是以日用平常为主,而他的"春风和平"般的教学风格特别容易被诸生所接受,在任徽州教授之时,对待学子颓废的学风,他仍能以平和的态度来对待,慢慢加以引导,最终能取得较好的效果。他曾将自己的教学风格与时任太学录的沈焕加以对比,说:

> 师道尊严,璘不如叔晦,若启迪后进,则璘不敢多逊。[126]

他在与友人谈及自己为教官的情况时,说:

> 学校间但与诸公只就日用平实处讲贯,亦有数人向前。[127]
> 日与之处,导其良心,俾知与圣贤不异,就日用间简易明白处与之讲究,规模虽整,未尝加察,亦不敢起一毫忿疾心,勉焉孜孜,不敢责效,觉诸公亦无龃龉。[128]

这种以日用平常为主的教育方法其实十分类似于如今的情境教学法,创设合适的情境,使学生在潜移默化中受到教育。这种方法虽然见效不快,但易被接受,且给人的影响深刻。所以舒璘认为对帝王的引导也应采取类似的方法:

> 俾审择左右,相与扶掖开导,俾之日闻正言见正事,心志所向,时勿有间,视亲贤远奸为当然,诚宗社无疆之福也。[129]

舒璘在刚任徽州教官时提到当时的情况时曾不无失落地说:

> 学校以某乍至,整顿未成,士子放心日久,不容一旦收拾。兼此间养士无资,日仅给四十余人,过此而后则匮,其间老臞贫窭占食日久,不敢遽汰,后生辈止十数人[130],今不敢作郡庠规模,只如家塾。[131]

但舒璘并没有因此而无所事事,他不但自己兢兢业业,从日用平常之磨砺诸生,同时,不断向上级官员反应,请求物质上的帮助,筑风雩亭,陶冶性情。又以十分谦恭的态度四处聘请硕儒,以充实教官队伍,他的种种努力取得了十分显著的效果,从他给友人的书信中我们可以看出这种变化:

> 始至士子循习,散陋铺馁之余,涣然而散,不惟学不知讲,而廉耻亦丧。某私窃自念平生荷师友之训,与人为善之心,不于是而少效则为有负。故不量拙钝,妄任是责,然积弊之久,不敢骤更,勉焉孜孜,听其自劝,今既逾年矣。虽幸气习粗回,然学力浅薄,终未能扩然大变,心甚愧焉。[132]

> 某不才冒领儒官,勉焉孜孜,不敢自懈,虽荷士友相向,大抵歙中学校寥落,非吾乡比,学粮无几,日给仅四十辈,岁中又以匮告,乡来处学皆苟二餐而去,荡然不修,莅职以来,日与之处,规矩初张,诸公始觉有相安意,日来得二三良朋,可与共学。[133]

> 某学中诸生自得罗子有、邓梦真、汪行简、戴泳,皆有启发可进,但颓风未易返,敬仲为国子师如何?[134]

> 新安学舍,今渐整顿,有数后生亦可教。[135]

> 学中生员有莫知微、邓梦真、陈锐、罗钦臣数人,亦可与语,不鄙而进之,亦简修进良之道也。[136]

舒璘的努力也获得了各方的肯定,同僚、学者纷纷荐举,时任宰相的留正说他:"文学、政事两擅其优,是为天下第一教官。"[137]有一位绩溪的县令王柟还让其子从舒璘学。舒璘逝世之后,徽州人设祠祭祀,后来重修时,袁燮作《舒元质祠堂记》,对舒璘在徽州教官任上所作的贡献有一个全面的评价:

教人以躬行，诸生知向方矣，加之不惮勤劳，日日诣学，隆寒酷暑，未尝少懈，暮夜亦间往，又筑风雩亭会集其上，日有讲求涵泳之功，质或不美，毋庸愆疾，端吾矩矱，需其自新，久乃有勇进不可遏者。此邦之人，追思至今，佥曰："吾乡学问之源窒而复通者，此先生实开之也。"[138]

黄宗羲说："慈湖所传，皆以明悟为主。故其言曰：'此一二十年以来，觉者逾百人矣，古未之见，吾道其亨乎。'"[139]杨简教导后学的这种方法源自陆九渊，当年，陆九渊便是以"扇讼"启发了杨简，当然这方法对于有较好的基础和天赋的人来说，可能会产生极好的效果，杨简本人就是这样，但对于大多数人来说就很难有什么好的效果，所以杨简称"觉者逾百人"不能不令人怀疑，黄宗羲便指出："然考之自钱融堂、陈和仲以外，未必皆为豪杰之士也，而况于圣贤乎。"[140]当然，杨简在教育方面的贡献仍是不用质疑的，因为能否在事功上甚至学术上取得多大成就并非是教育的最唯一目标，而陆学中人所追求的是发明本心，是高尚的道德情操和人生践履，以这样的标准来衡量的话，杨简无疑是一位杰出的教育家。人生践履最终需要人去实践，因此，袁燮对自得之学的最为提倡，因此，他教导学者"学以自得为贵，学不自得，犹不学也。"[141]"口传耳受，虽多奚为，发愤力行，弗得弗措，过虽微而必改，善虽小而必为，立志贵乎恢张，保德务在兢业，毫发有疑，不可谓学，纯明不贰，斯之谓盛。"[142]"甬上四先生"对后学的启发意义还更多地表现在他们高尚的人格魅力，因此，每当他们从一个职位上离任时，人们都会依依不舍，乃至为之泣下。

注　释

1　（宋）黎靖德编：《朱子语类》卷一百二十四，王星贤点校，中华书局，1986 年，第

2973 页。

2　（宋）朱熹：《晦庵先生朱文公文集》卷三十五《与刘子澄》，四部丛刊初编本。

3　4　（宋）黎靖德编：《朱子语类》卷一百二十四，第 2978、2981 页。

5　11　（宋）舒璘：《舒文靖集》卷上《通陈郎中英仲书》，文渊阁四库全书本，第 1157
　　　　册，523、523 页。

6　（宋）舒璘：《舒文靖集》卷上《与徐子宜书》："某冷官如坐井，忧国之念徒若悬旌。
　　凡利害大节目，有可与闻者，愿详以告。"文渊阁四库全书本，第 1157 册，第 522 页。

7　（宋）杨简：《慈湖遗书》附录，钱时：《宝谟阁学士正奉大夫慈湖先生行状》，文渊阁
　　四库全书本，第 1156 册，第 931—932 页。

8　74　86　（宋）袁燮：《絜斋集》卷一《轮对陈人君法天札子》，文渊阁四库全书本，
　　　　第 1157 册，第 5—6、7、7 页。

9　（宋）舒璘：《舒文靖集》卷上《答徐子宜书（二）》，文渊阁四库全书本，第 1157 册，第
　　515 页。

10　76　125　（宋）袁燮：《袁正献公遗文钞》卷下《沈叔晦言行编》，四明丛书本，第四
　　　　集，第十九册，广陵书社，2006 年。

12　（宋）舒璘：《舒文靖集》卷上《答刘宰书》，文渊阁四库全书本，第 1157 册，第
　　　　514 页。

13　66　（宋）袁燮：《絜斋集》卷一《都官郎官上殿札子》，文渊阁四库全书本，第 1157
　　　　册，第 5 页、4 页。

14　（元）佚名：《宋季三朝政要笺证》卷一，理宗癸巳，王瑞来笺证，中华书局，2010 年，
　　　　第 66 页。

15　（元）脱脱：《宋史》卷四百十九《曾从龙传》，第 12548 页。

16　（元）脱脱：《宋史》卷四十《宁宗四》，第 773 页。

17　（元）陶宗仪：《说郛》卷三十八上，引张仲文《白獭髓》，文渊阁四库全书本，第 878
　　　　册，第 88—89 页。据南宋俞文豹《吹剑录外集》，此事当在嘉定十六年（1219）六
　　　　月，袁燮欲以笏击胡榘，但并未击中："戊辰，谏大夫始率其属论榘及礼部侍郎袁
　　　　燮，俱罢。燮老儒，好持论，尝与榘争国事，欲振笏击之，为众所夺，朝廷欲示公行，
　　　　故并及之。"载文渊阁四库全书本，第 865 册，第 486 页。

18　（宋）袁燮：《絜斋集》卷二十三《题庸斋》文渊阁四库全书本，第 1157 册，第 312 页。

19　（元）陶宗仪：《说郛》卷三十八上，引张仲文《白獭髓》，文渊阁四库全书本，第 878

册,第 89 页。

20 (明)高宇泰:《敬止录》卷北京图书馆"古籍珍本丛刊",北京图书馆出版社,年,第
28 册,第 247 页。

21 (宋)舒璘:《舒文靖集》卷一《通陈郎中英仲书》,文渊阁四库全书本,第 1157 册,
第 523 页。

22 (清)王梓材、冯云濠编撰:《宋元学案补遗》卷七十六《广平定川学案补遗》,沈芝
盈、梁运华点校,中华书局,2012 年,第 4372 页。

23 26 (宋)杨简:《慈湖遗书》卷七《家记一·已易、泛论易》,文渊阁四库全书本,第
1156 册,第 687、688 页。

24 (宋)杨简:《慈湖遗书》卷六《偶书(三)》,文渊阁四库全书本,第 1156 册,第
681 页。

25 (宋)杨简:《慈湖遗书》卷五《吴学讲义》,文渊阁四库全书本,第 1156 册,第
661 页。

27 28 32 46 49 50 51 53 (宋)杨简:《慈湖遗书》卷八《家记二·论书、
诗》,文渊阁四库全书本,第 1156 册,第 713—714、714、724、717、720、716、710—
711、729 页。

29 (宋)陆九渊:《陆九渊集》卷十九《荆国王文公祠堂记》,钟哲点校,中华书局,1980
年,第 233 页。

30 31 47 48 (宋)杨简:《慈湖遗书》卷九《家记三·论春秋、礼、乐》,文渊阁四库
全书本,第 1156 册,第 747、756、746、761 页。

33 (宋)杨简:《慈湖遗书》卷二《永堂记》,文渊阁四库全书本,第 1156 册,第 631 页。

34 (宋)杨简:《慈湖遗书》卷二《永嘉郡学永堂记》,文渊阁四库全书本,第 1156 册,
第 623 页。

35 42 (宋)杨简:《慈湖遗书》卷十《家记四·论〈论语〉上》,文渊阁四库全书本,第
1156 册,第 776、773 页。

36 (宋)杨简:《慈湖遗书》卷二《临安府学记》,文渊阁四库全书本,第 1156 册,第
618 页。

37 "心政"的概念,来源于郑晓江、李承贵的《杨简》(三民书局,1996 年),它是杨简提
倡的由心统贯的"以心齐家,以心治国,以心平天下"的政治理念的概说。

38 39 40 90 91 (宋)杨简:《慈湖遗书》卷十六《家记十·论治务、论治道、论封

建、论兵》,文渊阁四库全书本,第 1156 册,第 867、867、874、873—874、860、864 页。

43 (宋)陆九渊:《陆九渊集》卷五《与徐子宜(二)》,第 69 页。

44 (宋)陆九渊:《陆九渊集》卷八《与苏宰(三)》,第 116 页。

45 52 (宋)陆九渊:《陆九渊集》卷五《与赵子直》,第 70、70 页。

54 (宋)杨简:《杨氏易传》卷十八《涣》,文渊阁四库全书本,第 14 册,第 197 页。

55 (元)脱脱:《宋史》卷四百七《杨简传》,第 12292 页。

56 (宋)袁燮:《絜斋集》卷二《代武冈林守进治要札子》,文渊阁四库全书本,第 1157 册,第 21 页。

57 (宋)袁燮:《絜斋集》卷四《论蜀札子二》,文渊阁四库全书本,第 1157 册,第 39 页。

58 82 (宋)袁燮:《絜斋集》卷七《边防质言论十事》,文渊阁四库全书本,第 1157 册,第 75、75 页。

59 (汉)扬雄撰、(宋)司马光集注:《太玄集注》卷一,刘韶军点校,中华书局,1998 年,第 4—5 页。

60 (宋)司马光:《传家集》卷一《交趾献奇兽赋》,文渊阁四库全书本,第 1094 册,第 3 页。

61 (宋)袁燮:《絜斋集》卷六《祖宗家法》,文渊阁四库全书本,第 1157 册,第 52 页。

62 68 69 (宋)袁燮:《絜斋家塾书钞》卷二《大禹谟》,文渊阁四库全书本,第 57 册,第 665、661、672 页。

63 (宋)袁燮:《絜斋毛诗经筵讲义》卷一《甘棠篇》,文渊阁四库全书本,第 74 册,第 14 页。

64 (宋)袁燮:《絜斋家塾书钞》卷一《尧典》,文渊阁四库全书本,第 57 册,第 637 页。

65 (宋)袁燮:《絜斋集》卷一《轮对陈人君宜崇大节札子》,文渊阁四库全书本,第 1157 册,第 12 页。

67 (宋)袁燮:《絜斋集》卷一《轮对陈人君宜纳谏札子》,文渊阁四库全书本,第 1157 册,第 9 页。

70 (英)伯特兰·罗素(Bertrand Russell):《伦理学和政治学中的人类社会》,肖巍译,中国社会科学出版社,1992 年,第 149 页。

71 (英)大卫·休谟(David Hume):《道德原理研究》,王淑芹译、陈光金译校,中国社会科学出版社,1999 年,第 32 页。

72 (英)大卫·休谟(David Hume):《道德原理研究》,王淑芹译、陈光金译校,第

32 页。

73 (宋)袁燮:《絜斋集》卷一《轮对陈人君宜结人心札子》,文渊阁四库全书本,第 1157 册,第 13 页。

75 107 (宋)袁燮:《絜斋集》卷十四《通判沈公行状》,文渊阁四库全书本,第 1157 册,第 200、201 页。

77 (宋)舒璘:《舒文靖集》卷上《答王了夫》,文渊阁四库全书本,第 1157 册,第 526 页。

78 (清)永瑢:《四库全书总目》卷一百六十,集部十三别集类十三《慈湖遗书》,第 1377 页上。

79 (宋)胡榘修、方万里、罗濬纂:《宝庆四明志》卷九《先贤事迹下》,载《宋元方志丛刊》,中华书局,1990 年,第 5105 页下。

80 (宋)陈思编、(元)陈世隆补:《两宋名贤小集》卷一百五十七,引洪迈《野处类稿》卷下《送杨简迁国子博士》,文渊阁四库全书本,第 1363 册,第 364 页。笔者按:洪迈《野处类稿》卷下并无此诗。

81 (宋)杨简:《慈湖遗书》附录,钱时撰:《宝谟阁学士正奉大夫慈湖先生行状》,文渊阁四库全书本,第 1156 册,第 937—938 页。

83 (宋)袁燮:《絜斋集》卷九《江阴尉司新建营记》,文渊阁四库全书本,第 1157 册,第 114 页。

84 (宋)舒璘:《舒文靖集》卷上《与徐子宜(二)》,文渊阁四库全书本,第 1157 册,第 522 页。

85 (宋)舒璘:《舒文靖集》卷下《与陈仓》,文渊阁四库全书本,第 1157 册,第 539 页。

87 88 89 (宋)舒璘:《舒文靖集》卷下《论保长》,文渊阁四库全书本,第 1157 册,第 541、541、542 页。

92 (宋)袁燮:《絜斋集》卷六《田制》,文渊阁四库全书本,第 1157 册,第 61 页。

93 (宋)袁燮:《絜斋集》卷七《商鞅论》,文渊阁四库全书本,第 1157 册,第 72 页。

94 参见(元)脱脱:《宋史》卷四百《袁燮传》,第 12146 页。

95 (宋)舒璘:《舒文靖集》卷下《论茶盐》,文渊阁四库全书本,第 1157 册,第 541 页。

96 《西山文集》卷 47《显谟阁学士致仕赠龙图阁学士开府袁公行状》。

97 104 (宋)真德秀:《西山文集》卷四十七《显谟阁学士致仕赠龙图阁学士开府袁公行状》,文渊阁四库全书本,第 1174 册,第 751、753 页。

98　99　（明）黄淮、杨士奇编:《历代名臣奏议》卷二百七十三《理财》,上海古籍出版社,1989 年影印本,第 3561、3560 页。

100　（明）黄淮、杨士奇等:《历代名臣奏议》卷二百七十三《理财》,第 3562 页。

101　102　（宋）舒璘:《舒文靖集》卷上《上淮东总领韩郎中书》,文渊阁四库全书本,第 1157 册,第 512、513 页。

103　（宋）舒璘:《舒文靖集》卷下《与陈仓论常平》,文渊阁四库全书本,第 1157 册,第 540 页。

105　106　（宋）袁燮:《絜斋集》卷十《洪都府社仓记》,文渊阁四库全书本,第 1157 册,第 122 页、123 页。

108　109　（宋）袁燮:《絜斋集》卷十《建昌军药局记》,文渊阁四库全书本,第 1157 册,第 123、124 页。

110　（宋）舒璘:《舒文靖集》卷下《再与前人论荒政》,文渊阁四库全书本,第 1157 册,第 544—545 页。

111　（宋）舒璘:《舒文靖集》卷下《再与陈英仲论荒政》,文渊阁四库全书本,第 1157 册,第 545 页。

112　114　（宋）舒璘:《舒文靖集》卷上《请汪解元书》,文渊阁四库全书本,第 1157 册,第 519、519 页。

113　"甬上四先生"与书院教育的关系,可以参见邓洪波:《南宋书院与理学的一体化》,载《湖南大学学报》(社会科学版),2004 年第 5 期。李才栋:《甬上四先生及其后学与书院教育》,载《江西教育学院学报》,1997 年第 1 期。

115　116　（宋）袁燮:《絜斋集》卷十《建宁府重修学记》,文渊阁四库全书本,第 1157 册,第 118、118 页。

117　（宋）杨简:《慈湖遗书》卷二《乐平县学记》,文渊阁四库全书本,第 1156 册,第 617 页。

118　（美）李弘祺(Thomas H. C. Lee):《书院、社会及地方文化的发展:以 1000—1400 年福建建阳的新儒学教育为例》,潘建、拓夫译,载朱汉民、李弘祺主编:《中国书院》(第二辑),湖南教育出版社,1998 年,第 29 页。

119　（美）李弘祺(Thomas H. C. Lee):《书院、社会及地方文化的发展:以 1000—1400 年福建建阳的新儒学教育为例》,潘建、拓夫译,载朱汉民、李弘祺主编:《中国书院》(第二辑),第 36 页。

120 关于理学与书院的关系,也可以参见范立舟:《论南宋书院与理学的互动》,载《社会科学战线》,2008 年第 7 期。

121 134 (宋)舒璘:《舒文靖集》卷上《答杨国博敬仲书》,文渊阁四库全书本,第 1157 册,第 509、509 页。

122 (宋)袁燮:《絜斋集》卷十《通州州学直舍记》,文渊阁四库全书本,第 1157 册,第 117 页。

123 (宋)舒璘:《舒文靖集》卷上《竺硕夫妻舒氏圹志》,文渊阁四库全书本,第 1157 册,第 529 页。

124 (清)黄宗羲原著、全祖望补修:《宋元学案》卷七十六《广平定川学案》,第 2562 页。

126 (元)脱脱:《宋史》卷四百十《舒璘传》,第 12340 页。

127 (宋)舒璘:《舒文靖集》卷上《再答薛大卿书》,文渊阁四库全书本,第 1157 册,第 525 页。

128 130 131 (宋)舒璘:《舒文靖集》卷上《答袁恭安(二)》,文渊阁四库全书本,第 1157 册,第 515、515、515 页。

129 (宋)舒璘:《舒文靖集》卷上《与徐子宜》,文渊阁四库全书本,第 1157 册,第 521 页。

132 (宋)舒璘:《舒文靖集》卷上《通赵守书》,文渊阁四库全书本,第 1157 册,第 513 页。

133 (宋)舒璘:《舒文靖集》卷上《与王大卿》,文渊阁四库全书本,第 1157 册,第 526 页。

135 (宋)舒璘:《舒文靖集》卷上《答薛大卿象先书》,文渊阁四库全书本,第 1157 册,第 525 页。

136 (宋)舒璘:《舒文靖集》卷上《再答赵通判书》,文渊阁四库全书本,第 1157 册,第 526 页。

137 (宋)杨简撰、(清)冯可镛辑补:《慈湖遗书》补编《宜州通判舒元质墓志铭》,四明丛书本,第四集,第十五册,广陵书社,2006 年。

138 (宋)袁燮:《絜斋集》卷九《舒元质祠堂记》,文渊阁四库全书本,第 1157 册,第 113 页。

139 (清)黄宗羲原著、全祖望补修:《宋元学案》卷七十四《慈湖学案》,第 2506 页。

　　笔者按:(宋)杨简:《慈湖遗书》卷二《愤乐记》作"比一二十年以来,觉者滋众,逾百人矣,吾道其亨乎! 古未之见"。载文渊阁四库全书本,第1156册,第628页。

140　(清)黄宗羲原著、全祖望补修:《宋元学案》卷七十四《慈湖学案》,第2506页。

141　(宋)袁燮:《絜斋集》卷七《书赠傅正夫》,文渊阁四库全书本,第1157册,第86页。

142　(宋)袁燮:《絜斋集》卷七《书赠张伯常》,文渊阁四库全书本,第1157册,第86页。

结　束　语

　　身为同乡的宋末著名学者王应麟称四先生"化东海之滨为洙泗，位不配德而教行于乡，声闻于天下"[1]。四先生在他们生活的年代，其学术地位和影响无疑是巨大的。作为陆学最重要的成员，"甬上四先生"在当时的影响从他们的弟子人数即可得知。《宋元学案》一书中对四先生的弟子罗列很多，而其中又以杨、袁二人尤其是杨简的后学人数最多、名声最显。比如史氏子弟即是。另外如袁燮之子袁甫，曾从杨简学，嘉定七年（1214）进士第一，累官权兵部尚书，在陆学后人中是政治地位较高的一位，他积极发展书院教育，对推动学术繁荣作出了很大贡献。钱时（1175—1244），字子是，浙江淳安人，学者称融堂先生，杨简高弟。他绝意科举，一心从事学术，袁甫作象山书院，曾延主讲席。作为给杨简作行状者，其在杨简弟子中的地位自不必说。据何俊在《南宋儒学建构》一书中的计算，在陆九渊的再传弟子中，从学于四先生的占到了83%强，而其中仅杨简的弟子便占64%强。[2]但也正如前人所论，陆学后人多未能在学术上取得较高的成就，很多缺乏鲜明的个性，还表现出折衷朱陆的倾向，这是与陆学中人不注重文本建设，导致后学越来越难以把握其学术方向有很大关系。而如杨简的著述，更多是自我思想的发挥,所以袁甫说他"无意著书"[3]。因而杨简不能也没有去忠实继承和记录陆九渊所创造的学术思想,这固然本是陆学的基本特点,却又不能不使陆学走上一条远离其本来面貌的道路。而成为官方话语的朱学,虽然在表面上战胜或整合了各个学派,但却因其缺少了学术的争鸣而失去了原有了活力。

注　　释

1　(宋)王应麟:《四明文献集》卷一《广平书院记》,文渊阁四库全书本,第 1187 册,第 192 页。

2　何俊:《南宋儒学建构》,上海人民出版社,2004 年,第 296 页。

3　(宋)袁甫:《蒙斋集》卷十四《乐平县慈湖先生书阁记》,文渊阁四库全书本,第 1175 册,第 489 页。

主要征引文献

一、古籍类:

(唐)慧能:《坛经校释》,郭朋校释,中华书局,1983年。

(宋)胡榘修、方万里、罗濬纂:《宝庆四明志》,《宋元方志丛刊》,中华书局,1990年影印本。

(宋)张淏撰:《宝庆会稽续志》,《宋元方志丛刊》,中华书局,1990年影印本。

(元)马泽修、袁桷纂:《延祐四明志》,《宋元方志丛刊》,中华书局,1990年影印本。

(元)王元恭修,王厚孙、徐充纂:《至正四明续志》,《宋元方志丛刊本》,中华书局1990年影印本。

(宋)罗愿撰:《新安志》,《〈新安志〉整理与研究》,肖建新、杨国宜校著,徐力审订,黄山书社,2008年。

(明)方信撰:《新安志补》,肖建新、李永卉点校整理,安徽师范大学出版社,2012年。

（清）汪森编《粤西文载》，文渊阁四库全书本，上海古籍出版社，1987 年影印本。

（宋）佚名编：《续编两朝纲目备要》，汝企和点校，中华书局，1995 年。

（元）佚名：《宋季三朝政要笺证》，王瑞来笺证，中华书局，2010 年。

（宋）叶绍翁：《四朝闻见录》，沈锡麟、冯惠民点校，中华书局，1989 年。

（宋）洪迈：《容斋随笔》，上海师范大学古籍整理研究所点校，上海古籍出版社，1996 年。

（宋）俞文豹：《吹剑录全编》，古典文学出版社，1958 年点校本。

（宋）张端义：《贵耳集》，李保民校点，上海古籍出版社，2012 年。

（宋）赵与时：《宾退录》，齐治平校点，上海古籍出版社，1983 年。

（宋）罗大经：《鹤林玉露》，王瑞来点校，中华书局，1983 年。

（宋）周密：《癸辛杂识》，吴企明点校，中华书局，1988 年。

（元）陶宗仪：《说郛》，上海古籍出版社，1988 年影印本。

（元）脱脱：《宋史》，中华书局，1977 年点校本。

（明）胡宗宪修、（明）薛应旂纂辑：嘉靖《浙江通志》，明嘉靖四十年刻本。

（汉）扬雄撰、（宋）司马光集注：《太玄集注》，刘韶军点校，中华书局，1998 年。

（宋）周敦颐：《周敦颐集》，陈克明点校，中华书局，1990 年。

（宋）司马光：《传家集》，文渊阁四库全书本，上海古籍出版社,1987年影印本。

　　（宋）程颢、程颐:《二程集》,王孝鱼点校,中华书局,1981年。

　　（宋）史浩:《鄮峰真隐漫录》,文渊阁四库全书本,上海古籍出版社,1987年影印本。

　　（宋）朱熹:《晦庵先生朱文公文集》,四部丛刊初编本。

　　（宋）孙应时:《烛湖集》,文渊阁四库全书本,上海古籍出版社,1987年影印本。

　　（宋）朱熹:《四书章句集注》,中华书局,1983年。

　　（宋）黎靖德编:《朱子语类》,中华书局,1994年。

　　（宋）陆九渊:《陆九渊集》,钟哲点校,中华书局,1980年。

　　（宋）舒璘:《舒文靖集》,文渊阁四库全书本,上海古籍出版社,1987年影印本。

　　（宋）舒璘撰,（清）徐时栋辑校附录:《舒文靖公类稿》,四明丛书本,广陵书社,2006年影印本。

　　（宋）袁燮:《絜斋集》卷九《舒元质祠堂记》,文渊阁四库全书本,上海古籍出版社,1987年影印本。

　　（宋）袁燮:《袁正献公遗文钞》,四明丛书本,广陵书社,2006年影印本。

　　（宋）袁燮:《絜斋家塾书钞》,文渊阁四库全书本,上海古籍出版社,1987年影印本。

　　（宋）袁燮:《絜斋毛诗经筵讲义》,文渊阁四库全书本,上海古籍出版社,1987年影印本。

　　（宋）杨简撰、（清）冯可镛辑补:《慈湖遗书》,四明丛书本,广陵书社,2006年影印本。

　　（宋）杨简:《慈湖遗书》,文渊阁四库全书本,上海古籍出版社,1987年影印本。

（宋）杨简：《杨氏易传》，文渊阁四库全书本，上海古籍出版社，1987 年影印本。

（宋）沈焕：《定川遗书》，四明丛书本，广陵书社，2006 年影印本。

（宋）张栻：《南轩集》，文渊阁四库全书本，上海古籍出版社，1987 年影印本。

（宋）吕祖谦：《东莱集》，文渊阁四库全书本，上海古籍出版社，1987 年影印本。

（宋）薛季宣：《浪语集》，文渊阁四库全书本，上海古籍出版社，1987 年影印本。

（宋）陈傅良：《止斋集》，文渊阁四库全书本，上海古籍出版社，1987 年影印本。

（宋）楼钥：《攻媿集》，文渊阁四库全书本，上海古籍出版社，1987 年影印本。

（宋）黄震：《黄氏日抄》，文渊阁四库全书本，上海古籍出版社，1987 年影印本。

（宋）范成大：《石湖诗集》，文渊阁四库全书本，上海古籍出版社，1987 年影印本。

（宋）叶适：《叶适集》，刘公纯、王孝鱼、李哲夫点校，中华书局，1961 年。

（宋）周必大：《文忠集》，文渊阁四库全书本，上海古籍出版社，1987 年影印本。

（宋）真德秀：《西山文集》，文渊阁四库全书本，上海古籍出版社，1987 年影印本。

（宋）王应麟：《玉海》，文渊阁四库全书本，上海古籍出版社，1987 年影印本。

（宋）陈淳:《北溪大全集》,文渊阁四库全书本,上海古籍出版社,1987 年影印本。

（宋）刘宰:《漫堂集》,文渊阁四库全书本,上海古籍出版社,1987 年影印本。

（宋）林希逸:《竹溪鬳斋十一藁》,文渊阁四库全书本,上海古籍出版社,1987 年影印本。

（宋）王应麟:《四明文献集》,文渊阁四库全书本,上海古籍出版社,1987 年影印本。

（宋）袁甫:《蒙斋集》,文渊阁四库全书本,上海古籍出版社,1987 年影印本。

（宋）吴潜:《履斋遗稿》,文渊阁四库全书本,上海古籍出版社,1987 年影印本。

（宋）裘万顷:《竹斋诗集》,文渊阁四库全书本,上海古籍出版社,1987 年影印本。

（明）黄淮、杨士奇编:《历代名臣奏议》,上海古籍出版社,1989 年影印本。

（宋）陈思编、（元）陈世隆补:《两宋名贤小集》,文渊阁四库全书本,上海古籍出版社,1987 年影印本。

（宋）董煟:《救荒活民书》,文渊阁四库全书本,上海古籍出版社,1987 年影印本。

（元）袁桷:《清容居士集》,文渊阁四库全书本,上海古籍出版社,1987 年影印本。

（元）刘埙:《隐居通议》,文渊阁四库全书本,上海古籍出版社,1987 年影印本。

（元）陈栎:《定宇集》,文渊阁四库全书本,上海古籍出版社,1987 年影印本。

（元）郑玉:《师山集》,文渊阁四库全书本,上海古籍出版社,1987 年影印本。

（元）马端临:《文献通考》,中华书局,1986 年影印本。

（明）宋濂:《文宪集》,文渊阁四库全书本,上海古籍出版社,1987 年影印本。

（明）王祎:《王忠文集》,文渊阁四库全书本,上海古籍出版社,1987 年影印本。

（明）程敏政:《篁墩文集》,文渊阁四库全书本,上海古籍出版社,1987 年影印本。

（明）乌斯道:《春草斋集》,文渊阁四库全书本,上海古籍出版社,1987 年影印本。

（明）崔铣撰:《士翼》,文渊阁四库全书本,上海古籍出版社,1987 年影印本。

（明）崔铣:《洹词》,文渊阁四库全书本,上海古籍出版社,1987 年影印本。

（明）归有光:《震川集》,文渊阁四库全书本,上海古籍出版社,1987 年影印本。

（明）罗钦顺:《困知记》,阎韬点校,中华书局,1990 年。

（清）张廷玉:《明史》,中华书局,1974 年。

（清）顾炎武著、黄汝成集释:《日知录集释》卷十八《朱子晚年定论》,秦克诚点校,岳麓书社,1994 年。

（清）朱彝尊:《经义考》,中华书局 1998 年影印 1936 年四部备要本。

（清）李清馥:《闽中理学渊源考》,文渊阁四库全书本,上海古籍出版社,1987 年影印本。

（清）厉鹗:《宋诗纪事》,文渊阁四库全书本,上海古籍出版社,1987 年影印本。

（清）黄宗羲原著、全祖望补修:《宋元学案》,陈金生、梁运华、李哲夫点校,中华书局,1986 年。

（清）全祖望:《全祖望集汇校集注》,朱铸禹汇校集注,上海古籍出版社,2000 年。

（清）永瑢:《四库全书总目》,中华书局,1965 年。

（清）王梓材、冯云濠编撰:《宋元学案补遗》,沈芝盈、梁运华点校,中华书局,2012 年。

李修生主编:《全元文》,江苏古籍出版社,1999 年

二、著述类:

张寿镛:《慈湖著述考》,四明丛书本,广陵书社,2006 年影印本。

蔡元培:《中国伦理学史》,商务印书馆,1987 年。

冯友兰:《中国哲学简史》,北京大学出版社,1996 年。

冯友兰:《中国哲学史》,华东师范大学出版社,2000 年。

张岱年:《中国哲学大纲》,中国社会科学出版社,1982 年。

陈钟凡:《两宋思想述评》,"民国学术经典文库? 思想史类丛",东方出版社,1996 年。

朱伯崑:《易学哲学史》,北京大学出版社,1988 年。

侯外庐、邱汉生、张岂之主编:《宋明理学史》(上册),人民出版社,1984 年。

陈来:《宋明理学》,辽宁教育出版社,1991 年。

陈来:《朱熹哲学研究》,中国社会科学出版社,1988 年。

陈来:《中国近世思想史研究》,商务印书馆,2003 年。

张立文:《走向心学之路:陆象山思想的足迹》,中华书局,1992 年。

崔大华:《南宋陆学》,中国社会科学出版社,1984 年。

陈谷嘉、朱汉民:《湖湘学派源流》,湖南教育出版社,1992 年。

何炳松:《浙东学派溯源》,广西师范大学出版社,2004 年。

董平:《浙江思想学术史:从王充到王国维》,中国社会科学出版社,2005 年。

冯达文:《宋明新儒学略论》,广东人民出版社,1997 年。

彭永捷:《朱陆之辩:朱熹、陆九渊哲学比较研究》,人民出版社,2002 年。

牟宗三:《从陆象山到刘蕺山》,上海古籍出版社,2001 年。

蔡仁厚:《宋明儒学?南宋篇》,吉林出版集团有限有限公司,2009 年。

赵士林:《心学与美学》,中国社会科学出版社,1992 年。

范立舟:《理学的产生及其历史命运》,陕西人民出版社,2001 年。

何俊:《南宋儒学建构》,上海人民出版社,2004 年。

王宇:《道行天地:南宋浙东学派论》,中国社会科学出版社,2012 年。

高全喜:《理心之间:朱熹和陆九渊的理学》,三联书店,1992 年。

刘宗贤:《陆王心学研究》,山东人民出版社,1997 年。

祁润兴:《陆九渊评传》,南京大学出版社,1998 年。

全汉昇:《中国经济史研究》,中华书局,2011 年。

梁庚尧:《宋代社会经济史论集》,允晨文化实业股份有限公司,1997 年。

汪圣铎:《两宋货币史》,社会科学文献出版社,2003 年。

程民生:《宋代物价研究》,人民出版社,2008 年。

徐梵澄:《陆王学述:一系精神哲学》,上海远东出版社,1994 年。

方东美:《中国人生哲学》,中华书局,2012 年。

方东美:《中国哲学精神及其发展》,孙智燊译,中华书局,2012 年。

劳思光:《新编中国哲学史》,广西师范大学出版社,2007 年。

黄宽重:《宋代的家族与社会》,国家图书馆出版社,2009 年。

(日)岛田虔次:《中国近代思维的挫折》,甘万萍译,江苏人民出版社,2005 年。

(日)岛田虔次:《中国思想史研究》,邓红译,上海古籍出版社,2009 年。

(美)田浩(Hoyt Cleve land Tillman)编:《宋代思想史论》,社会科学文献出版社,2003 年。

(美)田浩(Hoyt C. Tillman):《朱熹的思维世界》,陕西师范大学出版社,2002 年

(美)罗伯特·诺齐克(Robert Nozick):《经过省察的人生:哲学沉思录》,严忠志、欧阳亚丽译,商务印书馆,2007 年。

(美)余英时:《中国思想传统的现代诠释》,江苏人民出版社,1989 年。

(美)余英时:《中国知识分子论》,河南人民出版社,1997 年。

(美)弗兰克纳(William k. Frankena):《伦理学》,关键译,孙依依校,三联书店,1987 年。

(美)李弘祺:《宋代教育散论》,东升出版事业有限公司,1980 年。

（德）叔本华（Arthur Schopenhauer）:《伦理学的两个基本问题》,任立、孟庆时译,商务印书馆,1996 年。

（德）朋霍费尔（Dietrich Bonhoeffer）:《伦理学》,胡其鼎译,魏育青、徐卫翔校,上海人民出版社,2007 年。

（英）伯特兰·罗素（Bertrand Russell）:《伦理学和政治学中的人类社会》,肖巍译,中国社会科学出版社,1992 年。

（英）大卫·休谟（David Hume）:《道德原理研究》,王淑芹译、陈光金译校,中国社会科学出版社,1999 年。

图书在版编目（CIP）数据

南宋"甬上四先生"研究 / 范立舟，於剑山著．

– 北京：人民出版社，2014

ISBN 978-7-01-013167-2

Ⅰ．①南… Ⅱ．①范…②於… Ⅲ．①陆九渊（1139～1193）– 心学 –
研究 Ⅳ．① B244.85

中国版本图书馆 CIP 数据核字（2014）第 023863 号

南宋"甬上四先生"研究
NANSONG YONGSHANGSIXIANSHENG YANJIU

作 者：范立舟 於剑山

责任编辑：张秀平

封面设计：徐 晖

人民出版社出版发行

地 址：北京市东城区隆福寺街 99 号

邮政编码：100706 http://www.peoplepress.net

经 销：新华书店总店北京发行所经销

印刷装订：北京昌平百善印刷厂

出版日期：2014 年 6 月第 1 版 2014 年 6 月第 1 次印刷

开 本：880 毫米 × 1230 毫米 1/32

印 张：8.5

字 数：210 千字

书 号：ISBN 978-7-01-013167-2

定 价：30.00 元